En español, por favor

Mano en Mano

Zenia Sacks Da Silva

Macmillan Publishing Co., Inc.

New York

Collier Macmillan Publishers

London

Acknowledgments

Photography by
The American Museum of Natural History, p. 18 bl; Asylum Recording Co., p. 70 bl; Black Star: © Ralph Crane, p. 167 b; © Kenneth Clare, p. 142 b; C. P. Corporation, p. 54 tr; Editorial Photocolor Archives: © Alain Keler, p. 238 tr; Simone Oudot, p. 275 ©; Robert Rapelye, pp. 127 br, 142 c, 255 b, 274 b; © Andrew Sacks, pp. 182 t & m, 275 b; © Victor Englebert, pp. 1 b, 127 t & bl, 223 c, 239 br, 256 b, 275 t; Florida Department of Commerce, p. 18 br; Carl Frank, pp. 109 t, 165 t, 166 tr, 198 c, 274 tl; Beryl Goldberg, pp. 126 br, 238 b, 255 t, 256 t; Gurtman & Murtha Associates, Inc., p. 22 tl; Jane Latta, p. 18 tl; Magnum Photos, Inc. © J. K., pp. 1 t, 167 tr, 198 b; © Peter Menzel, pp. 108 br, 126 t, 143 c, 222 b, 239 bl; Metro-Goldwyn Mayer, p. 54; Monkmeyer Press Photo: © Fritz Henle, p. 257 t; © Latham, p. 166 b; Sybil Shelton, p. 182 b; Movie Star News, p. 54 tl, bc; Photo Researchers, Inc.: © Toni Angermayer, p. 15 tl; © Jen & Des Bartlett, pp. 15 tcl, 199 b; © Raimundo Borea, p. 22 tr; © Britton-Logan, pp. 108 tr, 109 b; © Miguel Castro, p. 200 b; © Mary Eastman, p. 143 t; © Dr. Georg Gerster, pp. 19 t, 223 b; © Fritz Henle, p. 18 tl; © J. L. Huberti, p. 108 l; © Paolo Koch, p. 239 t; © Leonard Lee Rue III, p. 15 tr; © Tom McHugh, p. 15 tcr; © Carl Purcell, p. 238 tl; © Katrina Thomas, p. 109 c; © R. Van Nostrand, p. 200 t; Photo Quest, p. 142 t; © Norman Prince, p. 143 b; © Andrew Rakoczy, p. 199 t; © Robert Rattner, p. 199 c; RCA Records & Tapes, p. 70 tl; © Miriam Schlein, p. 200 c; Spanish National Tourist Office, pp. 125, 167 c, 198 t, 257 c & b; © Josip Ciganovic, p. 126 bl, 274 tr; Taurus: © John Curtis, p. 165 b; © Charles Marden Fitch, p. 223 t; Sygma: © Diego Goldberg, p. 221 t; © Ken Hawkins, p. 70 cr; © Philippe Ledru, p. 70 c; © Steve Shapiro, p. 22 bl; © Christine Spengler, pp. 221 b, 222 t; Universal Pictures, p. 54 br; Wide World Photos, Inc., p. 22 br; Rusty Zabransky, p. 49

Cover: Woven belts, Guatemala. Photo: Jane Latta

Book design by
Rusty Zabransky

Illustrations by
Hal Barnell, Bob Cram, Arthur Friedman, Rusty Zabransky

Macmillan Publishing Co., Inc.
866 Third Avenue, New York, New York 10022
Collier Macmillan Canada, Ltd.

Printed in the United States of America
ISBN 0-02-27139-0-5

Para mi esposo, A.I.D.,
con todo mi amor

Contents

Primera Parte

Segunda Parte

Primera Parte

"**Mano en mano.**" We've met before. We've gotten to know each other. And now we'll go on, joining the old with the new, expanding, expressing, experiencing together the world of Spanish. And it is precisely this **Primera Parte**, with its 20 one-to-two day mini-lessons, that will set our course. Once again let's look at what each segment contains:

1) An opening conversation activity based on illustrations and on structures already taught. New vocabulary is introduced sparingly, amid a variety of games and action devices.
2) **Repaso — y un poco más** — a review of "old" grammar, plus a step-at-a-time expansion into associated points. Every major item of **Hola, amigos** is brought back into use. New material is gently interwoven, and a series of short exercises reinforces the whole.
3) **En Breve** — a capsule summation of all new active words and usage.
4) **A Pronunciar** — fragments of popular song and poetry drawn from the Hispanic tradition and selected for the development of more authentic intonation patterns. (Of course, these pieces are all recorded on tape.)

Each mini-lesson leads directly into the next, whose opening activity incorporates the **Repaso — y un poco más** of the day before, and then moves on to the rest.

Please note as well:
* The **Primera Parte** includes many cultural photographs, with Spanish captions that are easy to understand. These portraits of Hispanic life both in the United States and abroad are useful "puntos de partida" for many a class warm-up.
* The two **Observaciones y Repaso** that follow segments 10 and 20 recapitulate all new material and offer additional exercises and vocabulary review.
* The total of new vocabulary in the **Primera Parte** is 120 words and expressions — 60 in each group of 10 mini-lessons. Add to these the 280 new words of the 10-lesson **Segunda Parte,** and the entire vocabulary load of **Mano en Mano** is exactly 400 words. Four hundred words may seem mighty few. Yet we are able to have active, free conversation day by day, all the way. And we do.

Now how long should the **Primera Parte** take? Eight to ten weeks at the most, and that will allow for reviews, taped materials, testing and any optional enrichments you may choose. So please pace your class to that goal, stressing only active vocabulary underlined in color, and active usage as outlined in the **En Breve** summations. I promise, you will have no difficulty at all.

El gusto es mío.
(The pleasure is mine.)

"Hola, amigos. ¡Vamos a un festival!" La Rioja, España

Dígame:

¿Cómo se llama Ud.?
  (What's your name?)
—Me llamo . . .
—Mucho gusto.
—El gusto es mío.

Ahora preséntese (introduce yourself)
  a la persona a su derecha:
Me llamo . . . ¿Cómo se llama Ud.?, etc.
Y a la persona a su izquierda.
Y a la persona delante de Ud.
Y a la persona detrás de Ud.

Y una cosa más:
¿Cómo se llama su madre? ¿y su padre?
¿Cómo se llaman sus hermanos?
¿Cómo se llama su profesor(a) de español?
                    Realmente, el gusto es nuestro.

"Hombre, ¡qué gusto de verte!"
Medellín, Colombia

1

Repaso — y un poco más

1. The definite article: "the"

el niño   the boy   **la** niña   the girl
los niños   the boys, the children   **las** niñas   the girls

Recuerde: **a** + **el** becomes **al**, "to the"; **de** + **el** becomes **del**, "of, from the."

We use the definite article much more in Spanish than in English. For example, we use it when we talk about something in general — about the "whole thing."

¿Le gusta **el** béisbol?   Do you like baseball?
—Sí, me gustan mucho **los** deportes.   Yes, I like sports very much.

In fact, we leave the article out only if we mean "some" or "any."

¿Quieres arroz?   Do you want (some) rice?
—No, gracias. **El** arroz tiene   No, thanks. Rice has a lot of
muchas calorías.   calories.

2. The indefinite article: "a, an"

un niño   a boy   **una** niña   a girl
Unos, unas mean "some" or "several":
   unos niños, **unas** niñas   some children

We use the indefinite article much less in Spanish than in English. For example, we *don't* use it when we simply tell what a person is.

¿Es médico su padre?   Is your father a doctor?
—No, es dentista.   No, he's a dentist.

¿Es americano?   Is he an American?
—No, es español.   No, he's a Spaniard.

Vamos a conversar

1. ¿Qué deporte le gusta más — el fútbol o el béisbol? ¿el tenis? ¿el básquetbol? ¿el golf? ¿Es popular aquí el sóquer?
2. ¿Le gusta más el cine o la televisión? ¿la música popular o la música clásica? ¿Le gustan los conciertos de "rock"?
3. En su opinión, ¿cuáles son mejores — los coches americanos o los coches japoneses? ¿los coches grandes o los coches pequeños? ¿Cuáles son más económicos?
4. ¿Cuál es su día favorito de la semana — el sábado? ¿el domingo? ¿Le gustan los lunes?
5. Finalmente, ¿le gusta mucho la escuela? ¿Le gustan las ciencias? ¿Le gusta el español?

Práctica

A. *Complete usando (using)* **el, la, los** *o* **las,** *si son necesarios:*

1. _____ ropa moderna es muy variada. Por ejemplo, _____ camisas hoy son de muchos colores. _____ faldas son largas o cortas. Y _____ pantalones no son sólo para _____ hombres. Pero hay un problema. _____ precios son muy altos, y yo no tengo mucho _____ dinero. ¡Qué cosa, eh!

2. _____ escuelas aquí tienen un plan nuevo este año para _____ cursos de ciencia. _____ lunes, miércoles y viernes, _____ estudiantes van al laboratorio. Sólo _____ martes y jueves van a _____ clase normal. ¿Qué piensa Ud. de esta idea?

B. *Complete ahora usando* **un** *o* **una,** *¡sólo si son necesarios!* (¡Cuidado, eh!)

1. Uds. son _____ chilenos, ¿verdad?   —No. Mi padre es _____ mexicano, mi madre es _____ argentina, mis abuelos son _____ puertorriqueños y yo soy _____ francesa.   —¡Dios mío! ¡Uds. son las Naciones Unidas!

2. ¿Sabes? Tengo _____ idea maravillosa. _____ día de esta semana, ¿por qué no vamos al campo? Tengo _____ coche nuevo, y . . . —Yo tengo _____ idea mejor. ¿Por qué no vamos hoy?

En breve

1. <u>In addition to its other uses, the definite article in Spanish</u> <u>(**el, la, los, las**) goes with any noun we use in a general sense.</u>

El amor es loco. —¡Qué va!   Love is crazy. —Go on!

2. <u>Unlike English, the indefinite article (**un, una**) is not used when</u> <u>we simply tell what a person is.</u>

¿Es pianista Elena?   Is Ellen a pianist?
—Sí, y violinista también.   Yes, and a violinist, too.

<u>Unos, unas</u> mean "some" or "several":
    unos libros   some books, several books

A pronunciar

Lea en voz alta:
Pasan veinte años, y dos viejos amigos se encuentran (meet) un día en la calle.

—Pero Julia, ¡qué gusto de verte! (¡Dios mío! ¿Y ésa es ella?)
—Miguel, ¡no cambias nunca! (¡Dios mío! ¿Y ése es él?)
                Adaptado de Ramón de Campoamor, *Rimas*

REVIEW of present tense of regular verbs. New material, not introduced actively in HOLA, AMIGOS, is underlined in color in **Pupil Book** and **Teacher's Edition.**

¿Le gusta . . . ? —¡Me encanta!
(I love it!)

hablar	**estudiar**	**escribir**	**leer**
lavar	**limpiar**	**trabajar**	**descansar** to rest
bailar	**cantar**	**tocar**	**escuchar**
comer	**beber**	**cocinar**	**ayudar**
ganar	**gastar** to spend	**comprar**	**recibir** to receive

llevar   caminar   manejar   <u>viajar</u>
                                 to travel

tomar   mirar   pasar   llamar

Vamos a jugar

Aquí tiene Ud. unas preguntas. Y Ud. y sus amigos van a contestar:
Sí, me encanta. (Yes, I love it.) o **¡Uf, lo odio!** (Ugh, I hate it!).

Pero recuerde: If the last person who answered said **Me encanta,**
then the next one has to say **¡Uf, lo odio!** — like it or not. And if the
last person said **¡Uf, lo odio!,** then the next one says . . .

Ud. comprende, ¿verdad? . . . ¿Quién va a comenzar?

1. ¿Le gusta a Ud. estudiar español? ¿Le gusta escribir en la
   pizarra? ¿Le gusta leer cuentos? ¿Le gusta hablar en clase?

2. ¿Le gusta mucho trabajar? ¿Le gusta lavar platos? ¿Le gusta
   limpiar el piso? ¿Le gusta ayudar a su mamá?

3. ¿Le gusta bailar? ¿Le gusta mirar la televisión? ¿Le gusta
   escuchar el radio? ¿Le gusta cantar?

4. ¿Le gusta comprar ropa nueva? ¿Le gusta llevar pantalones?
   ¿Le gusta llevar faldas? ¿Le gusta llevar cosas bonitas?

5. ¿Le gusta comprar zapatos? ¿libros? ¿discos? ¿Le gusta
   recibirlos?

6. ¿Le gusta ganar dinero? ¿Le gusta gastarlo? ¿Le gusta pagar
   precios altos?

7. ¿Le gusta tocar la guitarra? ¿Le gusta hablar mucho por
   teléfono?

8. ¿Le gusta pasar mucho tiempo en casa? ¿Le gusta descansar
   en su cama?

9. ¿Le gusta manejar un coche? ¿Le gusta viajar? ¿Le gusta tomar
   el tren? ¿el autobús? ¿el avión (airplane)? ¿Le gusta caminar?

10. Y finalmente: ¿Le gusta comer? ¿Le gusta beber? ¿Le gusta
    ayudar en la cocina? ¿Le gusta cocinar?

Repaso – y un poco más

1. Here is the present tense of all regular verbs.

The present tense means: "I speak, am speaking, do speak," etc.

	hablar	**comer**	**vivir**
(yo)	hablo	como	vivo
(tú)	hablas	comes	vives
(él, ella, Ud.)	habla	come	vive
(nosotros, as)	hablamos	comemos	vivimos
(ellos, ellas, Uds.)	hablan	comen	viven

2. Verbs that end in **–ger** or **–gir** have a slight change in spelling. The **g** becomes **j** before **o** or **a**. Can you tell us why?[1]

coger (to catch): cojo, coges, coge, cogemos, cogen
dirigir (to direct): dirijo, diriges, dirige, dirigimos, dirigen

Vamos a practicar

A. *Escriba la forma correcta del presente:*

1. Mis hermanos ____ francés. Yo no ____ nada. (estudiar)
   —¡Caramba!
2. ¿Quiénes ____ en esta casa?   —Mi tío y yo ____ aquí. (vivir)
3. (Nosotros) ____ día y noche. (trabajar)   —¿Y cuándo ____ Uds.?
   (descansar)
4. María, ¿a dónde ____ (tú)? (caminar)   —Al cine.   —Si deseas,
   (yo) te ____ en coche. (llevar)
5. Yo siempre ____ el tren de las ocho. (coger) ¿A qué hora lo ____
   Ud.? (tomar)
6. Pepe y yo ____ hoy. (cocinar)   —¿Y quiénes ____ la cocina?
   (limpiar)
7. Chicos, ¿me ____ Uds.? (ayudar)   —Más tarde. (Nosotros)
   ____ ahora. (comer)
8. ¿____ Ud. muchas invitaciones? (recibir)   —Sí, pero ____ muy
   pocas. (aceptar) (Yo) ____ todo el tiempo. (viajar)
9. Ud. ____ la orquesta, ¿verdad?   —No, yo ____ la banda.
   (dirigir)

---

[1] The clue is in the pronunciation. Now do you know?

A. 1. estudian, estudio   2. viven, vivimos   3. trabajamos, descansan   4. caminas, llevo   5. cojo, toma   6. cocinamos, limpian   7. ayudan, comemos   8. recibe, acepto, viajo   9. dirige, dirijo

B. *¿Puede Ud. hacer frases completas con estas expresiones?*
1. (Yo) / gastar / dinero.
2. . . . abuela / descansar / por la tarde.
3. (Nosotros) / viajar / Latinoamérica.
4. ¿Uds. / recibir / visitas?
5. ¿(Tú) / coger / el autobús?

En breve

Verbs ending in –ger or –gir change g to j before o or a.
coger: cojo, coges, etc.   **dirigir:** dirijo, diriges, etc.

Palabras nuevas:
descansar   to rest
viajar   to travel
gastar   to spend
coger   to catch
recibir   to receive
dirigir   to direct, lead

A pronunciar

Calabó y bambú.[2]
Bambú y calabó.
El Gran Cocoroco dice: tu-cu-tú.
La Gran Cocoroca dice: to-co-tó.

Luis Palés Matos, *Danza negra*

---

[2] This is part of a poem by a Puerto Rican black poet who captures the sounds
and feelings of the jungle. "Calabó" and "bambú" are types of wood used in
building the cabins. The "Gran Cocoroco" was a tribal chief.

Diario secreto

Acabamos de encontrar el diario viejo de una persona que no conocemos. El problema es que hay muchas palabras que no podemos leer. ¿Puede Ud. ayudarnos? ¿Qué secretos vamos a encontrar?

Primero, prepare Ud. estas listas de palabras:

5 cuartos o partes de la casa
6 personas diferentes
   (miembros de la familia
   o de su clase, etc.)

4 muebles
3 aparatos eléctricos
8 cosas de comer
3 días de la semana

Ahora llene Ud. (fill in) los blancos.
(Día #1), 3 de julio.

Hoy es día de fiesta, y mi (persona #3) y yo deseamos pasar la mañana en el (la) (cuarto #2). A las nueve de la mañana tomamos un poco de desayuno (breakfast) — (comida #1, comida #4, comida #6) y (comida #7). Naturalmente, usamos el (la) (mueble #2) del (de la) (cuarto #5). ¡Qué día más perfecto para descansar! Pero a las dos de la tarde llegan visitas — mi(s) (persona #2), mi(s) (persona #6), mi(s) (persona #1) y mi(s) (persona #5). Los (personas #4) corren de un cuarto a otro. Suben y bajan las (los) (parte de la casa #3). Juegan con mi (aparato #1). Escuchan mi (aparato #3) y miran mi (aparato #2). A las diez y media de la noche tienen hambre. Les servimos (comida #2, comida #8), y (comida #5) con (comida #3). Por fin, el día acaba y voy al (a la) (mueble #3). Mañana es (día #3) y trabajo mucho. Pero es mejor así. ¿Sabes? ¡Yo odio los días de fiesta!

Repaso – y un poco más

1. Here is the present tense of two special verbs, **venir** and **tener**:
   venir (to come): vengo, vienes, viene, venimos, vienen
   tener (to have): tengo, tienes, tiene, tenemos, tienen

2. We always put **a** after **venir** when another verb follows.

Venimos a ayudar.	We're coming to help.
—Gracias.	Thanks.
¿Vienes a verme?	Are you coming to see me?
—Hoy no.	Not today.

3. There are many expressions that use **tener.** These are some:

los guantes
(gloves),

las botas
(boots)

tener (mucho) frío

tener (mucho) calor

tener (mucha) hambre

tener (mucha) sed

tener (mucho) miedo

tener (mucho) sueño

tener (mucha) prisa
to be in a hurry

tener (mucha) razón

tener que (+ infinitive)

tener . . . años (de edad)
to be . . . years old

Práctica

A. *Complete usando* **venir** *o* **tener:**

1. ¿_____ Uds. a la fiesta mañana?   —Sí, (nosotros)_____, si _____ tiempo.
2. (Yo) _____ a hablar contigo.   —Ahora no, por favor. (Yo) _____ prisa para salir.
3. ¿Cuántos años _____ Luis?   —Diez y ocho.   —Ah, sí. (Tú) _____ razón.
4. ¿Quieres una hamburguesa?   —No, gracias. No _____ mucha hambre.
5. Nico y Sally no _____ este domingo.   —¿Por qué?   —Porque _____ que trabajar.

B. *Estudie por un momento las expresiones a la izquierda. Ahora,
¿cómo las asocia con las expresiones en la rueda (wheel)?*

tener calor ᵏ ᵖ
tener prisa ˡ
tener miedo ᶠ
tener sed ᵈ
tener frío ᵃ ᵉ ʰ ʲ
tener hambre ᵇ ⁿ
tener razón ᵒ
tener 80 años ᵍ
tener sueño ᶜ ⁱ ᵐ

poca ropa ᵖ
¡Es verdad! ᵒ
almuerzo ⁿ
cama ᵐ
rápido ˡ
comer helados ᵏ
botas ʲ

abrigo ᵃ
comida ᵇ
dormir ᶜ
agua fría ᵈ
guantes ᵉ
viernes 13 ᶠ
muy viejo ᵍ
suéter ʰ
cansado ⁱ

C. 1. ¿Sabes? Tenemos mucha sed.   2. Niños (Chicos), ¿tienen Uds. mucha prisa?   3. Sus abuelos tienen ochenta años.   4. ¿Quién tiene razón — él o ella?   5. Si tengo calor, no llevo botas.

C. *Exprese ahora en español:*

1. You know? I'm very hungry.   <u>¿Sabes? Tengo mucha hambre.</u>
   You know? We're very thirsty.   _____

2. Jim, are you in a hurry?   <u>Diego, ¿tienes prisa?</u>
   Kids, are you in a big hurry?   _____

3. My grandmother is 70 years old.   <u>Mi abuela tiene setenta años.</u>
   His grandparents are 80.   _____

4. Who's afraid — you or I?   <u>¿Quién tiene miedo — tú o yo?</u>
   Who's right — he or she?   _____

5. If I'm cold, I wear gloves.   <u>Si tengo frío, llevo guantes.</u>
   If I'm warm, I don't wear boots.   _____

En breve

Palabras y expresiones nuevas:

tener (mucha) prisa   to be in a hurry
tener . . . años (de edad)   to be . . . years old
los **guantes** gloves   las **botas** boots

A pronunciar

La plaza tiene una **torre**,   tower
la torre tiene un **balcón**,   balcony
el balcón tiene una dama,
la dama una blanca **flor**.   flower

de Antonio Machado, *Poesía*

¿Quién tiene hambre?

MENU

¡Desayuno "Super"!
(breakfast)
jugo de naranja (orange juice)
2 huevos con tocino (eggs with bacon)
tostadas (toast)
café • leche • chocolate
té frío o caliente **60** pesos

Cereal con fruta 14 pesos	Panqueques 12 pesos	Melón frío 10 pesos

¡Almuerzo "Express"!
sandwiches variados
queso........12 pesos
jamón........15 pesos
rosbif........21 pesos
¡ hamburguesas
a la orden!...18 pesos

sopa de vegetales... 12 pesos

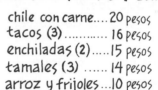

¡Especialidades de la casa!
pollo frito al estilo Kentucky
papas fritas, maíz "americano"
lechuga y tomate....55 pesos
fideos con albóndigas
salsa de tomate......40 pesos

Platos mexicanos ¡"Umm, rico"!
chile con carne....20 pesos
tacos (3)...........16 pesos
enchiladas (2).....15 pesos
tamales (3) ......14 pesos
arroz y frijoles...10 pesos

Vamos a conversar

1. Muchas personas dicen que el desayuno es la comida más importante del día. En su opinión, ¿tienen razón?
2. ¿Tiene Ud. mucha hambre por la mañana? ¿Qué come Ud. normalmente para el desayuno? ¿Qué le gusta beber?
3. ¿Toman un desayuno grande o pequeño sus padres? ¿y sus hermanos? ¿Comen Uds. un desayuno más grande los domingos?
4. ¿Qué le gusta comer para el almuerzo? ¿Tiene Ud. prisa a esa hora? ¿Tiene mucho tiempo para comer?
5. ¿A qué hora comienza su almuerzo en la escuela? ¿A qué hora tiene Ud. que volver a clase?
6. ¿Qué toma Ud. si tiene hambre por la tarde? ¿y si tiene sed? ¿Le gustan los "perros calientes" (hot dogs)? ¿la pizza? ¿los helados?
7. Y finalmente, ¿tiene Ud. miedo de comer cosas nuevas? ¿Le gusta experimentar con la comida? ¿Tiene Ud. deseos de comer carne de serpiente (snake)? ¿sopa de tortuga (turtle)? ¿ancas de rana (frog's legs)? Vamos a hablar de otra cosa, ¿está bien?

Repaso – y un poco más

1. The present tense of **ir** (to go), **dar** (to give), and **estar** (to be):

ir	dar	estar
voy	doy	estoy
vas	das	estás
va	da	está
vamos	damos	estamos
van	dan	están

2. The present tense of **ser** (to be): soy, eres, es, somos, son

3. What's the difference between **ser** and **estar**?

We use **ser** to tell:

a. who or what the subject is, or what it is really like.

¡Dios mío! ¿Qué es esto?	Oh, no! What's this?
—Es tu desayuno, mi amor.	It's your breakfast, darling.
¿Quiénes son Uds.?	Who are you?
—Somos visitantes de Marte.	We're visitors from Mars.
—Ah, claro.	Of course!
Jorge, eres guapo, brillante, fabuloso.	George, you're handsome, brilliant, fabulous.
—Sí, lo sé.	Yes, I know.

b. what the subject is made of, where it comes from, or <u>what or whom it's for.</u>

La mesa es de aluminio, ¿no?	The table is (made of) aluminum, isn't it?
—No, es de plástico.	No, it's plastic.
¿De dónde son los Rivera?	Where are the Riveras from?
—Son de Uruguay.	They're from Uruguay.
El televisor es para mi cuarto.	The TV is for my room.
—¡Egoísta!	Selfish!

c. <u>when or where something takes place.</u>

¿Cuándo es el concierto?	When is the concert?
—Es a las tres, en el gimnasio.	It's at three, in the gym.

We use **estar** to tell *where* the subject is *located* or what *condition* it is in.

¿Dónde está Andrés?	Where's Andrew?
—Está en clase.	He's in class.
¿Cómo estás, hijo?	How are you (feeling), son?
—Estoy mejor, gracias.	I'm better, thanks.

Notice how the meaning changes when we use **ser** and **estar** with
the same adjectives.

Pepito es malo.
Joey is bad. (What a kid!)

Pepito está malo.
Joey is sick. (He's in bad shape.)

Anita es pálida.
Ann is pale. (It's her complexion.)

Anita está pálida.
Ann is pale. (What's the matter?)

El carbón es negro.
Coal is black. (That's its normal color.)

La banana está negra.
The banana is black. (Is it ripe!)

Vamos a practicar

A. *Primero conteste:*

1. ¿Es de Europa o de Asia un chino?   2. ¿De dónde es un
portugués?   3. ¿Es de papel o de nilón una camisa? ¿De qué es un
libro?   4. ¿Para qué cuarto es la estufa — para el baño o para
la cocina?   5. ¿De qué color son sus zapatos? ¿De qué color son
sus ojos?   6. ¿Está bien su familia?   7. ¿Dónde están sus padres
(o sus hermanos) en este momento?   8. ¿Son muy simpáticos sus
vecinos?   9. ¿Va Ud. mucho a su casa?   10. ¿A dónde van Uds.
este fin de semana?   11. ¿Dan muchas fiestas sus padres?
12. ¿Da Ud. fiestas para sus amigos?

B. *Ahora mire las ilustraciones y complete las frases.*
Por ejemplo:

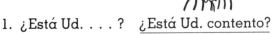

1. ¿Está Ud. . . . ?   ¿Está Ud. contento?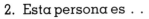

2. Esta persona es . . .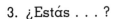

3. ¿Estás . . . ?

4. Voy a . . .

B. 1. enfermo(a); cansado(a); ocupado(a)   2. vieja; joven; pobre; rica   3. loco(a); triste;
seguro(a); listo(a)   4. la escuela; al cine; la iglesia; la (una) boda

13

C. *Finalmente, complete usando* **ser** *o* **estar:**

1. Sus abuelos ____ de Venezuela, pero ____ aquí ahora.
2. ¿Qué te pasa, Gloria? ¿____ enferma?   —No, ____ un poco cansada, nada más.
3. ¿A qué hora ____ su primera clase?   —____ a la una.
4. Paula ____ muy simpática, ¿no?   —Sí, y ____ una estudiante brillante también.
5. ¿____ llenos los vasos?   —Casi. En dos minutos ____ listos todos.
6. ¿Quiénes ____ mayores, Uds. o ellos?   —Nosotros ____ mucho mayores.
7. Perdone, señor, pero ¿quién ____ Ud.?   —(Yo) ____ Napoleón Bonaparte.   —Ah, sí. ¡Cómo no!

Ud. es muy inteligente, ¿sabe?

En breve

Ser	**vs.**	**Estar**
who, what		where — location
from where		
made of		
for what or whom		
takes place		
what it's really like		how it happens to be — condition

In listings of new active vocabulary, articles are omitted for masculine nouns ending in **-o** and feminine nouns ending in **-a**.

Palabras nuevas:
  desayuno   breakfast
  jugo de naranja   orange juice
  huevos   eggs
  tocino   bacon
  tostada(s)   toast
 el **cereal**   cereal

A pronunciar

Bueno es saber que los vasos
nos sirven para beber;
lo malo es que no sabemos   the bad part
para qué sirve la sed.

de Antonio Machado, *Proverbios y Cantares*

5 ¿Vegetal, mineral o animal?

La vicuña, Perú

Pingüinos, Argentina

El jaguar, Paraguay

El armadillo, México

olla
pot

jarra
pitcher

alumno(a)
student

cuaderno
notebook

una flor
flower

mi tío Pío

¿Qué son las cosas que vemos aquí —animal, vegetal o mineral? . . .
Ahora, ¿puede Ud. decirnos diez cosas más?

15

Vamos a jugar

Piense en una persona o en una cosa. Si es una persona o un tipo de animal, diga Ud., "Es un animal." Si es una forma de planta, diga, "Es un vegetal." Y si es de metal, de plástico o de otra cosa, diga simplemente, "Es un mineral." Ahora sus amigos le van a hacer 20 preguntas para determinar quién o qué es. Por ejemplo:

¿Es una persona? ¿Es un miembro de su familia? ¿Es un miembro de esta clase? ¿Es un actor o una actriz de cine? ¿Baila? ¿Canta? ¿Es joven? ¿guapo(a)? ¿alto(a)? ¿rico(a)? ¿Es americano(a)? ¿Está aquí en . . . ?

¿Es un animal grande o pequeño? ¿Es hermoso o feo? ¿Tengo uno en mi casa? ¿De qué color(es) es?

¿Es una planta? ¿Es un producto o una cosa natural? ¿Es de plástico? ¿de madera (wood)? ¿de metal? ¿Hay uno en esta clase? ¿Hay uno en su casa? ¿Es un mueble? ¿Lo uso para escribir? ¿para dormir? ¿para comer? ¿para cocinar?

En otras palabras, use la imaginación. Y por favor: Use only words that the class has learned! . . . Vamos a comenzar.

Repaso — y un poco más

1. The present tense of **decir** (to say, to tell) and **oír** (to hear):

decir	oír
digo	oigo
dices	oyes
dice	oye
decimos	oímos
dicen	oyen

Why does the **i** become **y** in the verb **oír**? Because that's the way it sounds when we pronounce it. Try it yourself and see.

2. The –**go** group

With these verbs, the **yo** form is the only special one in the present tense. Ahora, ¿puede Ud. llenar los blancos?

hacer (to make, do): **hago**, haces, hace, hacemos, hacen

poner (to put, place): **pongo**, pones, pone, _____, _____

salir (to go out, leave): **salgo**, sales, _____, salimos, _____

valer (to be worth, cost): **valgo**, _____, _____, valemos, _____

traer (to bring): **traigo**, traes, _____, _____, _____

caer (to fall): **caigo**, caes, _____, _____, _____

Práctica A. 1. pongo; pones   2. hago; hacemos   3. sale; salgo; salen   4. traes; traigo   5. cae; caigo   6. oyes; oigo; oyen (oímos)   7. dicen; decimos

B. 1. Los alumnos traen el almuerzo a (free completion). 2. ¿Quién pone (free completion) en esa olla? 3. ¿Vale (mucho, poco, *etc.*) dinero la lámpara? 4. ¿Qué haces (hace Ud.; hago; hacemos) con esa olla? 5. Siempre dices (dice Ud.; digo; decimos) la verdad, ¿oyes? (¿oye?)

Práctica

A. *Diga (o escriba) las formas correctas de cada verbo:*

1. (poner) ¿Dónde _____ (yo) esta olla? —(Tú) la _____ con la jarra nueva.
2. (hacer) ¿Saben? Yo no _____ nada por nadie. —Entonces nosotros no _____ nada por ti.
3. (salir) ¿Ud. _____ temprano o tarde mañana? —Yo _____ a las seis. Los otros _____ más tarde.
4. (traer) ¿Qué _____ (tú) en la mano? —(Yo) _____ flores para mamá.
5. (caer) ¡Cuidado o (Ud.) _____ aquí! —Yo no _____ nunca. ¡Ayyyy!
6. (oír) ¿Me _____, Pepe? —Sí, te _____. Todos te _____, María.
7. (decir) ¿Qué me _____ Uds.? —No le _____ nada.

B. *¿Puede Ud. hacer frases completas usando estas expresiones?*

1. Los alumnos / traer / almuerzo / a . . .
2. ¿Quién / poner / . . . / en esa olla?
3. ¿Valer / dinero / lámpara?
4. ¿Qué / hacer / esa olla?
5. Siempre / decir / verdad, / ¿oír?

C. *Finalmente, conteste Ud.:*

1. Chico (Chica), ¿a qué hora sales normalmente de casa?
2. ¿Haces una cosa importante esta tarde? 3. ¿Cuántos cuadernos traes hoy? 4. ¿Vales un millón de dólares? 5. ¿Oyes bien cuando habla tu profesor(a)? 6. A propósito, ¿qué dices cuando te presentan a una persona nueva? ¿Y qué contesta la otra persona?

En breve

The present tense of **oír** (to hear): oigo, oyes, oye, oímos, oyen
Another **–go** verb, **caer** (to fall): caigo, caes, cae, caemos, caen

Palabras nuevas:
olla pot	**jarra** jar, pitcher	
alumno, alumna pupil	**cuaderno** notebook	la **flor** flower

---

A pronunciar

Tiene el senor presidente
un **jardín** con una **fuente;**   garden; fountain
y un **tesoro en oro y trigo;**   treasure in gold and wheat
tengo más; tengo un amigo.

de José Martí, *Versos sencillos*

C. 1. Salgo . . . 2. Hago . . . 3. Traigo . . . 4. Valgo . . . 5. Oigo . . . 6. Digo . . . (all free completion)

Créalo o no.
(Believe it or not.)

El acueducto de Segovia, España, construido hace dos mil años por los romanos, está en uso todavía.

La religión hispanoamericana es a veces una curiosa mezcla (mixture).

El calendario azteca era, en 1519, más exacto que el calendario europeo.

Tampa, Florida celebra cada año el festival de un pirata español, José Gaspar, que tomó la ciudad en el siglo (century) XVI.

¿Visitantes de otro planeta? Muchos científicos piensan que este lugar en los Andes peruanos era un campo de aterrizaje (landing field) para naves espaciales (space ships) en tiempos prehistóricos. ¿Puede ser? . . .

¡Lo digo yo!

Ahora vamos a jugar. ¿Sabe Ud. una cosa de mucho interés — una cosa histórica, una cosa muy curiosa, una cosa personal? Por ejemplo: "Mi tía Marta es descendiente directa de Jorge Washington." "En mi casa hay una persona que tiene un elefante y tres cocodrilos." "Yo conozco a un hombre que . . .", etc. Ahora, si no sabe nada especial, ¡invéntelo (make it up)! Si sus amigos lo creen, van a decir: "¡Ya lo creo!" Y si no, gritan: "¿Quién lo dice?" Y Ud. contesta: "¡Lo digo yo!" ¿Comprende? . . . Pues vamos a comenzar.

Repaso — y un poco más

1. **Conocer** and the **–zco** crowd

    conocer (to know): **conozco,** conoces, conoce, conocemos, conocen

    Parecer (to seem) and **nacer** (to be born) are like **conocer.**

    parecer: parezco, pareces, parece, _____, _____
    nacer: nazco, naces, _____, _____, _____

    In the present tense, so are verbs that end in **–ducir** (English, _–duce, –duct_).

    producir (to produce): **produzco,** produces, _____, producimos, _____
    conducir (to conduct): **conduzco,** _____, _____, _____, _____

    Incidentally, can you think of some more?

2. What's the difference between **saber** and **conocer**?

Saber (sé, sabes, sabe, sabemos, saben) means *to know a fact* or *to know how to do something.*

¿Sabes cuándo vienen?	Do you know when they're coming?
—No sé nada.	I don't know anything.
¿Sabe Ud. cocinar?	Do you know how to cook?
—Un poco.	A little.

Conocer means *to know a person or a place* or *to be familiar with something.*

¿Conoces Chicago?	Do you know Chicago?
—No, pero conozco a muchas personas que viven allí.	No, but I know many people who live there.

Vamos a practicar

A. *Díganos:*

1. ¿Conoce Ud. a una persona muy famosa?   2. ¿A quién conoce Ud. mejor en este mundo (world)?   3. ¿Qué ciudad (city) conoce Ud. mejor?   4. ¿Sabe Ud. de dónde es su profesor(a) de español? (Si no lo sabe, pregúnteselo, ¿está bien?)   5. ¿Sabe Ud. cuántos años de edad tiene? (Por favor, ¡no se lo pregunte, eh!)   6. ¿Sabe Ud. mucho de música?   7. ¿Saben Uds. ya mucho español?

B. *Esta vez, mire las ilustraciones, y forme sus propias frases:*

1. Mi hermano y yo sabemos . . .

2. ¿Saben Uds. . . .?

B. 1. cocinar; tocar (la trompeta); manejar   2. contar; bailar; jugar al tenis

C. *Complete ahora, usando siempre el verbo más lógico:*

1. Yo no _____ muy joven, pero tengo sólo veinte y dos años.
   (conducir, parecer)   —¡Dios mío!
2. Una persona no _____ para ser esclavo (a slave). (nacer, producir)
3. Yo _____ discos fonográficos. (producir, parecer) ¿Y qué hace
   Ud.?   —Yo _____ la orquesta. (parecer, conducir)
4. Uds. _____ al Dr. Martínez, ¿no? (conocer, saber)   —Claro. Pero
   no _____ al resto de su familia. (conocer, saber)
5. El Japón _____ muchos televisores y coches ahora. (producir,
   parecer)   —Sí, pero me _____ que nosotros todavía somos el
   Número Uno. (saber, parecer)

En breve

1. **Conocer** and the –zco crowd
   Most verbs that end in **–ecer** or **–acer** are just like **conocer**. The
   yo form ends in **–zco** in the present tense: **conozco, parezco, nazco.**

   All verbs ending in **–ducir** also change to **–zco** in the **yo** form of
   the present tense: **produzco, conduzco.** These verbs are almost
   always related to English verbs that end in *–duce* or *–duct.*

2. **Saber** means to know a fact or how to do something.
   Conocer means to know a person or a place, or to be familiar
   with something.

   Palabras nuevas:
   > **parecer**   to appear, seem
   > **nacer**   to be born
   > **producir**   to produce
   > **conducir**   to lead, conduct

A pronunciar

Cuando sales al campo,
morena mía,
cantan los **pajarillos**   birds
con **alegría.**   joy
Cantan con alegría
porque tu cara
como el sol les parece
de la mañana.

                    de una vieja canción española

21

7 Personalidades

Alicia Alonso, hermosa bailarina cubana, conocida en todo el mundo

Salvador Dalí, pintor moderno español, personalidad extravagante

Ángel Cordero, famoso "jockey" puertorriqueño

"Charro", artista de cine y televisión

Estudie por un momento estas fotografías, y ahora piense: ¿Qué sé de estas personas? ¿Qué me parece su personalidad? Por ejemplo: Si es un vehículo, ¿qué tipo de vehículo es?

un convertible   un limosín   un camión   una motocicleta

Si es una estación del año, ¿qué estación es?

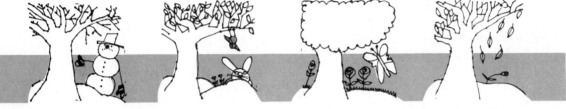

el invierno   la primavera   el verano   el otoño

Si es música, ¿qué instrumento es?

una guitarra   un violín   una trompeta   un tambor

Si es una casa, ¿qué tipo de casa es?

un "rancho"   una casa de
apartamentos   una mansión   una casa de
dos pisos

Y si es un animal, ¿qué animal es?

un caballo   un(a) tigre   un pájaro   un gato

¿Comprende? Pues díganos entonces:

_____   _____   _____   _____   _____

vehículo   estación   instrumento   casa   animal

Ahora complete estas frases:
Mi mejor amigo(a) es . . .
El presidente es . . .
Mi profesor(a) de español es . . .
Mis padres son . . .
Yo soy . . .

Repaso – y un poco más

1. This is the pattern of stem-changing verbs in the present tense:

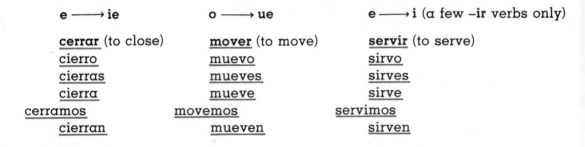

e ⟶ ie	o ⟶ ue	e ⟶ i (a few –ir verbs only)
cerrar (to close)	**mover** (to move)	**servir** (to serve)
cierro	muevo	sirvo
cierras	mueves	sirves
cierra	mueve	sirve
cerramos	movemos	servimos
cierran	mueven	sirven

Ahora, ¿cuántos de estos verbos sabe Ud.?

e ⟶ ie	o ⟶ ue	e ⟶ i
comenzar to begin	**volver** to return	**pedir** to ask for
empezar to begin	**llover** to rain	**repetir** to repeat
pensar to think	**contar** to count, tell	
nevar to snow	**costar** to cost	
perder to lose	**recordar** to remember	
entender to understand	**soñar** to dream	
sentarse to sit down	**encontrar** to find; meet	
sentir to feel; regret	**dormir** to sleep	
	morir to die	

2. The irregular verbs **querer** (to want; love) and **poder** (to be able, can) are stem-changing in the present tense:

querer	**poder**
quiero	puedo
quieres	puedes
quiere	puede
queremos	podemos
quieren	pueden

3. There are many verbs based on the stem-changing verb **volver** (to return). These verbs, which end in –**olver**, are like English verbs ending in –*olve*: involve, revolve, dissolve, etc.

      envolver: envuelvo, envuelves, _____, envolvemos, _____
      disolver: disuelvo, _____, _____, _____, _____

¿Quiere practicar?

A. *Cambie según el verbo nuevo:*

   1. Siempre *recuerdo a María.*

      _____. (encontrar)
      _____. (pensar en)
      _____. (soñar con)

   2. ¿Uds. *pierden otra vez?*

      ¿_____? (empezar)
      ¿_____? (comenzar)
      ¿_____? (volver)

   3. ¿Cuánto *pide?*

      ¿_____? (servir)
      ¿_____? (entender)
      ¿_____? (costar)

   4. Lo *cerramos ahora.*

      _____. (servir)
      _____. (repetir)
      _____. (mover)

A. 1. encuentro a; pienso en; sueño con   2. empiezan; comienzan; vuelven   3. sirve; entiende; cuesta   4. servimos; repetimos; movemos

B. *¿Puede Ud. encontrar en el Grupo 2 las conclusiones del Grupo 1?*

1	2
¿Por qué no cierras c	a y tú te sientas allí . .ʰ la pregunta?
Siempre empiezan tarde e	. ꜀ . las ventanas? . .ᵈ puedo
Si Uds. no la entienden, d	explicarla otra vez . .ᵉ y acaban
Yo me siento aquí a	temprano . .ᶠ a las ocho de la
¿Quiere Ud. repetir b	mañana . .ᵍ y quién pide pan?
¿Quién pide tostadas g	
Servimos el desayuno f	

C. *Exprese ahora en español:*

1. I don't want to play.   No quiero jugar.
   I can't play today.   _____

2. At what time do you begin?   ¿A qué hora empiezan Uds.?
   At what time do we begin?   _____

3. Shall we order orange juice?   ¿Pedimos jugo de naranja?
   Shall I order eggs with bacon?   _____

4. Do they cost a lot?   ¿Cuestan mucho?
   Do they serve a little or a lot?   _____

En breve

Verbs ending in **–olver** are just like the stem-changing verb **volver** (to return): **envolver (envuelvo), disolver (disuelvo),** etc.

Palabras nuevas:
    cerrar (cierro) to close
    empezar (empiezo) to begin
    entender (entiendo) to understand
    costar (cuesto) to cost
    mover (muevo) to move
    repetir (repito) to repeat
    servir (sirvo) to serve

A pronunciar

Ésta es una canción española de Navidad (Christmas) que data de tiempos antiguos:

Brincan y bailan los **peces** en el **río,**	jump; fish; river
Brincan y bailan **de ver a Dios nacido.**	to see God born
Brincan y bailan los peces en el **agua,**	
Brincan y bailan **de ver nacida el alba.**	to see dawn rise

C. 1. No puedo jugar hoy.   2. ¿A qué hora empezamos?   3. ¿Pido huevos con tocino?
4. ¿Sirven poco o mucho?

¿Dónde están mis guantes?

el impermeable
raincoat

el ratón
mouse

bolsillo
pocket

el paraguas
umbrella

el reloj
watch

los anteojos
eye glasses

bolsa
purse

cartera
wallet

las llaves
keys

el reloj
clock

Por favor, ¿puede Ud. ayudarme?

1. ¿Dónde está mi camisa — debajo o encima de la cama? Y mis botas, ¿están debajo o encima de la mesa?
2. ¿Dónde está mi cartera — a la derecha o a la izquierda? ¿Y la bolsa de mi hermana? ¿Qué está encima de ella?
3. No encuentro mi cuaderno. ¿Está delante o detrás de la mesa? ¿Y qué es esa cosa cerca de él?
4. ¡Dios mío! ¿Dónde están mis llaves? ¿y mis anteojos?
5. ¿Quién tiene mi paraguas? ¿Qué hay en mi bolsillo?
6. ¿Dónde están mis relojes? ¿Y DÓNDE ESTÁN MIS GUANTES? ¿Puede Ud. encontrarlos? . . . ¡Gracias mil!

Ahora díganos:

1. ¿Cuánto cuesta un paraguas? ¿una bolsa de mujer? ¿un reloj bueno? ¿un par de anteojos?
2. ¿Qué llevamos en la mano cuando llueve? ¿Y qué ropa llevamos? ¿Qué usamos para la nieve?
3. Cuando Ud. sale de su casa, ¿cierra o abre la puerta? Y cuando vuelve, ¿la cierra o la abre? ¿Qué usa para abrirla?
4. ¿Qué cosas encontramos normalmente en una bolsa? ¿y en un bolsillo? ¿y en una cartera?
5. Y finalmente, ¿para qué sirven los anteojos — para oír o para ver? ¿Para qué sirve un reloj — para decir el tiempo o la hora? Entonces, ¿para qué piensa Ud. que sirve un barómetro?

Repaso — y un poco más

1. When we tell who owns something, we use **de** + the person's name.

| la hija **de María** | Mary's daughter |
| el coche **del médico** | the doctor's car |

2. Now here is how we say "my" or "mine," etc., with a singular noun.

mi amigo	my friend	un amigo **mío**	a friend of mine
mi amiga		una amiga **mía**	
tu vecino	your neighbor	un vecino **tuyo**	a neighbor of yours
tu vecina		una vecina **tuya**	
su primo	his, her, its, their, your	un primo **suyo**	a cousin of his,
su prima	(de **Ud.** or **Uds.**) cousin	una prima **suya**	hers, theirs, yours

Did you notice? **Mi, tu, su** have no special feminine forms. **Mío, tuyo, suyo** do. Of course, so does **nuestro**:

| **nuestro** profesor | our teacher | un profesor **nuestro** | a teacher of ours |
| **nuestra** profesora | | una profesora **nuestra** | |

Notice also that **mío**, etc., can mean both "mine" and "of mine." And most important, remember that they never go before the noun!

Es mi casa.	La casa es mía.
(It is my house.)	(The house is mine.)
¿Es tu amigo?	¿Es amigo tuyo?
(Is he your friend?)	(Is he a friend of yours?)

3. Here is how possessives work with a plural noun:

mis zapatos my shoes	Estos zapatos son **míos.**
mis botas my boots	Estas botas son **mías.**
tus anteojos your eyeglasses	¿Esos anteojos son **tuyos?**
tus llaves your keys	¿Esas llaves son **tuyas?**
sus parientes his, her, your,	¿Son parientes **suyos?**
sus parientas their relatives	¿Son parientas **suyas?**

Incidentally, if you ever want to explain exactly whom **su(s)** or **suyo(a, os, as)** refer to, just change them to **de él, de ella, de Ud.**, etc.

Es **su** casa.   La casa es **de él.**   The house is *his.*
La casa es **suya.**   La casa es **de ellos.**   The house is *theirs.*

Un poco de práctica

A. *Mire por un momento los modelos. Ahora, ¿puede Ud. completar las otras frases?*

1. yo

| Los pantalones son míos. | La corbata _____. | El reloj _____. |

2. mi tía Elda

| Esa cartera es suya. | Ese paraguas _____. | Esas bolsas _____. |

3. mis vecinos

| Ese coche es suyo. | Esos muebles _____. | Esas niñas _____. |

4. Tomás y yo

| Estas cosas son nuestras. | Estos discos _____. | Este tocadiscos _____. |

5. Ud. y Mati

| Las tazas son suyas. | Los vasos _____. | La jarra _____. |

B. *Ahora cambie según los modelos:*

Es mi cuaderno.   El cuaderno es mío.
¿Ésa es tu alcoba?   ¿Esa alcoba es tuya?

1. Son mis guantes.   2. Es tu bolsa.   3. Son nuestros papeles.
4. ¿Ésas son sus llaves?   5. ¿Éstas son mis botas?   6. ¿Ésos son sus anteojos?   7. ¿Éste es tu impermeable?

B. 1. Los guantes son míos.   2. La bolsa es tuya.   3. Los papeles son nuestros.   4. ¿Esas llaves son suyas?   5. ¿Estas botas son mías?   6. ¿Esos anteojos son suyos?   7. ¿Este impermeable es tuyo?

29

C. *Diga en español:*

1. A friend of mine   un amigo mío
   A friend of yours   _____
   Some friends of ours   unos_____
   Some friends of theirs   _____

2. Are these books yours or his?   ¿Estos libros son de Ud. o de él?
   Are these boots yours or hers?   ¿_____?
   Are these shoes hers or theirs?   ¿_____?

(Notice that here **suyo**, etc., would not really do. Can you tell us why?)

En breve

mi(s)	my	**mío(a, os, as)**	mine, of mine
tu(s)	yours (my pal)	**tuyo(a, os, as)**	yours, of yours
su(s)	his, her, your	**suyo(a, os, as)**	(of) his, hers, yours, theirs
	(de **Ud.** or **Uds.**), their		

nuestro(s)
nuestra(s)   our

nuestro(s)
nuestra(s)   ours, of ours

Remember: **Mi, tu, su** can go only *before* the noun. They are singular or plural, according to the word that *follows* them!

Mío, tuyo, suyo, etc., always go *after* the noun. They, too, are singular or plural, masculine or feminine, according to the thing we own, not the owner!

Palabras nuevas:

el **paraguas**	umbrella	el **impermeable**	raincoat
bolsa	purse	**bolsillo**	pocket
cartera	wallet	los **anteojos**	eyeglasses
el **reloj**	watch; clock	la **llave**	key

A pronunciar

Dos viejas canciones españolas:

Desde mi casa a la tuya,
morena, no hay más **que un paso;**   than one step
desde la tuya a la mía,
¡ay, qué camino más largo!

Cuando te veo con **pena**   sadness
en mí **no reina alegría;**   there's no joy
que como te quiero **tanto**   for since; so much
siento la tuya y la mía.

Son míos, míos, míos

las tijeras
scissors

cortar
to cut

un botón
a button

coser
to sew

aguja
needle

hilo
thread

martillo
hammer

clavo
nail

cuerda
cord, string

cinta (de celofán)
tape

¿Quiere jugar?

Haga una colección de las siguientes (following) cosas: un poco de cuerda y un poco de hilo; un botón y una aguja; un martillo pequeño y unos clavos; unas tijeras y una llave; un lápiz, una pluma y un poco de papel. Ahora meta (put) todas estas cosas en una caja o una canasta, y vamos a empezar.

    Ud. mete la mano en la caja o canasta y saca una de las cosas. ¡No permita a nadie ver qué es! Ahora Ud. tiene que actuar (act out). Cuando uno de sus amigos lo adivina (guesses) correctamente, Ud. dice: "Bueno, es tuyo (tuya). Son tuyos (tuyas)." Then the person to whom the item really belongs shouts out: "¡No! ¡Es mío (mía)! ¡Son míos (mías)!" ¿Entiende? . . . Pues vamos a actuar.

Asociaciones

¿Cómo asocia Ud. los artículos del Grupo 1 con las personas, cosas o acciones del Grupo 2?

1	2
un martillo y clavos c e	^a cortar papel . .^{b.} hacer un vestido
hilo y aguja b f h	. .^{c.} carpintero . .^{d.} la cocina . . .
tijeras a d	^e construir una casa o un mueble . . .
cuerda g	^f coser un botón . .^{g.} cerrar una caja
cinta de celofán i	grande . .^{h.} un sastre (tailor) . . .
	ⁱ unir dos pedazos (pieces) de papel

Repaso — y un poco más

1. This, that, these, those

este reloj this clock	**estos** anteojos these eyeglasses
esta bolsa this purse	**estas** tijeras these scissors
ese reloj that clock (near you)	**esos** anteojos those eyeglasses
esa bolsa that purse	**esas** tijeras those scissors
<u>**aquel**</u> reloj that clock (over there)	<u>**aquellos**</u> anteojos those glasses
<u>**aquella**</u> bolsa that purse	<u>**aquellas**</u> tijeras those scissors

What's the difference between **ese** and **aquel**? Simply that **aquel** is a lot farther away.

2. This one, that one, these, those

When there's no noun after **este, ese, aquel,** etc., we just give them an accent mark.

este reloj — **éste**   this one
esa bolsa — **ésa**   that one
aquel reloj — **aquél**   that one (over there)
aquellos anteojos — <u>**aquéllos**</u>   those (over there)
aquellas tijeras — <u>**aquéllas**</u>   those

3. <u>"This" or "that" in general, not referring to any particular thing, is **esto, eso**.</u>

¿Qué es esto?	What's this?
—Es un . . . no sé.	It's a . . . I don't know.
¡Eso es!	That's it!

¿Quiere practicar?

A. *Dígame . . .*

1.   ¿Éste, ése o aquél?

  a. ¿Qué hora es según esté reloj?
  b. ¿Qué hora es según ése?
  c. ¿Y según aquél?
  d. ¿Cuál de estos relojes es el más nuevo? ¿el más bonito? ¿el más costoso?
  e. ¿Cuál le gusta más a Ud.?

este reloj   ése   aquél

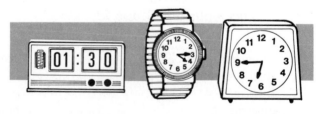

A propósito, ¿qué hora es donde vive Ud.?

A. 1. a. Es la una y media. b. Son las cuatro y cuarto. c. Son las siete menos cuarto. d. (free response)
e. (free response)

2. ¿Ésta, ésa o aquélla?

a. ¿Cuál es mejor para el desayuno
— esta comida, ésa o
aquélla?

b. ¿Cuál es mejor para el
almuerzo?

c. ¿Y para la comida de la
noche?

d. ¿Cuál es mejor para la salud
(health)? ¿y para una dieta?

e. ¿Cuál le gusta más a Ud.?

esta comida   ésa   aquélla

¿Cuántas de estas cosas puede Ud.
nombrar (name)?

3. ¿Éstos, ésos o aquéllos?

a. ¿Cuáles son alumnos de escuela
primaria — éstos, ésos o
aquéllos?

b. ¿Cuáles son alumnos de escuela
superior?

c. ¿Cuáles son estudiantes
universitarios?

d. ¿Cuáles están más interesados?
¿menos interesados? ¿Quiénes
son los más avanzados
(advanced)?

e. ¿Qué piensa Ud. que estudian
éstos? ¿y ésos? ¿y aquéllos?

estos alumnos   ésos   aquéllos

¿Piensa Ud. ir a la universidad?
¿Por qué?

4. ¿Éstas, ésas o aquéllas?

a. ¿Cuáles son mejores para la
sala — estas sillas, ésas o
aquéllas?

b. ¿Cuáles son mejores para
sentarse a la mesa?

c. ¿Cuáles son mejores para un
grupo grande de personas?

d. ¿Cuáles cuestan más? ¿y menos?

e. ¿Cuáles le parecen más prácticas?
¿más confortables? ¿más bonitas?

estas sillas   ésas   aquéllas

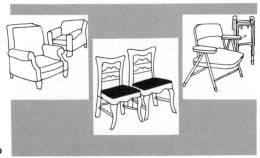

¿En qué partes de la casa
encontramos estas sillas?

B. ¿Cómo relaciona Ud. los Grupos 1 y 2?

1	**2**
a. Esto no me gusta.	__b__ Es un reloj viejo.
b. ¿Qué es eso?	__d__ ¡Eso es! Exactamente.
c. ¿Por qué dices eso?	__e__ A mí también. Es fantástico.
d. Cincuenta y cincuenta son cien.	__a__ ¿Por qué? Tú nunca estás contento.
e. Me encanta esto.	__c__ Porque es verdad, nada más.

En breve

1. Spanish has two words which point out "that" person or thing. **Ese, esa, esos, esas** point to something fairly close. **Aquel, aquella, aquellos, aquellas** point to something quite far away.

2. **Esto** and **eso** mean "this" or "that" in general — the whole idea!

Palabras nuevas:
   las **tijeras**   scissors
   cortar   to cut
   hilo   thread
   aguja   needle
   el **botón**   button
   coser   to sew

   martillo   hammer
   clavo   nail

   cuerda   cord, string
   cinta (de celofán, etc.)   tape

A pronunciar

No hay **tierra** como mi tierra	land
ni cielo como mi cielo,	nor sky
ni **río** como mi **Tormes**	a river; (a river in Spain)
ni **pueblo** como mi pueblo.	a town

Ésta es una vieja canción española. ¿Quiere Ud. hacer una versión para su propia tierra?

¡Al contrario!

¿Cómo están Uds.? ¿Bien?   —No, mal.
¿Estamos listos ya?   —Todavía no.
Pues, ¿quieren una lección corta?   —No, una lección larga.
¡Dios mío! Vamos a empezar . . .

rápido
rápidamente

despacio
slow(ly)

fácil
easy

difícil
hard

recibir

mandar
to send

dar

quitar
to take away

encender
(enciendo)
to turn on

apagar
to turn off

empezar
(empiezo)

terminar
to end, finish

35

1. No, son viejos.   2. No, es muy grande.   3. No, trabajo despacio.   4. No, voy tarde.   5. No, apago las luces.   6. No, Uds. cierran las ventanas.   7. No, salgo ahora.   8. No, nosotros le quitamos el dinero.   9. No, Uds. usan los platos peores.   10. No, soy la hermana mayor. 11. No, reciben las invitaciones hoy.

Bueno, ¿están contentos?   —No, estamos tristes.
Entonces, vamos a jugar.

Ud. está de muy mal humor (in a bad mood) hoy, ¿entiende? Y así, cuando una persona le habla, Ud. siempre dice lo contrario.

Por ejemplo:

Esto es *fácil.* ¿verdad?   —No, es difícil.
¿Uds. viven *arriba*?   —No, vivimos abajo.
¿Me *amas*?   —No, te odio.

¡Qué cosa, eh! Pues vamos a continuar.

1. ¿Son *jóvenes*?

2. ¿Elsa es muy *pequeña*?

3. ¿Trabajas *rápidamente*?

4. ¿Vas *temprano*?

5. ¿*Enciende* Ud. las luces?

6. ¿*Abrimos* las ventanas? (No, Uds. . . .)

7. ¿Ud. *entra* ahora?

8. ¿Le *damos* el dinero? (No, nosotros . . .)

9. ¿*Usamos* los platos *mejores*? (No, Uds. . . .)

10. ¿Tú eres la hermana *menor*? (No, soy . . .)

11. ¿*Mandan* las invitaciones hoy?

12. ¿Estudia Ud. *mucho*?

13. ¿Mis zapatos están *debajo* de la mesa? (¡Ay, no!)

14. ¿La tienda está *cerca* de aquí?

15. ¿Comemos *antes* y trabajamos *después*? (No, Uds. . . .)

16. ¿Son *altos* los muchachos?

17. ¿Es *buena* tu profesora de inglés?

18. ¿Son muy *ricos* los López?

19. ¿Te gusta cuando hace *frío*?

20. ¿Empezamos *ahora* la lección? (No, nosotros . . .)

¿Sabe? Ud. está imposible hoy.

Vamos a pasar a otra cosa, ¿está bien?

12. No, estudio poco. (No estudio nada.)   13. No, están sobre (encima de) la mesa.   14. No, está lejos de aquí.   15. No, trabajamos antes y comemos después.   16. No, son bajos.   17. No, es mala.   18. No, son muy pobres.   19. No, me gusta cuando hace calor.   20. No, empezamos más tarde.

Repaso – y un poco más

1. How to make an adjective feminine

   If it ends in **o**, change **o** to **a**: **alto, alta**
   If it ends in anything else, there is no change: una idea **excelente**, una señora **joven**
   One exception: If a nationality ends in a consonant, add **a**:
   español — **española**   inglés — **inglesa**

   The plural forms just add **s** to a vowel, **es** to a consonant: altos, altas, excelentes; jóvenes, inglesas, ingleses

2. How to make comparisons

   Normally, we just put **más** or **menos** before the adjective or adverb. Notice that **que** means "than."

El español es fácil.	Spanish is easy.
Es **más fácil que** el inglés.	It is easier than English.
Yo soy alta.	I am tall.
Pero ellos son **más altos que** yo.	But they are taller than I.

   Before a number, use **de** in place of **que**.

¿Cuántos amigos tienen?	How many friends do they have?
—**Más de** cien.	More than 100.

   There are only six special forms:

Adjective	Adverb	Comparative
mucho(a, os, as)	mucho	**más** more
poco(a, os, as)	poco	**menos** less, fewer
bueno(a, os, as)	bien	**mejor(es)** better
malo(a, os, as)	mal	**peor(es)** worse
grande(s)		**mayor(es)** larger, older
pequeño(a, os, as)		**menor(es)** smaller, younger

3. Superlatives — "best, worst, oldest," etc. — use the same form as the comparatives. Notice that after a superlative, the English "in" is **de**.

Dorotea es mayor que yo.	Dorothy is older than I.
Pero no es **la mayor de** la familia.	But she's not the oldest in the family.
¿Quién toca mejor, tú o Rogelio?	Who plays better, you or Roger?
—¡Él! Es uno de los mejores pianistas del mundo.	He (does)! He's one of the best pianists in the world.

Práctica

A. Conteste, ¿está bien?   *Práctica* (free response)

1. ¿Quién es más alto, Roni o Luis? ¿Quién es el más alto de todos?
   ¿el más guapo (o la más bonita)? En su opinión, ¿quién es el
   más simpático (la más simpática)?

2. ¿Quién es mayor, Ana o Lisi? ¿Quién es la persona mayor de
   este grupo? ¿Quién es la persona mayor de la familia de Ud.?
   ¿y la menor?

3. De todas las personas aquí, en su opinión, ¿quién gana más
   dinero? ¿Tiene más o menos de un millón? ¿Tiene más de diez
   millones? ¿Tiene muchos amigos?

4. En su opinión, ¿quién es mejor atleta, Roque o Juana? ¿Quién
   estudia más? ¿Quién come más? ¿Quién come menos?

5. Y una cosa más: ¿Hay más o menos de doce personas en este
   grupo? ¿Hay más o menos de doce en la familia de Ud.?
   ¿y en su clase?

B. *Complete usando* **que** *o* **de**:

1. Mi hermano Guillermo es dos años menor _____ yo. Elisa es la mayor _____ la familia.   2. Conozco a más _____ cincuenta personas aquí. —Pues tú tienes más suerte _____ yo.   3. ¿Es más fácil el español _____ el inglés? —Para mí, sí.   4. Pepe trabaja más despacio _____ Roberto. —Sí, porque Roberto tiene más _____ diez años de experiencia.   5. ¿Quién es el (la) mejor estudiante _____ la clase? —En mi opinión, no hay nadie mejor _____ el otro. (Es verdad, ¿sabe?)

C. *Ahora, ¿puede Ud. hacer frases originales usando estas expresiones?*

1. La clase . . . / empezar / más temprano que . . .
2. Si / apagar las luces / usar / menos electricidad.
3. Chito / hermano mayor / familia.
4. . . . / la persona más graciosa / mundo (world).

En breve

1. When we compare two things, "than" is usually translated by **que**.

   Ellos reciben más **que** nosotros.   They receive more than we.

   Before a number, we use **de**:

   Hay más **de** cien chicos aquí.   There are more than 100 kids here.

2. After a superlative, "in" is usually translated by **de**.

   Es el mejor actor **del** mundo.   He's the best actor in the world.

   Palabras nuevas:

fácil easy	**difícil** difficult, hard
mandar to send	**quitar** to take away
encender (ie) to turn on	**apagar** to turn off (out)
despacio slow, slowly	**terminar** to finish, end

A pronunciar

Otra vieja canción popular:

Son los **campos** de mi **tierra**	countryside; land
lo mejor de **Andalucía**;	(province of Southern Spain)
flores **alegran los montes**,	bedeck the hills
amapolas, la campiña.	and poppies, the fields

Observaciones y Repaso I

Here's what's new so far.

1. More about the articles: "the, a, an"

   a. The definite article (**el, la, los, las**) goes along with a noun that we're using in a general sense.

El amor es más importante que el dinero.	Love is more important than money.
—Tienes razón.	You're right.

   b. The indefinite article (**un, una**) is *not* used when we simply tell what a person is.

¿Qué es Luis Cuevas?	What is Louis Cuevas?
—Es carpintero.	He's a carpenter.
¿Es española?	Is she a Spaniard?
—No, es mexicana.	No, she's a Mexican.

   c. **Unos, unas** mean "some, several":
      unas ideas fantásticas   some (several) fantastic ideas

2. The present tense of some more special verbs

   a. Verbs that end in **–ger** or **–gir** change **g** to **j** before **o** or **a**:
      coger: cojo, coges, etc.   **dirigir:** dirijo, diriges, etc.

   b. **Caer** (to fall) is a member of the **–go** group: **caigo,** caes, etc.

   c. **Oír** (to hear) has forms of its own: oigo, oyes, oye, oímos, oyen

   d. The **–zco** crowd
      Most verbs that end in a vowel + **–cer** are just like **conocer:**
      parecer (to seem, appear): **parezco,** pareces, etc.
      nacer (to be born): **nazco,** naces, etc.

      And all verbs that end in **–ducir** change the **yo** form to **–zco:**
      producir (to produce): **produzco,** produces, etc.
      conducir (to conduct): **conduzco,** conduces, etc.

e. And a few more stem-changing verbs:

e → ie	o → ue	e → i
cerrar to close	**costar** to cost	**repetir** to repeat
empezar to begin	**mover** to move	**servir** to serve
encender to turn on		
entender to understand		

3. Two more meanings of **ser**

In addition to its other uses, **ser** is used to tell:

a. for whom or for what something is.

¿Para quién es?	Whom is it for?
—Es para ti. Es para tu alcoba.	It's for you. It's for your bedroom.

b. when or where something takes place.

La reunión va a ser mañana en el auditorio.	The meeting will be (take place) tomorrow in the auditorium.

(For the difference between **ser** and **estar,** see p. 12.)

4. saber vs. conocer

Saber (**sé, sabes,** etc.) means *to know a fact* or *to know how to do something.*

Conocer (**conozco, conoces,** etc.) means *to know a person or a place* or *to be familiar with something.*

¿Sabes dónde vive Eloísa?	Do you know where Eloise lives?
—¿Y quién es Eloísa? No la conozco.	And who is Eloise? I don't know her.
¿Sabe Ud. coser?	Do you know how to sew?
—Sí, pero no muy bien.	Yes, but not very well.
¿Uds. conocen San Francisco?	Do you (all) know San Francisco?
—Sí, nuestra familia es de allí.	Yes, our family is from there.

Vamos a practicar

A. *Complete en español:*

(Breakfast) es la comida más importante del día. —Muy bien. ¿Quieres (eggs)? —No, no me gustan (eggs). —¿Quieres (bacon)? —No, (bacon) me produce indigestión. —¿Quieres (milk)? —No, (milk) tiene muchas calorías. (Bread) también. —Entonces, ¿qué quieres? —Nada. Voy a esperar hasta (lunch).

A. El desayuno; huevos; los huevos; tocino; el tocino; leche; la leche; El pan; el almuerzo

B. Complete usando el presente del verbo más lógico:

1. ¿A qué hora ____ tu clase?   — ____ a la una. (ser, estar)

2. Todas estas cosas ____ para mí. Sólo ésa ____ para ti. (ser, estar) —¡Egoísta!

3. ¿Dónde ____ mis tijeras? (ser, estar) Quiero ____ unos papeles. (cortar, coser)

4. Yo ____ joven, pero tengo 85 años de edad. (conocer, parecer) —No lo creo.

5. Si una persona nace en París, ¿____ francesa o italiana? (ser, estar) —Yo no ____. (saber, conocer)   (Yo) no ____ la pregunta. (entender, leer)

6. Tengo mucho cuidado, y por eso no ____ nunca. (caer, traer) —¡Casi nunca!

7. Por favor, hable en voz más alta. Los alumnos no ____ nada. (oír, decir)   —¿Ah, sí?   Pues (yo) lo ____ otra vez. (servir, repetir)

8. ¿____ mucho ese paraguas? (costar, contar)   —No, pero no vale nada.

C. Exprese en español:

1. John wants to be a doctor.   —Good luck!   2. My mother has some fabulous ideas.   3. I am catching the bus at two o'clock.   —Where are you going?   4. Are you turning off the radio now?   —No, later.   5. We know Estela, but we don't know where she lives.

Suficiente, ¿no?

Vamos a continuar

5. mío, tuyo, suyo (mine, yours, his, etc.)

These possessives can never go before a noun. Notice that they can mean "mine" or "of mine," etc. No **de** is ever necessary!

Este cuaderno es mío.	This notebook is mine.
—No, el otro es tuyo.	No, the other one is yours.
¿Quiénes vienen hoy?	Who is coming today?
—Unos amigos míos.	Some friends of mine.
¿Es suya o nuestra esta llave?	Is this key his (hers, theirs, etc.) or ours?
—Vamos a ver.	Let's see.

C. 1. Juan quiere ser medico.   —¡Buena suerte!   2. Mi madre tiene unas ideas fabulosas.
3. Cojo el autobús a las dos.   —¿A dónde va Ud. (vas)?   4. ¿Apaga Ud. (apagas) el (la) radio ahora?   —No, más tarde.   5. Conocemos a Estela, pero no sabemos dónde vive.

If we ever want to clear up whom **suyo(a, os, as)** refers to, we can always replace it with **de él, de ella, de Ud., de ellos, de ellas, de Uds.**

¿Es de ella o de Ud. esta cartera?	Is this wallet *hers* or *yours*?
—Es mía.	It's mine.

6. Another way of saying "that" or "those"

Ese, esa, esos, esas (that, those) refer to something fairly close by.
Aquel, aquella, aquellos, aquellas point to something farther away.

Voy a usar esos clavos.	I'm going to use those nails (near you).
Voy a usar aquellos clavos.	I'm going to use those nails (over there).

Ese, este, aquel, etc., have an accent mark when they are not followed by a noun:

aquella mesa — **aquélla**   that table (over there) — that one

Esto and **eso** mean "this" or "that" in general.

Esto es importante.	This is important.
¿Le gusta eso?	Do you like that?

7. How to say "than" in comparisons

When we say that something is more . . . or less . . . *than* something else, we normally use **que**.

Jorge es más alto **que** Amanda.	George is taller *than* Amanda.
—Sí, y ella es mayor que él.	Yes, and she's older than he.

Before a number, we use **de**.

¿Cuánto dinero tenemos?	How much money do we have?
—Menos **de** cinco dólares.	Less *than* five dollars.

Remember too: **de** is used for "in" after a superlative.

Es el hombre más rico **del** mundo.   He's the richest man *in* the world.

Otra vez, a practicar

A. *Conteste según las indicaciones. Por ejemplo:*
  ¿Este reloj es tuyo? (Sí . . .) <u>Sí, es mío.</u>
  ¿Esa canasta es nuestra? (No, de Elisa) <u>No, es suya.</u> or <u>Es de ella.</u>

  1. ¿Esas tijeras son mías? (Sí . . .) 2. ¿Las flores son nuestras? (No, de los vecinos) 3. ¿Esta cartera es tuya? (Sí . . .) 4. ¿Aquel cuaderno es de Ud.? (No, de Juanita) 5. ¿Estos guantes son suyos? (No, de Pepito) 6. ¿Esta casa es de Uds.? (Sí . . .)

Otra vez, a practicar A. 1. Sí, son suyas (tuyas). 2. No, son suyas (de ellos). 3. Sí, es mía.
4. No, es suyo (de ella). 5. No, son de él. 6. Sí, es nuestra.

B. *Conteste otra vez:*

1. Arturo tiene quince años de edad. Dorotea tiene diez y siete. Y Francisco tiene catorce.
   a. ¿Arturo es mayor o menor que Dorotea?
   b. ¿Quién es el menor de los tres?

2. El señor Álvarez gana mil dólares al mes (a month). La señora Riquer gana doce mil al año. Y el doctor Coloma gana quinientos a la semana.
   a. ¿La señora Riquer gana más o menos que el señor Álvarez?
   b. ¿Quién es la persona más próspera de este grupo?

3. Bárbara Gómez tiene cinco pies de alto (is five feet tall). Su hermana Roberta tiene cinco con tres pulgadas (inches). Y su hermano Esteban tiene más de seis.
   a. ¿Esteban es más alto o menos alto que sus hermanas?
   b. ¿Bárbara es más alta o menos alta que Roberta?
   c. En su opinión, ¿quién es el (la) mayor de los tres?

C. *Diga rápidamente:*

1. this pocket, this purse, these gloves, these boots
2. that thread (near you), that needle, those buttons, those keys
3. that raincoat (over there), that tape, those eyeglasses, those flowers

Repaso Especial

Tabla de Números

1 uno	11 once				
2 dos	12 doce		20 veinte	200	doscientos(as)
3 tres	13 trece		30 treinta	300	trescientos(as)
4 cuatro	14 catorce		40 cuarenta	400	cuatrocientos(as)
5 cinco	15 quince		50 cincuenta	500	**quinientos(as)**
6 seis	16 diez y seis (dieciséis)		60 sesenta	600	seiscientos(as)
7 siete	17 diez y siete (diecisiete)		70 setenta	700	**setecientos(as)**
8 ocho	18 diez y ocho (dieciocho)		80 ochenta	800	ochocientos(as)
9 nueve	19 diez y nueve (diecinueve)		90 noventa	900	**novecientos(as)**
10 diez			100 cien, ciento	1000	mil

Ahora observe: 1000   mil   100,000   cien mil
                   1,000,000   un millón   100,000,000   cien millones

   a. **Ciento** becomes **cien** before any noun, including **mil** and **millón**.
   b. The word **y** appears only between 16 (diez y seis) and 99 (noventa y nueve).

C. 1. este bolsillo; esta bolsa; estos guantes; estas botas   2. ese hilo; esa aguja; esos botones; esas llaves   3. aquel impermeable; aquella cinta; aquellos anteojos; aquellas flores

Vocabulario Nuevo

aguja   needle, 9
alumna, alumno   pupil, 5
los anteojos   eyeglasses, 8
apagar   to turn off (out), 10
bolsa   purse, 8
bolsillo   pocket, 8
bota   boot, 3
el botón   button, 9
caer (caigo)   to fall, 5
cartera   wallet, 8
el cereal   cereal, 4
cerrar (cierro)   to close, 7
cinta   tape, 9
clavo   nail, 9
coger (cojo)   to catch, 2
conducir (conduzco)   to lead, conduct, 6
cortar   to cut, 9
coser   to sew, 9
costar (cuesto)   to cost, 7
cuaderno   notebook, 5
cuerda   cord, string, 9
desayuno   breakfast, 4
descansar   to rest, 2
despacio   slow, slowly, 10
difícil   difficult, hard, 10
dirigir (dirijo)   to direct, lead, 2
empezar (empiezo)   to begin, 7
encender (enciendo)   to turn on, 10
entender (entiendo)   to understand, 7
fácil   easy, 10
la flor   flower, 5

gastar   to spend, 2
el guante   glove, 3
hilo   thread, 9
huevo   egg, 4
el impermeable   raincoat, 8
jarra   jar, pitcher, 5
jugo de naranja   orange juice, 4
la llave   key, 9
mandar   to send, 10
martillo   hammer, 9
mover (muevo)   to move, 7
nacer (nazco)   to be born, 6
* oír (oigo, oyes, oye, oímos, oyen) to hear, 5
olla   pot, 5
el paraguas   umbrella, 8
parecer (parezco)   to seem, appear, 6
producir (produzco)   to produce, 6
quitar   to take away, 10
recibir   to receive, 2
el reloj   watch; clock, 8
repetir (repito)   to repeat, 7
servir (sirvo)   to serve, 7
tener . . . años (de edad)   to be . . . years old, 3
tener prisa   to be in a hurry, 3
terminar   to finish, end, 10
las tijeras   scissors, 9
tocino   bacon, 4
tostada   (piece of) toast, 4
viajar   to travel, 2

Según mi calendario

1. Cristóbal Colón descubre América

2. La Guerra entre el Norte y el Sur

3. La Declaración de Independencia

4. Los primeros astronautas llegan a la Luna

When we tell the year in Spanish, we count by hundreds only up to 1000. Above 1000, we use 1000 plus 500, 750, etc. to make up the balance. Por ejemplo:

1980	One thousand	nine hundred	eighty
	Mil	novecientos	ochenta
1812	One thousand	eight hundred	twelve
	Mil	ochocientos	doce

Ahora, ¿puede Ud. decirnos los años siguientes?

1776, 1969, 1861–1865, 1492

¿Cómo los asocia Ud. con las ilustraciones arriba? Y una cosa más: ¿En qué año estamos ahora?

mil setecientos setenta y seis (3); mil novecientos sesenta y nueve (4); mil ochocientos sesenta y uno hasta mil ochocientos sesenta y cinco (2); mil cuatrocientos noventa y dos (1)

Repaso – y un poco más

1. Subject pronouns stand for the person who is doing the action of a verb. In Spanish we usually leave them out, except to give emphasis or to clear something up. **Ud(s).** is more used than any other.

1st person: **yo**	I	**nosotros, nosotras**	we	
2nd person: **tú**	you (pal)			
3rd person: **él**	he	**ellos**	they	
ella	she	**ellas**	they (all female)	
usted (Ud.)	you (polite)	**ustedes (Uds.)**	you-all	

¿Vamos?   Are we going?
—Tú vas. Yo no voy.   You're going. *I'm* not going.

Ella dice que sí; él dice que no.   *She* says "yes"; *he* says "no."

We never use a subject pronoun when the subject is a thing ("it").

¿Llueve o nieva?   Is it raining or snowing?
—Nada de eso. Hace sol.   Nothing like that. It's sunny out.

2. Most of the pronouns that come after a preposition are the same as the subject pronouns.

(para) **mí**	(for) me	(para) **nosotros**	(for) us	
		nosotras	us (all female)	
ti	you (my pal)			
él	him	**ellos**	them	
ella	her	**ellas**	them (fem.)	
Ud.	you (polite)	**Uds.**	you-all	

There are two special forms: **conmigo** (with me), **contigo** (with you).

3. Here are some of the most common prepositions:

a to   **de** of, from   **con** with   **sin** without
contra against   **en** in, on, at
por by, through, for   **para** for (intended for, headed for)
sobre on, over; about   **junto a** next to
antes de before   **después de** after
¿Cuántas más sabe Ud.?

Curiously enough, the preposition **entre** (between, among) is followed by **yo** and **tú**, not by **mí** and **ti**!

Entre tú y yo . . .   Between you and me . . .

          ¡Qué cosa, eh!

Práctica

A. *Cambie a pronombres las palabras indicadas. Por ejemplo:*

Las tijeras son de *María*.   <u>Las tijeras son de ella.</u>

1. ¿Las botas son de *su hermano*?   —No, son de *mi hermana*.
2. Los huevos con tocino son para *José*. Los panqueques son (*for you*), Clarita.   —¿Y no hay nada (*for me*)?
3. *Marta* dice que quiere sentarse junto a *Nelson*.   —Pues *Nelson* dice que quiere sentarse junto a (*you*).   —¿Junto a (*me*)? ¡Nunca!
4. ¡Somos los primeros! ¡Somos los primeros!   —¡No! *Marcos y yo* somos los primeros. *Andrea y tú* son los segundos.
5. ¿Vas al cine (*with me*)?   —No puedo ir (*with you*), Riqui. Tengo que ir con *Bernarda y Raquel*.

B. *Exprese en español:*

1. I don't speak well, but I understand.   <u>No hablo bien, pero entiendo.</u>
   We don't write well, but we speak.   ———.

2. *I'm* going. *She* isn't.   <u>Yo voy. Ella no va.</u>
   They're going. Aren't *you*?   ———

3. It's for us, not for you all.   <u>Es para nosotros, no para Uds.</u>
   They're for me, not for him.   ———.

En breve

Subject of a verb	Object of a preposition
yo I	**(de) mí** (from) me
tú you (my pal)	**(de) ti** (from) you

All the other forms are the same for the subject of a verb and the object of a preposition: **él, ella, Ud., nosotros(as), ellos, ellas, Uds.**
Two special forms: **conmigo** (with me), **contigo** (with you).
And one exception: After **entre,** we use **yo** and **tú** instead of **mí** and **ti.**

Palabras nuevas:
   junto a next to   **contra** against

A pronunciar

Ni contigo ni sin ti
tienen mis **penas remedio;**   troubles a remedy
contigo, porque **me matas;**   you're killing me
y sin ti, porque **me muero.**   I'll die
                          de una antigua canción española

B. 1. No escribimos bien, pero hablamos.   2. Ellos van. ¿No va Ud. (vas tú)?   3. Son para mí, no para él.

¿Quién? ¿Yo?

Rubén Anderson
Patria Bernabé
Lourdes Cruz
Magalys Fernández
María Guzmán
Felix Jaquez
Inés Marte
Daniel Paulino
Zelandia Peña
Dorián Pichardo
Tomás Rico
Belkys Rodríguez
Juan Taveras
Adriano Torres

Altagracia Taudel de Mateo
(Maestra)

Ponga aquí la foto de su clase, por favor.

Su <u>nombre</u> (name), por favor.

Ahora vamos a jugar

Cada persona escribe su nombre en un papel separado y lo pone en una pequeña caja o canasta. Ahora Ud. escoge (pick) un nombre y comienza:

(Laurita), ¿por qué hablas mal de *mí*?
Y Laurita contesta, ¡con mucha sorpresa!: ¿Yo? ¿De ti?

¿Entiende? Pues vamos a continuar.

1. (. . .), ¿quieres salir conmigo? (¿Yo? . . .)
2. (. . .), ¿tú vas sin *mí*?
3. (. . .), ¿estás loco(a) por *mí*?
4. (. . .), ¿piensa Ud. sólo en *mí*?
5. (. . .), ¿vas a casarte conmigo?

Ahora escoja dos nombres y vamos a comenzar otra vez. Por ejemplo:

(Ramón), ¿dejas los platos para (María)?
Y Ramón contesta: ¿Yo? ¿Para ella?

1. (. . .), ¿tú haces esto por . . .?
2. (. . .), ¿tú causas problemas para . . .?
3. (. . .), ¿tú sales solamente con . . .?
4. (. . .), ¿qué tiene Ud. contra . . .?
5. (. . .), ¿Ud. dice cosas malas de . . .?

Bueno, esta vez escoja Ud. tres nombres y empezamos otra vez. Por ejemplo:

(Oscar y Carmen), ¿Uds. viven con (Roque Salinas)?
Y ellos contestan: ¿Nosotros? ¿Con él?

1. (. . . y . . .), ¿Uds. copian los ejercicios de . . .?
2. (. . . y . . .), ¿Uds. están locos (locas) por . . .?
3. (. . . y . . .), ¿Uds. traen el almuerzo para . . .?
4. (. . . y . . .), ¿Uds. van al cine sin . . .?
5. (. . . y . . .), ¿Uds. desean bailar con . . .?

Finalmente, escoja Ud. cuatro nombres, y esta vez terminamos.

1. (. . . y . . .), ¿Uds. se casan con . . . y . . .? (¿. . .? ¿Con ellos?)
2. (. . . y . . .), ¿Uds. compran cosas para . . . y . . .?
3. (. . . y . . .), ¿Uds. llegan antes de . . . y . . .?
4. (. . . y . . .), ¿Uds. tienen miedo de . . . y . . .?
5. (. . . y . . .), ¿Uds. vuelven después de . . . y . . .?

Suficiente, ¿eh?

Repaso — y un poco más

1. Object pronouns receive the action of a verb. Here are the direct and indirect objects of the first and second persons:

   1st: **me**   me, to me   **nos**   us, to us
   2nd: **te**   you, to you

2. Where do we put object pronouns?
   In most cases, they go right before the verb.

¿Me entiendes?	Do you understand me?
—Te entiendo perfectamente.	I understand you perfectly.
¿Nos dicen la verdad?	Are they telling us the truth?

   You attach them to the end of a verb when you order someone to do something.

Escríbame.	Write to us.
Díganos . . .	Tell us . . .

   You may either attach them to the end of an infinitive, or put them before the first verb in the group. Either way is correct.

Voy a llamarte.	I'm going to call you.
Te voy a llamar.	

3. Suppose you want to make the object pronoun stronger. All you do then is add **a mí, a ti, a nosotros** along with the **me, te, nos.** Remember: You *add* **a mí**, etc. You subtract nothing!

Me invitan **a mí.** ¿No **te** invitan **a ti?**	They're inviting *me.* Aren't they inviting *you?*
Nos gusta mucho **a nosotros.**	*We* like it very much. (It's very pleasing to *us*.)
—Pues no **me** gusta nada **a mí.**	Well, *I* don't like it at all. (To *me* it's not!)

Vamos a practicar

A. *Exprese con más énfasis. Por ejemplo:*

   No *te* doy nada.   No te doy nada a ti.

   1. ¿*Me* hablas así? 2. No *te* servimos nada. 3. ¿No *nos* invitan?
   4. Nadie *me* dice eso. 5. *Te* quiero. ¿*Me* quieres? 6. ¿Por qué no *nos* crees? Nosotros *te* creemos siempre.

A. 1. ¿Me hablas así a mí? 2. . . . a tí 3. . . . a nosotros 4. . . . a mí 5. . . . a ti; . . . a mí
6. . . . a nosotros; . . . a ti

B. 1. ¿Me odias?   —Sí, te odio; ¿Me escuchas?   —No, no te escucho.; ¿Me besas?   —Sí, te beso. (No, . . .); ¿Me prometes?   —Sí, te prometo. 2. ¿Nos buscan?   —Sí, nos buscan.; ¿Nos necesitan?   —Sí, nos necesitan.; ¿Nos esperan?   —No, no nos esperan.; ¿Nos hablan?   —No, no nos hablan.

B. *Mire las ilustraciones, y complete cada diálogo. Por ejemplo:*

¿Me amas?   —Sí, te amo. (—No, no te amo.)

besar
to kiss

prometer
to promise

1. ¿Me _____?   ¿Me _____?   ¿Me _____?   ¿_____?
  —Sí, te _____.   —No, no te _____.   —_____.   —_____.

¿Nos ayudan?   —Sí, nos ayudan.   —No, _____.

necesitar
to need

2. ¿Nos _____   ¿Nos _____?   ¿Nos _____?   ¿_____?
  (ellos)?
  —Sí, _____.   —Sí, nos _____.   —No, _____.   —_____.

3. ¿Me _____ (tú)   ¿Me _____ (tú)   ¿Me _____ (ellos)   ¿Nos _____ (ellos)
  una canción?   un cuento?   dinero?   el almuerzo?
  —Sí, _____.   —Sí, _____.   —No, _____.   —No, _____.

B. 3. ¿Me cantas una canción?   —Sí, te canto una canción.; ¿Me lees un cuento?   —Sí, te leo un cuento.; ¿Me pagan dinero?   —No, no te pagan dinero.; ¿Nos sirven el almuerzo?   —No, no nos sirven el almuerzo.

52

C. *¿Puede Ud. hacer frases completas usando las expresiones siguientes?* (all free completion)

1. Me parece que / . . . / tener razón.
2. ¿Nos / vender . . . / este (esta) . . . ?
3. Te digo que / . . . / hoy.
4. No nos gusta . . . / con ellos.
5. ¿Me prometes / . . . nuevo (nueva)?

En breve

These are the first and second person object pronouns. They receive the action of a verb.

me	me, to me	**nos**	us, to us
te	you, to you		

If you want to give them more emphasis, you can add to them: **a mí, a ti, a nosotros (nosotras).**

No **me** conocen **a mí.**	They don't know *me.*
¿**Te** conocen **a ti?**	Do they know *you?*
¿No **te** gusta **a ti?**	Don't *you* like it? (Isn't it pleasing to *you?*)
A nosotros nos gusta mucho.	*We* like it a lot. (It's very pleasing to *us.*)

Palabras nuevas:
    besar   to kiss
    prometer   to promise
    necesitar   to need
  el **nombre**   name

A pronunciar

Aquí tiene Ud. parte de otra canción de la vieja tradición popular:

—¿Me quieres?
—Te quiero.
—Pues **dame la** mano.   give me your
—¿Me adoras?
—Te adoro.
—Pues dámelo todo.

Vamos al cine.

"¡Caballero! ¿Ud. nos habla a nosotros así?"

"¿Qué me dices? ¡No te oigo!"

"Bien, mamá. No voy a casarme con mi maestra de español."

"¿Me amas, me adoras?"
"—Pero Gustavo, no te conozco."

"Si quieres, te lavo los pantalones también."

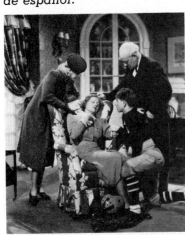

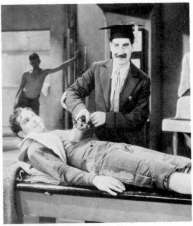

Ahora use Ud. la imaginación y díganos: ¿qué otros títulos puede Ud. ponerles a estas fotos? Aquí tiene una lista de verbos. A ver cómo los usa . . .

entender, comprender, creer
amar, adorar, querer, odiar
perder, buscar, encontrar
pedir, contar, decir, prometer
vender, comprar, pagar

dar, quitar, recibir, mandar
hablar, enseñar, leer
preguntar, contestar
tener miedo, tener prisa, tener sueño,
tener razón, etc., etc., etc.

Repaso — y un poco más

1. These are the direct and indirect object pronouns of the third person:

Direct Object	Indirect Object
lo him, you (**Ud.**), it (masc.)	
la her, you (**Ud.**), it (fem.)	**LE** to him, to her, to you, to it
los them, you (**Uds.**)	
las them, you (**Uds.**) (fem.)	**LES** to them, to you-all

2. <u>Much as we did with **me, te, nos**, we can make these pronouns stronger by adding **a él, a ella, a Ud.**, etc.</u> This is especially important in the case of **le** and **les**, which often need explaining. Observe, por ejemplo:

Le traigo flores hoy.	I'll bring (you, her, him) flowers today.
Le traigo flores a Ud.	I'll bring *you* . . .
a ella.	*her* . . .
a él.	*him* . . .
No les digo nada.	I'm not telling (you-all, them) anything.

Ahora complete Ud.:

No les digo nada a_____.	I'm not telling *you* . . .
No les _____.	. . . *them* (masc.) . . .
No _____.	. . . *them* (fem.) . . .

Importantísimo: Notice that the **le** or **les** must remain, no matter what else we add! If you remember, we did the same thing with **me, te** and **nos**.

3. How to use **gustar**

Gustar means "to be pleasing." It does *not* mean "to like."
The person *to whom* something is pleasing is the indirect object.
What is pleasing is the *subject*.

A mis padres les gusta mucho viajar.	My parents love to travel. (Travel is very pleasing to them.)
—¿**A quién** no **le** gusta?	Who doesn't like it? (To whom isn't it pleasing?)
¿**Les** gustan **a Uds.** los huevos?	Do you-all like eggs? (Are eggs pleasing . . .?)
—A nosotros, sí. Pero no **le** gustan a Graciela.	We do. (To us, yes.) But Grace doesn't like them.

Vamos a practicar

A. *Estudie estas ilustraciones, y después complete según los modelos.*

Por ejemplo:

Tengo la llave.
La tengo.

¿Usan Uds. las tijeras?
¿Las usan Uds.?

1. ¿Tú tienes
los ____?
¿Tú los ____?

2. Necesito
mi ____.
____.

3. ¿Llevan
____ hoy?
¿____?

4. No encuentro
mi ____.
____.

5. ¿Llamamos
al ____?[1]
¿Lo ____?

6. ¿Conoces a
la ____?
¿La ____?

7. ¿Invitas a
los ____?
¿____?

8. ¿Quién ve
el ____?
¿____?

B. *Ahora cambie a pronombres las palabras indicadas. Por ejemplo:*

Hablamos al director.   Le hablamos.

Doy un examen a los alumnos.   Les doy un examen.

1. Traigo el almuerzo a los jóvenes.   2. ¿Das una bicicleta a la niña?   3. Mandamos dinero a los pobres.   4. No pago nada a ese hombre.   5. ¿Explicamos el problema a las señoras?   6. Vendemos el coche al Sr. Rosales.   7. Canto una canción a mi madre.

---

[1] This a does not mean "to." It is the "personal a" that we use when the direct object is a person.

C. 1. Los voy a ayudar.   2. Les quiero leer un cuento.   3. Le vamos a pedir un favor.   4. Voy a verla pronto.   5. Debes hacerlo mejor. D. (all free completion)   1. A mi madre le gusta (gustan) . . .   2. A mis abuelos les gusta (gustan) . . .   3. A nuestro (nuestra) profesor(a) le gusta (gustan) . . .   4. A mis amigos les gusta (gustan) . . .   5. A mí me gusta (gustan) . . .

C. *Esta vez, exprese de otra manera. Por ejemplo:*

Vamos a comprarlo.   Lo vamos a comprar.

¿La vienes a visitar?   ¿Vienes a visitarla?

1. Voy a ayudarlos.   2. Quiero leerles un cuento.   3. Vamos a pedirle un favor.   4. La voy a ver pronto.   5. Lo debes hacer mejor.

D. *Finalmente, ¿puede Ud. hacer frases completas usando estas expresiones?*
   1. A mi madre / gustar / . . .
   2. A mis abuelos / gustar / . . .
   3. A nuestro (nuestra) profesor(a) / gustar / . . .
   4. A mis amigos / gustar / . . .
   5. A mí / gustar / . . .

En breve

These are the direct and indirect object pronouns:

Direct		Indirect	
me	me	**me**	to me
te	you (pal)	**te**	to you
lo	him, you (**Ud.**), it (masc.)	**LE**	to him, to her, to it, to you
la	her, you (**Ud.**), it (fem.)		
nos	us	**nos**	to us
los	them, you (**Uds.**)	**LES**	to them, to you-all
las	them, you (**Uds.**) (fem.)		

If you want to put emphasis on the object pronoun, add **a mí, a ti, a él,** etc.

Le hablo **a Ud.** No **le** hablo **a él.**   I'm talking to *you.* I'm not talking to *him.*

A mí me gusta. ¿No **les** gusta **a Uds.?**   I like it. (It's pleasing to *me.*) Don't *you* like it? (To *you* isn't it pleasing?)

A pronunciar

¿Qué es **poesía?**   —dices **mientras clavas**   poetry; as you cast
   en mí tu **pupila azul**—.   blue gaze
¿Qué es poesía? ¿Y tú me lo preguntas?
   Poesía . . . eres tú.

de Gustavo Adolfo Bécquer, *Rimas*

¿Ganga o robo?
(Bargain or gyp?)

¿Le gusta comprar ropa? ¿Le gusta venderla? Pues hoy vamos a ver qué talento tiene Ud. para los negocios (business).

bata
housecoat or bathrobe

zapatillas
slippers

la pijama
pajamas

los calcetines
socks

el **jersey**
T-shirt

los **levis**
jeans

el **traje**
suit

el **traje de baño**
bathing suit

Negocios

Traiga Ud. (Bring) a la clase fotografías de diferentes artículos de ropa y escriba el precio al dorso (on the back) de cada una. (Por favor, ¡no permita a nadie ver el precio de los artículos!) Ahora la clase se divide en dos grupos — clientes y dependientes. Vamos a una tienda de ropa. ¡Y a comenzar!

Dependiente

Buenos . . ., (Buenas . . .,) señor(ita). ¿En qué le puedo servir?

Ah, señor(ita). Le voy a dar una ganga fantástica. Ud. puede comprarlo (comprarla, etc.) hoy por sólo . . . (*Indique un precio alto.*)

(*Decida Ud. si quiere aceptar o si insiste en su precio.*) —Bueno, se lo (la, etc.) vendo. / —No, a ese precio no se lo doy.

Cliente

(*Conteste cortésmente.*)

—Pues deseo comprar este (esta, etc.) . . . (*Dígale qué cosa le interesa, y pregúntele cuánto vale.*)

—¡Cómo! No le doy más de . . . (*Indíquele un precio menor.*)

(*Decida Ud.*): —Bueno, lo (la) compro. / —Muy bien, le pago . . . (un precio mayor).

Ahora, ¡el momento de la verdad! Vamos a mirar el precio escrito detrás de la foto. Si el (la) cliente acaba de pagar un precio más alto, gritamos: "¡Robo!" Y si acaba de pagar un precio más bajo, gritamos: "¡Ganga!"

¿Quiénes van a ganar — los clientes o los dependientes?

Repaso — y un poco más

1. When we have two object pronouns in Spanish, we always put the indirect object *before* the direct. And so, even though English can say: "Tell me it" or "Tell it to me," Spanish can say only "Tell me it."

Dígame . . .   Tell me . . .
Díga**melo**.   Tell it to me. (Tell me it.)

Te prometo . . .   I promise you . . .
Te los prometo.   I promise them to you.

Nos traen agua.   They bring us water.
Nos la traen.   They bring it to us.

2. When both the indirect and the direct object pronouns are in the third person — that is, when they both begin with l — **le** or **les** changes to **se**.

<table>
<tr><td>**le** (to him, to her, etc.)
les (to them, to you all)</td><td>+</td><td>lo
la
los
las</td><td>=</td><td>**SE**</td><td>lo
la
los
las</td></tr>
</table>

Lo damos a Ramón.   We give it to Ray.
Se lo damos.   We give it to him.

Las mando a Elena.   I'm sending them to Helen.
Se las mando.   I'm sending them to her.

La venden a mis hermanas.   They're selling it to my sisters.
Se la venden.   They're selling it to them.

Of course, if you want to make sure we know who **se** is, you can add **a él, a ella, a Ud.**, etc., just as we did with **le** and **les**.

3. Notice that when we attach two pronouns to a verb form, we have to add a written accent to the main part of the verb.

Démelo.   Give it to me.
—No. Nunca voy a **dárselo**.   No. I'm never going to give it to you.

A. 1. Nos la prepara.   2. Te las enseño.   3. ¿Me los compras?   4. ¿Se las compras?   5. Se lo prepara.   6. Voy a decírtelo.   7. Vamos a mandársela.   8. ¿No van a pagárnoslo?   9. ¿Se lo debe Ud.?   10. ¿Se las pido?

Vamos a practicar

A. *Cambie según los modelos:*

¿Me cantas *la canción?*	¿Me la cantas?
¿Le leemos *el cuento?*	¿Se lo leemos?
No *les* doy *las llaves.*	No se las doy.

1. *Nos* prepara *la comida.*   2. *Te* enseño *las lecciones.*   3. ¿*Me* compras *los levis?*   4. ¿*Le* compras *las zapatillas?* (Se . . .)   5. *Les* preparo *el café.*   6. Voy a decir*te* *el secreto.*   7. Vamos a mandar*le* *la información.*   8. ¿No van a pagar*nos* *el dinero?*   9. ¿*Le* debe Ud. *el dinero?*   10. ¿*Les* pido *las llaves?*

B. *Díganos: ¿qué son las cosas que vemos en estas ilustraciones? . . .*

Pues, ¿puede Ud. usarlas para completar los diálogos? Por ejemplo:

—Miren. No tengo _dinero_ en mi cartera.

—Pues, ¿por qué no _se lo_ pides a tu papá?

1. —Mamá, tenemos hambre. ¿Hay _____ para el desayuno?
   —Sí, hijos. Si quieren, _____ preparo (a Uds.) en diez minutos.

2. —Buenos días. ¿Cuánto vale este _____ azul?
   —Normalmente, 50 pesos. Pero a Ud. _____ vendo por 40.

3. —Clarita, ¿dónde están mis _____?
   —Debajo de tu cama. Si quieres, _____ traigo.

4. —Necesito aquella _____ para abrir la puerta. ¿_____ trae Ud.?
   —Con mucho gusto. Aquí la tiene.

B. 1. huevos y tocino; se los   2. traje de baño; se lo   3. zapatillas; te las   4. llave; Me la

En breve

1. When we have two object pronouns together, the indirect goes before the direct: Me lo traen. ¿Nos las manda?

2. When both object pronouns begin with l, the first one (**le** or **les**) becomes **se**:

   Le sirvo la comida.   Les cosen los botones.
   Le . . . la   Les . . . los
   Se la sirvo.   **Se los** cosen.

3. If we want to put more weight on the pronoun, we can add **a él, a ella, a Ud.**, etc.: Se la sirvo a Ud., no a ellos.

4. When two pronouns are attached to the end of a verb form, a written accent must be added to the main part of the verb: Dígamelo. Démelo.

Palabras nuevas:

      bata housecoat, bathrobe
    la **pijama** pajama(s)

      zapatillas slippers
    los **calcetines** socks

    el **traje** suit
    el **traje de baño** bathing suit

    el **jersey** T-shirt, top
    los **levis** jeans

A pronunciar

Que es mi barco mi tesoro,	For my ship is my treasure
que es mi Dios la libertad;	
mi **ley**, la **fuerza** y el viento,	law; strength
mi única patria, la mar.	my only homeland, the sea

de José de Espronceda, *Canción del pirata*

Combinaciones

Estudie por un momento estas ilustraciones:

ofrecer
(ofrezco)
to offer

guardar
to keep

Ahora lea las frases siguientes y díganos: ¿Cuántas combinaciones puede Ud. hacer usando estos verbos? Por ejemplo:

La ropa, ¿me la ___ Ud.?
¿Me la lava, limpia, pide, etc.?

¿Qué verbo cree Ud. que vamos a usar más?

1. Los cuentos, ¿me los ___ Uds.?   (Free response)
2. La botella, ¿me la ___ (tú)?
3. Este coche, ¿me lo ___ Ud.?
4. El dinero, ¿nos lo ___ Martín?
5. Las máquinas, ¿nos las ___ esos hombres?
6. Los muebles, ¿nos los ___ Uds.?

¡Ajá! ¿Qué verbo ganó? A propósito, ¿puede Ud. combinar tres frases más, con sujetos diferentes?

Repaso — y un poco más

1. Here are the forms of reflexive object pronouns:

   me myself, to myself   **nos** ourselves, to ourselves
   te yourself, to yourself
   SE (to) himself, herself, itself, yourself (**Ud.**), themselves,
   yourselves (**Uds.**)

   When we have two object pronouns together, the reflexive always comes first.

¿**Se** compra el coche?	Is he buying himself the car?
¿**Se lo** compra?	Is he buying it for himself?

2. We use a reflexive pronoun when the subject does the action to itself.

¿Por qué no **te cuidas**?	Why don't you watch *yourself*?
Siempre **te cortas**.	You always cut *yourself*.
¿**Se divierten** Uds.?	Are you enjoying *yourselves*?
—Sí, **nos divertimos** mucho.	Yes, we're enjoying *ourselves* a lot.
Voy a **comprarme** un tocadiscos.	I'm going to buy *myself* a record player.

3. The reflexive can also add the idea of "get" to a verb.

perder	to lose	**perderse**	to get lost
casar	to marry (off)	**casarse**	to get married
vestir	to dress (someone)	**vestirse**	to get dressed
levantar	to raise, lift	**levantarse**	to get up
acostar	to put to bed	**acostarse**	to get (go) to bed

4. After a preposition, the reflexive has its own third person form, **sí**.[1]

   (**para**) **sí** for himself, herself, itself, yourself, themselves,
   yourselves
   The first and second persons are still **mí, ti, nosotros**, etc.

Sólo piensan en **sí**.	They only think of themselves.
—¿Y tú no piensas en **ti**?	And you don't think of yourself?

   Very often we add **mismo, misma**, etc., for extra force.

Sólo piensan en **sí mismos**.	They only think of *themselves*.
—¿Y tú no piensas en **ti mismo**?	And you don't think of *yourself*?
¿La niña se viste a **sí misma**?	Does the child dress *herself*?
—Claro. Tiene seis años de edad.	Of course. She's six years old.

   ---
   [1] With the preposition **con**, it becomes –**sigo**.

Práctica

A.

a **divertirse**
to have fun

b **cuidarse**
to take care
of oneself

c **acostarse**
to go to bed

d **vestirse**
to get dressed

Ahora, ¿cómo asocia Ud. estos verbos con las cosas siguientes?

dormir ocho horas cada noche . ^b. ir a una fiesta . ^a. jugar a los
deportes . ^a. tener mucho sueño . ^c. comer cosas nutritivas . ^b.
pantalones y camisa . ^d. la cama . ^c. hacer ejercicios . ^b. jersey
y levis . ^d. zapatos y calcetines . ^d. pijama . ^c. ir al cine . ^a.
lavarse el pelo, la cara y las manos . ^b. vestidos bonitos . ^d.
manejar con cuidado . ^b. hablar con amigos ^a

B. *Conteste ahora:*   (all free response)

1. ¿Se levanta Ud. temprano o tarde? (Me . . .)
2. ¿A qué hora se acuesta Ud. normalmente?
3. ¿Quién se acuesta más tarde — Ud. o sus padres?
4. ¿Dónde se divierte Ud. más — en el cine o en los juegos atléticos?
5. ¿Se cuidan mucho Ud. y sus amigos? (Sí, nos . . ., No, . . .)
6. ¿Se cuidan mucho sus padres?
7. ¿Se viste Ud. despacio o rápidamente?
8. ¿Le gusta más vestirse de "sport" o con elegancia?
9. ¿Piensa Ud. más en sí mismo (misma) o en otras personas?
10. ¿Hacen Uds. más por sí mismos o por otras personas? (Hacemos . . .)

1. Nunca me pierdo en . . . (free completion)   2. ¿Cuándo se casa (casan) . . .? (free completion)
3. . . . y yo nos divertimos . . . (free completion)   4. ¿Por qué no te ayudas a ti misma?
5. Joaquín se habla a sí mismo.

C. *Finalmente, haga Ud. frases originales usando:*

1. Nunca / perderme / en . . .
2. ¿Cuándo / casarse / . . .?
3. . . . y yo / divertirnos / . . .
4. ¿Por qué no / ayudarte / a ti misma?
5. Joaquín / hablar / a sí mismo.

En breve

1. Only in the third person do reflexive pronouns have their own forms.

   With a verb: **se**   (to) himself, herself, itself, yourself, themselves, yourselves

   After a preposition: **(por) sí**   (by) himself, herself, etc.

2. Very often, we add **mismo (a, os, as)** to **mí, ti, sí,** etc., to make the reflexive stronger:

   ¿Lo hace por sí mismo?   Se ayudan a sí mismos.

Palabras nuevas:
   divertirse (me divierto)   to enjoy oneself, have a good time
   acostarse (me acuesto)   to go to bed
   vestirse (me visto)   to get dressed
   cuidarse (me cuido)   to take care of oneself
   guardar   to keep
   ofrecer (ofrezco)   to offer

A pronunciar

Si yo **misma** no me entiendo,	myself
¿quién me va a entender a mí?	
que digo que no te quiero,	for
y estoy **loquita por** ti.	just crazy about
El amor es como el niño	
que **se enfada** y tira el pan;	gets mad; throws down his
y cuando **le hacen un cariño,**	they show him a little affection
coge aquél y pide más.	he picks up

de dos viejas canciones españolas

Cartero, ¿qué me trae?
(Mailman, . . .)

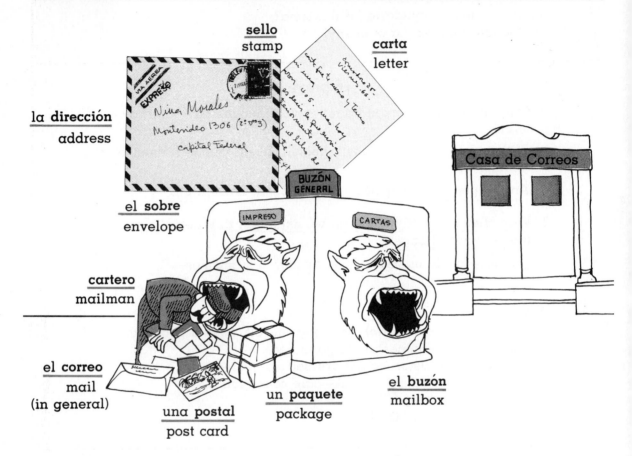

sello
stamp

carta
letter

la dirección
address

el sobre
envelope

cartero
mailman

el correo
mail
(in general)

una postal
post card

un paquete
package

el buzón
mailbox

Ahora díganos:

1. ¿Escribe Ud. muchas cartas? ¿A quién escribe más?
2. ¿Recibe Ud. muchas cartas? ¿De quiénes las recibe?
3. ¿Hay un buzón cerca de su casa? ¿Hay uno aquí en la escuela?
   ¿Está lejos de aquí la Casa de Correos?
4. ¿Hay carteros en su familia? ¿Desea Ud. ser cartero? ¿Por qué?
5. ¿Cuánto cuesta ahora un sello de correo?
6. ¿Cuesta mucho mandar por correo un paquete? ¿Cuánto cuesta
   mandar una postal?
7. Y una cosa más: ¿Cuál es la dirección de su casa? (Recuerde
   que en español el nombre de la calle viene primero, y después
   el número de la casa.)

Ahora use la imaginación y díganos:

1. ¿De quién es la primera carta — de un niño (una niña) o de una persona mayor? ¿Cuántos años tiene esta persona? En su opinión, ¿qué le pide a San Nicolás?

2. ¿Quién le escribe al Sr. Castañeda — su hermana, su esposa o su novia (girlfriend)? ¿Dónde cree Ud. que vive la otra persona? ¿Qué le dice en la carta?

3. Y el sobre que va a Elvira Martínez, ¿contiene una carta personal o de negocios (business)? ¿Cree Ud. que ella tiene esposo? ¿De quién es la carta?

4. ¿Quién le escribe a Cecilia? ¿Dónde viaja su amigo (o amiga)? A propósito, ¿puede Ud. traernos una postal interesante?

Repaso – y un poco más

1. Here is the preterite (past) tense of regular verbs.
The preterite means: "I spoke, did speak," etc.

–ar	–er, –ir
hablar	**comer, vivir**
hablé	comí, viví
hablaste	comiste, viviste
habló	comió, vivió
hablamos[1]	comimos, vivimos[1]
hablaron	comieron, vivieron

Remember: –ar and –er stem-changing verbs are like regular verbs in the preterite tense:

cerrar: cerré, cerraste, cerró, cerramos, cerraron
volver: volví, volviste, volvió, volvimos, volvieron

2. Some verbs have a slight spelling change. For example:

   a. After a vowel, –ió and –ieron become –yó, –yeron. (Say them out loud, and you'll see why.)

   caer (to fall): caí, caíste, **cayó,** caímos, **cayeron**
   leer (to read): leí, leíste, **leyó,** leímos, **leyeron**
   creer (to believe): creí, creíste, ____, ____, ____
   oír (to hear): oí, ____, **oyó,** ____, ____

   b. **C** becomes **qu** and **g** becomes **gu** before an **e.** (Try the sound test again.)

   sacar (to take out): **saqué,** sacaste, sacó, sacamos, sacaron
   pagar (to pay for): **pagué,** pagaste, ____, ____, ____

Vamos a practicar

A. *Diga la forma correcta del pretérito:*

yo: gastar, viajar, sacar, buscar, pagar, coger, dirigir
tú: cortar, guardar, mandar, conocer, recibir, servir
Mariana: descansar, contar, soñar, mover, nacer, parecer, leer, creer
Vicente y yo: cerrar, empezar, apagar, encender, repetir, abrir
Los otros: comenzar, terminar, pensar, entender, volver, caer, oír

---

[1] Don't worry. Even though the **nosotros** preterite form of –ar and –ir verbs is the same as in the present tense, the rest of what you say always clears up the meaning.

A. **yo:** gasté, viajé, saqué, busqué, pagué, cogí, dirigí   **tú:** cortaste, guardaste, mandaste, conociste, recibiste, serviste   **Mariana:** descansó, contó, soñó, movió, nació, pareció, leyó, creyó   **Vicente y yo:** cerramos, empezamos, apagamos, encendimos, repetimos, abrimos   **Los otros:** comenzaron, terminaron, pensaron, entendieron, volvieron, cayeron, oyeron

B. *Esta vez, complete usando el pretérito del verbo más lógico:*

1. ¿Dónde están tus guantes? —No sé. Los _____ ayer. (perder, mandar)
2. ¿_____ Uds. los ejercicios? (quitar, escribir) —Sí, señora, pero los _____ en casa. (dejar, coger)
3. Nosotras les _____ comida, pero no la aceptaron. (ofrecer, recibir) —Entonces, ¿no _____ nada? (costar, comer)
4. ¿Quién _____ la televisión? (encender, dirigir) —María. Y yo lo _____ (apagar, viajar)

C. *Cambie ahora al pretérito:*

1. Se lo *prometo*. 2. No la *beso* nunca. 3. No los *saco*.
4. ¿*Terminas* ahora? 5. ¿*Coses* los botones? 6. ¿La *ves*?
7. ¿Quién lo *mueve*? 8. Toño no lo *cree*. 9. ¿Me *oye* Ud.?
10. La *quitamos* de aquí. 11. No la *entendemos*. 12. Se las *servimos*. 13. ¿Lo *cierran*? 14. No la *recuerdan*. 15. ¿Lo *leen* Uds.?

En breve

1. The usual endings of the preterite are:
   –**ar** verbs: –é, –aste, –ó, –amos, –aron
   –**er** and –**ir** verbs: –í, –iste, –ió, –imos, –ieron
   Remember the **i** that always gets into the –**er** and –**ir** endings!

2. Spelling changes
   a. After a vowel, –**ió** and –**ieron** become –**yó**, –**yeron**: **cayó, oyó; leyeron, creyeron**, etc.
   b. **C** changes to **qu** before an **e**: **saqué, busqué.**
   c. **G** changes to **gu** before an **e**: **pagué, apagué.**

Palabras nuevas:

carta letter	**sello** stamp	la **dirección** address
cartero mailman	la **postal** postcard	el **paquete** package
el **sobre** envelope	**correo** mail	el **buzón** mailbox

A pronunciar

Mi padre y mi madre,
Luquita y yo,
comimos un huevo
y la **mitad sobró**.   half was left over
Mi padre la **yema**,   yolk
mi madre la **clara**,   white
y Luquita y yo
no comimos nada.

                                    de una canción infantil

C. 1. prometí   2. besé   3. saqué   4. Terminaste   5. Cosiste   6. viste   7. movió   8. creyó
9. oyó   10. quitamos   11. entendimos   12. servimos   13. cerraron   14. recordaron
15. leyeron

69

"Damas y caballeros . . ."
(Ladies and gentlemen . . .)

Permítanme presentarles a . . . (Let me introduce to you . . .)

El ídolo

"Yo soy el más grande."
Muhammad Alí,
campeón de boxeo

Linda Ronstadt, reina
de la música popular

Juanita Kreps, Secretaria
de Comercio y consejera
(adviser) al Presidente

Dígame, ¿le gusta conocer a personas famosas? Pues aquí tiene su
oportunidad. Imagínese que Ud. es Maestro de Ceremonias de
un programa de televisión. Y esta tarde Ud. va a entrevistar
(interview) a una de estas personalidades.

Primero, escriba en diferentes papelitos las cosas siguientes:

1) los nombres de cinco lugares diferentes (naciones, ciudades, etc.)
2) cuatro números entre 10 y 100
3) tres horas diferentes del día (por ejemplo: a las dos de la mañana, a la una de la tarde, a las once de la noche, etc.)
4) los nombres de varios miembros de su clase

Ponga (Put) los papelitos en cuatro cajas pequeñas, y vamos a comenzar. ¿Quién va a ser la primera "personalidad"?

M.C.	La "personalidad"
<u>Damas y caballeros</u>, déjenme <u>presentarles</u> a . . . (*Diga el nombre de la "persona famosa".*) (*Aplausos*)	
Buenos días (etc.), señor(ita) . . . ¿Cómo está Ud. hoy?	(*Conteste.*) (*Conteste otra vez.*)
Bueno, dígame: ¿dónde nació Ud.?	(*Saque de la caja #1 el nombre de un lugar.*)
¿Ah, sí? ¿Y cuántos años vivió Ud. allí?	(*Saque de la caja #2 un número.*)
Pues, ¿a qué escuela <u>asistió</u> Ud. (did you attend)?	—Asistí a . . . (*Díganos dónde.*)
¿Cuántos años tiene Ud. ahora?	(*Saque otro número.*)
¡No! Pues díganos otra vez: ¿tiene Ud. <u>novio</u> (a boyfriend) o novia?	(*Conteste "sí" o "no".*)
¿De quién está Ud. <u>enamorado(a)</u>? (Whom are you in love with?)	(*Saque de la caja #4 el nombre de un miembro de su clase.*)
¿A qué hora se acuesta Ud. normalmente?	(*Saque de la caja #3 una hora del día.*)
¿Y a qué hora se levanta?	(*Saque otra hora del día.*)
Finalmente, en su opinión, ¿quién es el hombre (o la mujer) ideal?	(*Saque otro nombre de un miembro de su clase.*)
Fantástico. Pues mil gracias, señor(ita), por estar con nosotros hoy, y adiós. (*Aplausos* — y El Fin)	

Repaso — y un poco más

Most irregular verbs fall into a special pattern in the preterite tense. There are three basic groups, and this is what they all have in common:

The **yo** form ends in an unaccented **e**.
The **Ud., él, ella** form ends in an unaccented **o**.

1. The **u** group

tener (to have): **tuve**, tuviste, **tuvo**, tuvimos, tuvieron

Many Spanish verbs are based on **tener**. They usually go with English verbs that end in _–tain_: **contener** (contain), **obtener** (obtain), etc. How many more do you know?

estar (to be): estuve, estuviste, estuvo, estuvimos, estuvieron
andar (to walk): anduve, ____, ____, ____, ____
poder (to be able): pude, ____, ____, ____, ____
poner (to put): puse, ____, ____, ____, ____

Many other Spanish verbs are based on **poner**. They go with English verbs that end in _–pose_: **suponer** (suppose), **componer**, etc.

saber (to know): supe, supiste, supo, supimos, supieron

All verbs that end in **–ducir** (English _–duce_ or _–duct_) belong to the u group, too. They are all just like **producir** (to produce).

producir: produje, produjiste, **produjo**, produjimos, produjeron[1]
conducir: conduje, ____, ____, ____, ____

2. The **i** group

venir (to come): **vine**, viniste, **vino**, vinimos, vinieron
hacer (to make, do): **hice**, hiciste, **hizo**, hicimos, hicieron

(Where do you think the **z** in **hizo** came from?)

querer (to want): **quise**, quisiste, **quiso**, ____, ____
decir (to say, tell): dije, ____, dijo, ____, dijeron[1]

3. **Traer** and the **a** group

traer (to bring): **traje**, trajiste, **trajo**, trajimos, trajeron[1]

All verbs that end in **–traer** (English _–tract_) are just like **traer** itself.

atraer (to attract): **atraje**, ____, **atrajo**, ____ atrajeron
Can you name some others?

---

[1] Notice: The i of **–ieron** disappears after **j**.

Práctica B., p. 73. 1. No, quise ése.   2. Sí, lo traje ayer.   3. No, vinimos a las dos.   4. No, ellos produjeron todo esto.   5. Sí, siempre (le) dije la verdad.   6. No, sólo uno estuvo listo.   7. Sí, anduvimos todo el día.   8. No, (yo) no obtuve la información.   9. (Yo) Lo puse allí.   10. Sí, pudimos acabar en tres horas.

72

Ahora, a practicar

A. *Complete, según las indicaciones:*

1. La tuve aquí.

    _____. (poner)

    ¿Quién _____?

    ¿_____? (traer)

2. ¿Ud. se lo dijo?

    ¿Uds. _____?

    Nosotros _____.

    Yo no _____.

3. Los traje ayer.

    _____. (hacer)

    _____. (querer)

    _____. (obtener)

4. ¿Quién vino primero?

    ¿_____? (saberlo)

    ¿_____? (hacerlo)

    ¿_____? (producirlo)

A. 1. La puse aquí.; ¿Quién la puso aquí?;
     ¿Quién la trajo (aquí)?
  2. ¿Uds. se lo dijeron?; Nosotros se lo dijimos.;
     Yo no se lo dije.
  3. Los hice ayer.; Los quise ayer.;
     Los obtuve ayer.
  4. ¿Quién lo supo primero?;
     ¿Quién lo hizo primero?;
     ¿Quién lo produjo primero?

B. *Conteste según los modelos. Por ejemplo:*

¿Ud. vino ayer? (Sí, a las tres.) <u>Sí, vine ayer a las tres.</u>

¿Tú lo hiciste? (No. Riqui.) <u>No, Riqui lo hizo.</u>

1. ¿Quiso Ud. éste? (No, ése.) 2. ¿Lo trajiste tú? (Sí, ayer.)
3. ¿Vinieron Uds. a la una? (No, a las dos.) 4. ¿Uds. produjeron todo esto? (No. Ellos.) 5. ¿Le dijo Ud. la verdad? (Sí, siempre.)
6. ¿Estuvieron listos todos? (No, sólo uno.) 7. ¿Anduvieron Uds. mucho? (Sí, todo el día.) 8. ¿Obtuvo Ud. la información? (No. Yo no . . .) 9. ¿Quién lo puso allí? (Yo.) 10. ¿Pudieron Uds. acabar? (Sí, en tres horas.)

C. *Ahora haga Ud. frases completas usando siempre el pretérito:*

1. Ana / estar / enamorada de . . .
2. Mario y yo / andar por . . . hora(s) / en . . .
3. Yo no / hacer . . . / anoche.
4. ¿Quién / traer / ese(a, os, as) . . .?
5. ¿A qué . . . / asistir / . . .?

C. 1. Ana estuvo . . .   2. Mario y yo anduvimos . . .   3. Yo no hice . . .   4. ¿Quién trajo . . .?
5. (free response)

En breve

Here are some special preterite patterns:

1. **Andar** (to walk) is very much like **estar**.
   estar: estuve, estuviste, estuvo . . .
   andar: anduve, anduviste, anduvo . . .

2. All verbs ending in **–tener** (English *–tain*) and **–poner** (English *–pose*) are just like **tener** and **poner** themselves.
   obtener: obtuve, obtuviste, obtuvo . . .
   componer: compuse, compusiste, compuso . . .

3. All verbs that end in **–ducir** (English *–duce* or *–duct*) follow the model of **producir**.
   producir: produje, produjiste, produjo, produjimos, produjeron

4. And all verbs ending in **–traer** (English *–tract*) are like **traer** itself.
   atraer: atraje, atrajiste, atrajo, atrajimos, atrajeron

Palabras nuevas:
   dama   lady
   caballero   gentleman

   andar   to walk; to go, run (as a car)
   presentar   to introduce
   asistir a   to attend (a school, etc.)

   enamorado (de)   in love (with)
   novia, novio   sweetheart; fiancé(e)

A pronunciar

Dos canciones más:

Un inglés vino a **Bilbao**	(a city in Northern Spain)
a ver las **rías** y el **mar**,	streams; sea
pero **al ver a las bilbainitas**,	on seeing the Bilbao girls
ya no se quiso marchar.	didn't want to leave
Anoche estuve en tu puerta;	
tres golpes di en el candado;	I banged three times on the bolt
para tener amor, niña,	
tienes el sueño pesado.	you sleep awfully soundly

Cuento de fantasmas
(Ghost story)

La medianoche. Yo en mi cama, y todo tranquilo (calm). Dos minutos después mi noche de terror comenzó . . . El teléfono sonó (rang) y cogí el receptor (receiver). "¿Sí?", dije, "¿Sí?" Pero nadie contestó. Cerré los ojos otra vez y traté de (I tried to) dormir. Pero no pude. ¿Me imaginé esa llamada (call) o fue real?

Pasaron cinco o seis minutos, y de repente (suddenly) . . . no vi nada, pero una voz misteriosa me habló. "No se va a escapar", me dijo. "Esta vez me lo va a pagar." "Pero, ¿qué hice yo?", le pregunté. "¿No lo recuerda, eh? Pues muy pronto lo va a recordar." Me puse pálido (I turned pale) y comencé a temblar (tremble).

Tomé el teléfono en mis manos y marqué (I dialed) el número de la policía. ¡Caramba! ¿Por qué está ocupada siempre esa línea (line)? Marqué otra vez, tres veces, cinco veces. "Ya es tarde", continuó la voz. Y grité, grité . . . La puerta de mi cuarto se abrió y mi padre entró. "¿Qué te pasó, hijo?", me preguntó. "Pero, papá, ¿no oíste aquella voz?" "¿Qué voz? Yo no oí nada. Seguramente fue tu imaginación." Y de repente . . . ¡mi padre gritó! . . . "¡Papá! ¡¡Pa-pá!! ¡Ayyyyyyyyyy!"

1, 2. (free response)   3. Sonó dos minutos después de medianoche.; Dijo: "¿Sí? ¿Sí?" No le contestó nadie.   4. Trató de dormir.; No, no pudo.   5. Pasaron cinco o seis minutos.; Oyó una voz misteriosa.   6. Dijo: "No se va a escapar. Esta vez me lo va a pagar."

Díganos ahora:

1. ¿Le gustó este cuento? ¿Le gustan los cuentos de misterio en la televisión? ¿Y las películas de horror? ¿Es Ud. una persona nerviosa o tranquila?
2. ¿Cree Ud. en los fantasmas (ghosts)? ¿Creen en ellos sus amigos, o sus parientes? ¿Cree Ud. en lo sobrenatural (the supernatural)?
3. Pues en este cuento, ¿a qué hora sonó el teléfono? ¿Qué dijo el joven? ¿Le contestó la otra persona?
4. ¿Qué trató de hacer otra vez el joven? ¿Pudo dormir?
5. ¿Cuántos minutos pasaron entonces? ¿Qué oyó el joven esta vez?
6. ¿Qué le dijo la voz misteriosa? ¿Se puso pálido o rojo el joven?
7. ¿A quién trató de llamar? ¿Cuántas veces marcó el número? ¿Por qué no habló con la policía?
8. ¿Quién entró cuando el joven gritó? ¿Oyó la voz el padre también? En su opinión, ¿por qué gritó el padre? (¿Qué vio? ¿Qué le pasó?)
9. En su opinión, ¿pasó todo esto de verdad (really) o fue un sueño, nada más?
10. Finalmente, mire Ud. otra vez las ilustraciones y díganos: ¿puede Ud. contarnos este cuento en sus propias palabras?

Repaso – y un poco más

1. The special preterite forms of **ser, ir,** and **dar**

Ser (to be) and **ir** (to go) are exactly alike in the preterite.
Dar (to give) is very much like them.

ser, ir: fui, fuiste, fue, fuimos, fueron
dar: di, diste, dio, dimos, dieron

2. **–Ir** stem-changing verbs change **e** to **i** or **o** to **u** in the third person of the preterite.

e ⟶ i

pedir (to ask for): pedí, pediste, pidió, pedimos, pidieron
mentir (to lie): mentí, mentiste, mintió, _____, _____
sentir (to feel, to regret): sentí, sentiste, sintió, _____, _____

Spanish has other verbs that are based on **sentir**. Most of these verbs are related to English words ending in –sent.

consentir (to consent): consentí, _____, consintió, _____, _____
Do you know any others?

Díganos ahora (cont'd): 7. Trató de llamar a la policía.; Marcó el número cinco veces. La línea estuvo ocupada siempre.   8. Su padre entró.; No, no oyó nada.; (free response)   9, 10 (free response)

76

o ⟶ u

dormir (to sleep): dormí, dormiste, durmió, dormimos, durmieron
morir (to die): morí, ____, ____, ____, ____

3. <u>Verbs that end in **–zar** change **z** to **c** before an **e.**</u>

empezar: empecé, empezaste, empezó, etc.
What other word do you know for "begin"?

Vamos a practicar

A.

mentir
(miento)

marcar

sonar
(sueno)

tratar de

Ahora, ¿cómo relaciona Ud. los Grupos 1 y 2?

1	2
a. ¡Uds. me mintieron!	___b___ Tuviste mucho miedo, ¿eh?
b. Traté de gritar pero no pude.	___c___ ¿Y quién lo contestó?
c. A la medianoche el teléfono sonó.	___e___ Entonces, ¿consintieron por fin sus padres?
d. Marqué el número diez veces.	___a___ Al contrario. Le dijimos la verdad.
e. Los jóvenes se casaron ayer.	___d___ ¿Y estuvo ocupada siempre la línea?

B. *Complete usando la forma correcta del verbo:*

1. (dormir) ¿_____ Ud. bien anoche?   —No, _____ sólo cuatro horas.
2. (sentirse) Me _____ enferma ayer. ¿Cómo se _____ Uds.?
3. (pedir) ¿Quién se lo _____?   —Yo se lo _____. Pero no me lo dio.
4. (morir) ¿_____ todos en el accidente?   —No. Gracias a Dios, nadie _____.
5. (empezar) ¿Quién _____?   —Yo _____ y Arnaldo terminó.

C. *Ahora exprese en español:*

1. I went to the store with Neli.   <u>Fui a la tienda con Neli.</u>

   Sara also went with me.   _____.
   Afterwards we went to the movies.   _____.

2. I gave it to her, not to him.   <u>Se lo di a ella, no a él.</u>

   He gave it to her, not to you.   _____.
   We gave it to them, not to her.   _____.

3. Was it you or was it they?   <u>¿Fue Ud. o fueron ellos?</u>

   Was it she or was it I?   ¿_____?
   Was it you (pal) or was it he?   ¿_____?

En breve

1. Verbs ending in –**sentir** are like English verbs ending in –*sent*. They all follow the pattern of **sentir** itself — **consentir, disentir,** etc.

2. One more spelling change: Verbs ending in –**zar** change **z** to **c** before **e**.

Palabras nuevas:

    mentir (miento) to lie   **sonar (sueno)** to sound, ring
    tratar de to try to
    teléfono telephone   **llamada** call   **línea** line   **marcar** to dial
    pálido pale   **tranquilo** calm, peaceful

A pronunciar

Fue un **soldado** poeta. Un poeta soldado.   soldier
Y cada **pueblo libertado**   liberated people
era una hazaña del poeta   was a feat
y era un poema del soldado.

  del poema "Bolívar", por Luis Llorens Torres, poeta puertorriqueño

C. 1. Sara fué conmigo también.; Después fuimos al cine.
78
2. Se lo dio a ella, no a Ud. (ti).; Se lo dimos a ellos, no a ella.
3. ¿Fue ella o fui yo?; ¿Fuiste tú o fue él?

El Estado contra Julián Vega
(The State vs. . . .)

La fecha (date):   21 de septiembre de . . . (*Complete Ud. el año.*)
El lugar: La Corte Suprema Municipal

Un hombre pálido es el testigo. El abogado del Estado camina nerviosamente delante de él.

(Ahora, Ud. y sus amigos van a ser los actores. ¡Y usen la imaginación!)

Abogado del Estado: Dígame, señor Vega, ¿dónde estuvo Ud. en la noche del (*Indique la fecha — el día y el mes*), la noche del robo (robbery)?
Vega: ¿En qué fecha dijo Ud.?
Abogado: (*Repita la fecha que indicó arriba.*)
Vega: Estuve en (*Diga Ud. dónde*).
Abogado: Pero no es posible, señor. Hay muchos testigos que lo vieron en (*Indique otro lugar*).
Vega: Ah, sí. Ahora lo recuerdo. Yo pasé aquella noche en (*Indique un lugar diferente*) con (*Mencione el nombre de una persona*).

79

(Varios testigos se levantan y comienzan a gritar.)

Testigos: ¡Miente! ¡Miente! Nosotros lo vimos en (*Digan diferentes lugares*).

Abogada del Sr. Vega: ¡Objeción, señor Juez! Yo no consiento . . .

Juez: ¡Silencio en la corte! Bueno, vamos a continuar.

Abogado: Entonces, Sr. Vega, ¿Ud. quiere decirnos que no robó (didn't rob) aquel banco?

Vega: No, señor. Yo no soy ladrón de bancos. Yo sólo robo tiendas.

Testigos: ¡Y casas! ¡Y casas! Él robó mi . . . y mi . . . (*Digan los artículos que robó*.)

Abogada del Sr. Vega: ¡Objeción! ¡Objeción!

Juez: ¡Silencio todos!

Abogado: Vamos, señor Julián Vega, ¿por qué no quiere Ud. confesar?

Vega: ¿Julián Vega, dijo? ¡Yo soy Julio! Julián fue mi (*Indique un miembro de la familia*). Él sí fue especialista en bancos.

Abogado: ¿Fue? ¿Y no es?

Vega: No, señor. El pobre Julián murió hace (*Indique cuántos meses*). ¡Qué triste!, ¿eh? Un hombre tan (so) (*Ponga dos adjetivos*).

Abogada: ¿No les dije que mi cliente es inocente?

Abogado: Pues perdone, Sr. Vega. Lo siento mucho. El error fue nuestro.

Vega: Gracias. Entonces, Sr. Juez, ¿estoy en libertad?

Juez: Sí, Sr. Vega. Pero primero, ¿no quiere darme mi cartera?

Repaso — y un poco más

1. Here are the usual forms of the imperfect tense.
   The imperfect means: "I was speaking, I used to speak," etc.

–ar	–er, –ir
hablar	**comer, vivir**
hablaba	comía, vivía
hablabas	comías, vivías
hablaba	comía, vivía
hablábamos	comíamos, vivíamos
hablaban	comían, vivían

2. Only three verbs have special forms:

   ser (to be): era, eras, era, éramos, eran

   ir (to go): iba, ibas, iba, íbamos, iban

   ver (to see): veía, veías, veía, veíamos, veían

3. What is the difference between the imperfect and the preterite?

The imperfect describes what *was happening* at a certain time, or what *used to happen or be.*

The preterite just says that something took place.

The imperfect sets the background; the preterite reports the event.

¿Adónde fuiste?	Where did you go?
¿Adónde ibas?	Where were you going?
Ganó mucho dinero.	He earned a lot of money.
Ganaba mucho dinero.	He used to earn a lot of money.
¿Llovía cuando saliste?	Was it raining when you left?
—No. Comenzaba a nevar.	No. It was beginning to snow.
Manuel cantó aquí hace dos semanas.	Manuel sang here two weeks ago.
Manuel cantaba bien cuando era joven.	Manuel used to sing well when he was young.

4. In the imperfect tense, **Hay** (There is, There are) becomes **Había** (There was, There were):

¿Hay una farmacia aquí?	Is there a drugstore here?
—No sé. Siempre había una en la otra calle.	I don't know. There always used to be one on the other street.
¿Cuántas personas había?	How many people were there?
—Más de cien.	More than a hundred.

Un poco más de práctica

A. *Cambie al imperfecto:*

1. No *necesito* nada. 2. ¿*Tratas* de cortarlo? 3. El teléfono *suena*.
4. *Viajamos* por Italia. 5. ¿*Descansan* Uds.? 6. No *tengo* amigos aquí. 7. ¿Qué *haces*? 8. Mi madre *cose* bien. 9. Le *ofrecemos* una gran oportunidad. 10. ¿Qué *sirven* para el desayuno?
11. ¿*Es* Andrea? —No, *somos* nosotros. (It's we!) 12. ¿A dónde *van* Uds.? —*Vamos* a la iglesia. 13. Yo no las *veo* mucho. —Nosotros las *vemos* siempre. 14. No *hay* tiempo para más frases.

A. 1. necesitaba   2. Trataba   3. sonaba   4. Viajábamos   5. Descansaban   6. tenía   7. hacías
8. cosía   9. ofrecíamos   10. servían   11. Era; éramos   12. iban; Íbamos   13. veía; veíamos
14. había

B. 1. ¿A qué hora se acostó Ud.?   —Me acosté a las once y media.
2. ¿Qué número marcaron Uds.?   —Marcamos el cuatro-ocho-siete-tres-nueve-cinco-seis.
3. ¿De qué color te vestiste?   —Me vestí de blanco.

B.   *Complete, usando siempre el pretérito de los verbos ilustrados:*

   4. ¿Recibieron sus vecinos muchas cartas?   —Sí, y recibieron muchos paquetes también.

1. ¿A qué hora _____ Ud.?   —Me . . . a _____.

487-3956

2. ¿Qué número _____ Uds.?   —(Nosotros) . . . el _____.

3. ¿De qué color _____ (tú)?   —Me . . . de _____.

4. ¿_____ sus vecinos muchas _____?
                                    —Sí, y . . . muchos _____ también.

C.   *Complete ahora, usando el imperfecto o el pretérito de los verbos indicados:*

Cuando yo ____ aquí, había una tienda grande en esta calle. (vivir)
Mi familia siempre ____ allí. (comprar) El propietario, que ____
Ernesto Lubina, ____ un hombre muy simpático, y su hijo Joseíto
____ mi mejor amigo. (llamarse, ser, ser) Pues un día yo ____
delante de la tienda del Sr. Lubina cuando vi que la tienda ____

C. vivía; compraba; se llamaba; era; era; caminaba; estaba; era; eran; vi; estaba; hablaba; tenía; pedía; iba; abrí; entré; dirigí; estaba; cogí; comenzó; oí

cerrada (closed). (caminar, estar)   ¡Qué curioso!, pensé. No _____ tarde. (ser)   En efecto, _____ sólo las cinco y media. (ser)   De repente (Suddenly), _____ una cosa misteriosa. (ver)   El señor Lubina _____ allí, y un hombre alto _____ con él. (estar, hablar) ¡Dios mío! ¡El hombre _____ una pistola en la mano, y le _____ al Sr. Lubina todo su dinero! (tener, pedir)   ¡No! Yo no _____ a permitir eso. (ir)   No sé cómo, pero yo _____ esa puerta, y _____. (abrir, entrar)   Me _____ con calma hacia donde _____ el ladrón. (dirigir, estar)   ¡Y lo _____ por detrás! (coger)   El ladrón _____ a disparar (shoot) su pistola, y . . . (comenzar)   En ese momento yo _____ la voz de mi madre. (oír)   "¡Niqui! ¡Niqui! ¿No te vas a levantar? ¡Son las ocho de la mañana ya! ¡Niqui! ¡Vas a llegar tarde a la escuela!" "Por favor, mamá", le dije. "¿No me permites por lo menos (at least) terminar mi sueño?"

En breve

1. The usual endings of the imperfect tense are:
   –ar verbs: –aba, –abas, –aba, –ábamos, –aban
   –er and **–ir** verbs: –ía, –ías, –ía, –íamos, –ían
   The only three irregular verbs are **ser, ir,** and **ver.**

2. <u>The imperfect of **Hay** (There is, There are) is **Había** (There was, There were).</u>

Palabras nuevas:

el **ladrón**, la **ladrona**	thief	**robar**	to rob, steal
abogado, abogada	lawyer	**robo**	robbery
la **corte**	court	el, la **juez**	judge
testigo, testiga	witness	**fecha**	date (of the month)

A pronunciar

Cu-cú, cantaba la **rana,**	frog
cu-cú, cantaba debajo del agua;	
cu-cú, pasó un caballero,	
cu-cú, de capa y sombrero;	
cu-cú, pasó una señora,	
cu-cú, con falda **de cola;**	with a long train
cu-cú, pasó una **criada,**	serving-girl
cu-cú, llevando **ensalada;** . . .	salad

de "La Rana", otra vieja canción infantil

Álbum de familia

    Aquí están mis padres en el día de su boda. ¡Cuánto me gusta esta foto! Papá dice que mamá nunca va a cambiar, que siempre va a ser así — joven, fresca, hermosa. Y así pienso yo también. Ahora, ¿quiénes son las otras personas? Pues a la derecha de mi madre vemos a mi tía Cándida, con su hija Laura detrás. Cerca de mi padre está mi abuela — que ya tenía práctica de ser <u>suegra</u> (mother-in-law). ¡Tenía cuatro hijos casados ya, y nueve <u>nietos</u> (grandchildren)! Ahora, créalo o no, delante de los nuevos esposos está . . . ¿Yo? ¡No! . . . Es mi prima Elisa, que tenía cuatro años entonces. Ud. la conoce, ¿no? Bueno, ¿quién más hay? Pues diferentes <u>sobrinos</u> (nieces and nephews) y <u>cuñados</u> (sisters-in-law, brothers-in-law) y amigos y vecinos. Francamente, ¡no sé quiénes son!

Vacaciones en las Islas Margaritas. Papá, mis primas Angelina y Margarita — y yo. Íbamos allí todos los veranos. ¡Nos divertíamos mucho en esta casa de campo!

Aquí estamos mi hermano Federico y yo, con mamá y papá, visitando a nuestros parientes en la Florida. Ahora, ¿qué me cuenta Ud. de su familia?

Repaso — y un poco más

¿Qué tiempo hace?   (How's the weather?)

Hace (mucho) frío.	It is (very) cold out.
Hace (mucho) calor.	It is (very) warm out.
<u>**Hace fresco.**</u>	It is cool out.
Hace (mucho) viento.	It is (very) windy.
<u>**Hace (mucho) sol.**</u>	It is (very) sunny.

Llueve. It is raining.		**Va a llover.** It is going to rain.
Nieva. It is snowing.		**Va a nevar.** It is going to snow.

¿Con qué estaciones del año asocia Ud. estas expresiones?
   ¿Con qué meses?

Ahora, a practicar

A. *Díganos:*   (free response)

1. ¿Qué tiempo hace hoy? En su opinión, ¿va a llover esta tarde? ¿Va a nevar?

2. ¿Qué tiempo hacía cuando Ud. salió de casa esta mañana?

3. ¿Qué tiempo hizo ayer?

4. ¿Le gusta más a Ud. el frío o el calor? ¿Qué ropa lleva cuando hace frío? ¿y cuando hace mucho calor?

5. ¿Qué ropa y otros artículos usa Ud. cuando llueve? ¿y cuando nieva?

6. Donde Ud. vive, ¿en qué meses hace más viento? ¿más frío? ¿más calor? ¿más sol?

7. ¿Cómo es la primavera donde vive Ud.? ¿Cómo es el otoño?

8. En su opinión, ¿qué parte del mundo tiene el mejor clima (climate)? ¿Quiere Ud. vivir allí? ¿Por qué?

9. Cuando Ud. era pequeño (pequeña), ¿le gustaba jugar fuera en el invierno? ¿Le gusta ahora?

10. ¿Qué deportes de invierno le gustan más a Ud.? En su opinión, ¿cuál es la mejor estación del año para los deportes?

B. *Exprese ahora en español:*

1. How's the weather today?   <u>¿Qué tiempo hace hoy?</u>

How was the weather yesterday?   ¿————?
How was the weather Monday?   ¿————?

B. 1. ¿Qué tiempo hizo (hacía) ayer?; ¿Qué tiempo hizo (hacía) el lunes?   2. Nevaba cuando llegamos.; Hacía mucho sol cuando vinieron.   3. Ayer hizo (hacía) mucho calor todo el día.; El martes hizo (hacía) fresco todo el día.   4. Creen que va a llover.; Creían que iba a llover.

2. It was raining when I arrived.   Llovía cuando llegué.

   It was snowing when we arrived.   _____.
   It was very sunny when they came.   _____.

3. Yesterday it snowed all day.   Ayer llovió todo el día.

   Yesterday it was very hot all day.   _____.
   It was cool all day Tuesday.   _____.

4. I think it's going to snow.   Creo que va a nevar.

   They think it's going to rain.   _____.
   They thought it was going to rain.   Creían _____.

En breve

Palabras y expresiones nuevas:

Hace fresco.   It's cool out.
Hace (mucho) sol.   It's (very) sunny.

sobrina, sobrino   niece, nephew
nieta, nieto   grandchild

suegra, suegro   mother-in-law, father-in-law
cuñada, cuñado   sister-in-law, brother-in-law

A pronunciar

Anoche cuando dormía,
soñé, **bendita** ilusión,   oh, blessed
que una **fontana fluía**   fountain was flowing
dentro de mi corazón.

de Antonio Machado, *Cantares y Proverbios*

En el **balcón**, un instante   balcony
nos quedamos los dos solos.
Desde la **dulce mañana**   sweet morning
de aquel día, éramos novios.

de Juan Ramón Jiménez, "Adolescencia"

Observaciones y Repaso II

What else is new in this Primera Parte?

1. Verbs that change their spelling in the preterite

    a. After a vowel, **–ió, –ieron** change to **–yó, –yeron**: **cayó, oyó; creyeron, leyeron**

    b. **C** becomes **qu,** g becomes **gu,** and **z** becomes **c** before an **e**: **saqué, pagué, empecé**

2. More about preterite patterns

    a. **Andar** (to walk; to go about; to run — a car, etc.) follows the same pattern as **tener** and **estar**.

    tener: tuve, tuviste, tuvo, tuvimos, tuvieron
    estar: estuve, estuviste, estuvo, estuvimos, estuvieron
    andar: anduve, anduviste, anduvo, anduvimos, anduvieron

    b. Verbs ending in **–ducir** also follow a similar pattern. Notice, however, that they all have a j in their ending.

    producir: produje, produjiste, produjo, produjimos, produjeron
    conducir: conduje, condujiste, etc.

3. Many Spanish verbs are closely related to English verbs. Here are the most common types:

    a. Verbs ending in **–tener** go with English verbs ending in *–tain*: **obtener** (obtain), **entretener** (entertain), etc.

    b. Verbs ending in **–poner** go with English verbs ending in *–pose*: **componer** (compose), **imponer** (impose).

    c. Verbs ending in **–ducir** go with English verbs ending in *–duct* or *–duce*: **conducir** (conduct), **reducir** (reduce).

    d. Verbs ending in **–traer** go with English verbs ending in *–tract*: **atraer** (attract), **distraer** (distract).

    e. Verbs ending in **–sentir** go with English verbs ending in *–sent*: **consentir** (consent), **resentirse** (resent).

A. 1. pagué   2. llegué   3. apagué   4. busqué   5. toqué   6. empecé   7. comencé   8. leyeron
9. creyeron   10. oyeron

Vamos a practicar

A. *Conteste según las indicaciones. Por ejemplo:*

¿Quién lo sacó? (Yo . . .) <u>Yo lo saqué.</u>

¿Ellos llegaron primero? (No. Yo . . .) <u>No. Yo llegué primero.</u>

1. ¿Uds. pagaron? (No. Yo . . .) 2. ¿Llegaste ayer? (No. Yo . . .
esta mañana.) 3. ¿Tú apagaste el radio? (No. Yo no . . . nada.)
4. ¿Ud. lo buscó aquí? (No. Yo . . . en otro lugar.) 5. ¿Quién tocó
el piano? (Yo . . .) 6. ¿María empezó? (No. Yo . . .)
7. ¿Comenzaste temprano? (No. Yo . . . tarde.) 8. ¿Quién leyó la
carta? (Luisa y José . . .) 9. ¿Nadie te creyó? (Sí. Tina y Miguel
me . . .) 10. ¿Tú oíste el concierto? (No. Pero mis hermanos lo . . .)

B. *Cambie al pretérito:*

1. No *estoy* bien esta mañana.
2. *Ando* por las calles.
3. No *tengo* tiempo.
4. ¿Cómo *anda* el coche?
5. ¿*Está* muy cansado el pobre?
6. ¿Ud. *tiene* que trabajar?
7. *Están* muy pálidos.
8. ¿Uds. *tienen* mucho correo hoy?
9. Ester y yo *andamos* a la escuela.
10. ¿Tú *andas* también?

C. *Exprese en español:*

1. They maintained the house. <u>Mantuvieron la casa.</u>

   They retained the house. _____.
   They obtained the water. _____.
   They contained the water. _____.

2. He attracted many people. <u>Atrajo a muchas personas.</u>

   He distracted many people. _____.
   He contracted many problems. ____ muchos ____.

3. We produced fifty programs. <u>Produjimos cincuenta programas.</u>

   We conducted sixty programs. _____.
   We reduced the number of programs. _____.

4. Did you compose that music? <u>¿Compusiste esa música?</u>

   Did you impose your ideas? ¿_____?
   Did you dispose of the money? ¿_____?

Repaso Especial

Tabla de Pronombres

Subject Pronouns		Pronouns that follow a preposition			
yo	I	**(de) mí**	(about) me, myself		
tú	you (my pal)	**ti**	you, yourself		
él	he	**él**	him		himself
ella	she	**ella**	her	**SÍ**	herself
Ud.	you (polite)	**Ud.**	you		yourself
nosotros	we	**nosotros**	us, ourselves		
nosotras		**nosotras**			
ellos	they	**ellos**	them		themselves
ellas		**ellas**		**SÍ**	
Uds.	you-all	**Ud.**	you		yourselves

Recuerde:

1. Subject pronouns are used only to stress the subject or to make clear who the subject is.

2. After the preposition **entre** (between), we use **tú** and **yo**, instead of **ti** and **mí**.

1. After the preposition **con, mí** and **ti** become **–migo, –tigo.** No other form changes, except for the third person reflexive **sí: consigo.**

2. We can add **mismo(a, os, as)** after the reflexives **mí, ti, sí,** etc., to give them more emphasis.

Object Pronouns (Pronouns that receive the action of a verb)

Direct		*Indirect*		*Reflexive*	
me	me	**me**	to me	**me**	(to) myself
te	you (my pal)	**te**	to you	**te**	(to) yourself
lo	him, it, you (**Ud.**)	**LE**	to him, to her,	**SE**	(to) himself, herself,
la	her, it, you (**Ud.**)		to it, to you		itself, yourself
nos	us	**nos**	to us	**nos**	(to) ourselves
los	them, you (**Uds.**)	**LES**	to them	**SE**	(to) themselves
las	them, you (**Uds.**) (fem.)		to you		(to) yourselves

Recuerde:

1. The usual position of object pronouns is immediately before
   the verb: Me dice.   La veo.
   Two exceptions: They *must* be attached to the end of an
                    affirmative command: Dígame.
                    They *may* be attached to the end of an
                    infinitive, or they may go before the lead-in
                    verb: Voy a verla.   La voy a ver.

   If two pronouns are attached to the end of a verb form, a written
   accent must be added to the main part of the verb: **Dígamelo.**

2. Here is the order in which pronouns go, when we have more
   than one:
                    Indirect before direct.
                    Reflexive first of all.

3. When we have two third-person object pronouns — that is, when
   both begin with l— the first one (the *indirect*) becomes **se**.

4. If we want to stress any of these pronouns, or make sure that
   there is no confusion, we can use **a mí, a ti, a él, a ella,** etc.
   in addition to **me, te, le, se,** etc.

Vocabulario Nuevo

abogada, abogado lawyer, 19

acostarse (me acuesto) to go to bed, 15

*andar to walk; to go about; to run (a car, etc.), 17

asistir a to attend (a school, etc.), 17

bata housecoat, bathrobe, 14

besar to kiss, 12

el buzón mailbox, 16

caballero gentleman, 17

los calcetines socks, 14

carta letter, 16

cartero mailman, 16

contra against, 11

correo mail, 16

la corte court, 19

cuidarse to take care of oneself, 15

cuñada, cuñado sister-in-law, brother-in-law, 20

dama lady, 17

la dirección address; direction, 16

divertirse (me divierto) to enjoy oneself, have a good time, 15

enamorado(a, os, as) de in love with, 17

fecha date (of the month), 19

guardar to keep, 15

Había There was, There were, 19

Hace fresco. It's cool out, 20

Hace (mucho) sol. It's (very) sunny, 20

el jersey T-shirt, top, 14

el, la juez judge, 19

junto a next to, 11

el ladrón, la ladrona thief, 19

los levis jeans, 14

línea line, 18

llamada (phone) call, 18

marcar to dial, 18

mentir (miento) to lie, 18

necesitar to need, 12

nieta, nieto grandchild, 20

el nombre name, 12

novia, novio girlfriend, boyfriend; sweetheart; fiancé(e), 17

ofrecer (ofrezco) to offer, 15

pálido pale, 18

el paquete package, 16

la pijama pajama(s), 14

la postal postcard, 16

presentar to present, introduce, 17

prometer to promise, 12

robar to rob, steal, 19

robo robbery, 19

sello (postage) stamp, 16

el sobre envelope, 16

sobrina, sobrino niece, nephew, 20

sonar (sueno) to sound, ring, 18

suegra, suegro mother-in-law, father-in-law, 20

teléfono telephone, 18

testiga, testigo witness, 19

el traje suit; – de baño bathing suit, 14

tranquilo calm, peaceful, 18

tratar de to try to, 18

vestirse (me visto) to get dressed, 15

zapatilla slipper, 14

Segunda Parte

The **Segunda Parte** contains only ten lessons. But they are full two-week units, with provision even for expansion. Each lesson teaches a total of three grammar points and approximately 27-28 new words.

All lessons are based on our own special 6-part format.

1. A vocabulary picture-layout on specific topics: toiletries, transportation, theater, nature, news of the world, exclamations, and so forth. The vocabulary is immediately put to use, first in a question-answer activity, and then in a situation game or dialogue. Vocabulary never exceeds 15 words, and usually is limited to 13 or 14.

2. **Observaciones**
   a) ¿Recuerda Ud.?—a lead-in to the new point at hand through something already in hand.
   b) Presentation of 2 grammar points, both closely related to each other. Extensive conversational and written practice for both.
   c) Repaso Rápido—a nutshell summation of the two grammar points, with self-testing review exercises.

3. **Cuento**—the high point of the lesson—humorous, exciting, yet very short and with rigid vocabulary and structural control. Although the stories can be covered in one day, they are easily broken into two parts, as indicated by the colored dot in the left margin.

   Vamos a conversar: Two groups of questions (A and B) which both recapitulate and personalize the action of the story. Group A goes with the first half of the story; Group B with the second.

4. **Juegos de Palabras**: a second vocabulary presentation through illustrations and games of association. Once again, the range of new words is from 13—15.

5. **Observaciones**: one more grammar point, with the lead-in ¿Recuerda Ud.?, with varied practice materials, Repaso Rápido and self-test exercises.

6. **Panorama**: a magazine-style photo story on Hispanic life today. The caption commentaries are wholly within the structural and vocabulary contexts already achieved.

The three **Repasos**, one after Lesson 3, one after Lesson 6, and the last after Lesson 10, recapitulate all structure taught. In addition, they list alphabetically and with lesson references all active vocabulary for which the student is responsible, and follow these lists with challenging word games.

This is what the **Segunda Parte** adds up to: a total of 30 grammar points and 280 words. But they are used in a variety of contexts that allow your students to be themselves in the language that they are now making their own.

So, as we said before, vamos a continuar . . . We're sure you'll all have fun along the way.

The first part of each lesson deals with active vocabulary in topical form. Active vocabulary to be mastered in this lesson appears in black letters in the drawing.

Lección Una

¡Qué bien, eh!

Panorama personal

1. Díganos . . . ¿Es Ud. una persona muy emocional? ¿muy expresiva? ¿muy sentimental?
2. ¿Es Ud. una persona tranquila o nerviosa? Y sus padres, ¿cómo son? ¿y sus hermanos?
3. ¿Es Ud. una persona celosa (jealous)? ¿Es Ud. celoso (celosa) de sus amigos? ¿de los miembros de su familia? ¿de las personas ricas o famosas?
4. ¿Ama Ud. fácilmente? ¿Llora Ud. (Do you cry) mucho? ¿Ríe (Do you laugh) mucho? ¿Ríe Ud. en voz muy alta?
5. ¿Se molesta Ud. (Do you get annoyed) fácilmente? (Sí, me . . .) ¿Con quién se molesta Ud. más? ¿Odia Ud. a esa persona?
6. ¿Se entusiasma Ud. (Do you get enthusiastic) fácilmente? ¿Pierde Ud. rápidamente su entusiasmo?
7. Y una cosa más: ¿Cuáles son sus expresiones favoritas en inglés? ¿Cuáles le gustan más en español? (¡Dios mío!)

¡Qué demonios! . . . ¡Qué rico!

Vamos a hacer un experimento, ¿está bien? Escriba Ud. en papeles individuales todas las expresiones que acabamos de aprender, y métalas (put them) en una caja o canasta. (Si sabe más expresiones — ¡expresiones decentes, por favor! — , métalas allí también.) Ahora prepare Ud. seis o siete frases originales. (Sus amigos van a hacerlo también.) Por ejemplo: "¿Saben Uds.? Nuestra profesora se casó secretamente anoche." "¡Mi madre ganó la lotería ayer!" "Este sábado es mi cumpleaños (birthday)." "El viernes vamos a tener cinco exámenes." "(Una persona famosa) viene a visitar nuestra clase." "(Nombre de una persona) tiene un novio nuevo (una novia nueva)." ¿Comprende? Y no importa realmente si son verdad.

Ahora, cuando una persona lee su frase, la persona a su derecha (o izquierda) mete la mano en la caja y saca una de las expresiones: "¡Qué demonios!" . . . "¡Qué maravilla!" . . . "¡Caramba!" . . . Vamos a jugar.

OBSERVACIONES

1. The present participle: –ing

¿RECUERDA UD.?

Complete, usando . . .	Complete, using . . .
Conteste, escogiendo . . .	Answer, choosing . . .

The English verb form that ends in –*ing* ("talking, eating," etc.) is called the present participle. Here's the way we say it in Spanish:

═══

hablar: **hablando** speaking   comer: **comiendo** eating
vivir: **viviendo** living

═══

In other words: Change the –**ar** infinitive ending to –**ando**.
Change the –**er** or –**ir** to –**iendo**.

Of course –**iendo** becomes –**yendo** after a vowel. You know why, don't you?

caer (ca-iendo) ⟶ **cayendo** falling
oír (o-iendo) ⟶ **oyendo** hearing

Práctica

Diga rápidamente la forma de –ndo:

A. dar, estar, gastar, descansar, pensar, cerrar, encontrar, comprar

B. nacer, parecer, ser, mover, recibir, subir, permitir, dirigir, traer, oír

One small exception: –**ir** stem-changing verbs change the **e** to **i** and the **o** to **u** in their main part.[1] Of course, the –**iendo** ending still stands:

servir: sirviendo   dormir: durmiendo

Vamos a continuar.

C. pedir, repetir, sentir, mentir, vestir, divertir; dormir, morir

---

[1] A few, very few, irregular verbs have the same type of change. We'll come to them one by one.

A. dando, estando, gastando, descansando, pensando, cerrando, encontrando, comprando
B. naciendo, pareciendo, siendo, moviendo, recibiendo, subiendo, permitiendo, dirigiendo, trayendo, oyendo

2. "Not now! I'm working!" — estar + –ando, –iendo

Conteste, ¿está bien?

¿Está(s) hablando . . .?   —Sí, estoy hablando . . .

1. ¿Está Ud. hablando español?   —Sí, estoy . . .
2. ¿Está hablando inglés?
3. ¿Está trabajando mucho?
4. ¿Está aprendiendo una cosa nueva?
5. ¿Está escribiendo ahora en la pizarra?
6. (Charita), ¿estás hablando con tu vecina?
7. (Arturo), ¿estás escuchándome?   —Sí, . . . escuchándola (escuchándolo).
                                           —No, . . .

¿Están hablando . . .?   —Sí, estamos hablando . . .

1. Chicos, ¿están hablando ahora en español?   —Sí, estamos . . .
2. ¿Están practicando los verbos?
3. ¿Están aprendiendo muchas expresiones nuevas?
4. ¿Qué lección están Uds. estudiando?   —Estamos . . .
5. ¿Están comenzándola o terminándola ahora?

¿Qué estaba(s) haciendo . . .?   —Estaba . . .

Anoche a las once, díganos:

1. ¿Estaba Ud. comiendo todavía?   —Sí, estaba . . .   —No, . . .
2. ¿Estaba Ud. mirando la televisión?
3. ¿Estaba conversando con sus hermanos?
4. ¿Estaba durmiendo?
5. Y tú, (Rogelio), ¿estabas hablando por teléfono?
6. (Dorotea), ¿estabas preparando tus ejercicios?
7. (Micaela), ¿estabas escribiéndolos?

¿Qué estaban haciendo? —Estábamos . . .

Esta mañana a las siete:

1. ¿Estaban Uds. durmiendo todavía?   —Sí, estábamos . . . —No, . . .
2. ¿Estaban sirviendo el desayuno?
3. ¿Estaban caminando ya a la escuela?
4. ¿Estaban trabajando o descansando
   sus padres?   —Mis padres estaban . . .

En otras palabras (In other words):

A. As you know, Spanish can tell what is happening right now just by
using the present tense, without the help of any other verb.

¿Qué haces?	What are you doing?
—Preparo la comida.	I'm preparing dinner.

But if we want to really point out that the action is going on at
this very moment, we can use **estar** and the present participle.

¿Qué estás haciendo?	What are you doing?
—Estoy preparando la comida.	I'm (in the middle of) preparing dinner.

B. The same idea can work with the past. Instead of using the simple
imperfect tense, we can use the imperfect of **estar** plus **–ando,
–iendo**.

¿Qué hacías? ¿Qué **estabas haciendo**?	What were you doing?
—Preparaba la comida. —**Estaba preparando** la comida.	I was preparing dinner.

C. Where do object pronouns go? Either at the end of **–ando, –iendo,**
or before **estar.** (It's always safer to attach them!)

Estoy preparándola. La estoy preparando.	I am preparing it.
Estamos sirviéndosela. Se la estamos sirviendo.	We are serving it to you.

Now you tell us: Why do we need the written accents? (Recuerde:
The secret is in the saying!)

A. 1. ¿Estás descansando ahora?   2. ¿Están tomando el tren?   3. Estamos produciendo más este año.   4. Estoy sirviendo el desayuno ya.   5. ¿Están terminando Uds.?   —No, estamos comenzando ahora.   6. Estaba escribiendo una carta.   7. El teléfono estaba sonando.   8. ¿Quiénes estaban manejando? 9. ¡Aquel hombre estaba mintiendo!   10. No estábamos haciendo nada.   —Entonces, ¿por qué no estaban ayudando?

Ejercicios

A. *Cambie según los modelos:*

Llegan en este momento.   Están llegando en este momento.
¿Dormías?   ¿Estabas durmiendo?

1. ¿Descansas ahora?   2. ¿Toman el tren?   3. Producimos más este año.   4. Sirvo el desayuno ya.   5. ¿Terminan Uds.?   —No, comenzamos ahora.   6. Escribía una carta.   7. El teléfono sonaba.   8. ¿Quiénes manejaban?   9. ¡Aquel hombre mentía! 10. No hacíamos nada.   —Entonces, ¿por qué no ayudaban?

B. *Esta vez, mire las ilustraciones, y complete según los modelos.*

Por ejemplo:

Estoy cocinando los (huevos).
Estoy cocinándolos.

Estaba buscando sus (llaves).
Estaba buscándolas.

1.

¿Estás buscando un ____?
¿Estás ____?

2.

Estamos usando el ____.
Estamos ____.

3.

Estoy cosiendo los ____.
____

4.

¿Estabas llevando ____?
¿Estabas ____?

5.

¡Estaba robándome la ____!
¡Estaba ____!

6.

Estaban pidiéndonos ____.
____

B. 1. sello; ¿Estás buscándolo?   2. teléfono; Estamos usándolo.   3. botones; Estoy cosiéndolos.
4. zapatillas; ¿Estabas llevándolas?   5. cartera; ¡Estaba robándomela!   6. dinero; Estaban pidiéndonoslo.

C. 1. ¿Estás cuidándote?   2. ¿Están acostándose ahora?   3. Se están levantando ya.   4. Las estábamos terminando.   5. ¿Te estabas divirtiendo?   6. Yo se lo estaba escribiendo.   7. ¿Quién se los está ofreciendo?

C. ¿*Puede Ud. expresar estas frases de otra manera?*

Por ejemplo:

¿Están vistiéndose?   ¿Se están vistiendo?
¿**Lo** estabas ayudando?   ¿Estabas ayudándolo?

1. ¿**Te** estás cuidando?   2. ¿**Se** están acostando ahora?   3. Están levantándo**se** ya.   4. Estábamos terminándo**las**.   5. ¿Estabas divirtiéndo**te**?   6. Yo estaba escribiéndo**selo**.   7. ¿Quién está ofreciéndo**selos**?

REPASO RÁPIDO

1. The present participle (English *–ing*) has only two endings in Spanish: **–ando** for **–ar** verbs; **–iendo** for **–er** or **–ir** verbs: **comprando, vendiendo.**
Stem-changing **–ir** verbs change **e** to **i, o** to **u** in the main part: **pidiendo, muriendo.**

2. **Estar** + the present participle points out that the action is or was happening at a particular moment.

3. An object pronoun is either attached to the end of **–ando, –iendo,** or goes before **estar: Está usándolo. Lo está usando.**

Ejercicio

(You can check your answers in the back of the book.)

Usando siempre **estar** *y la forma de* **–ndo:**
1. Say that your friends are arriving now.
2. Say that you're looking for your eyeglasses.
3. Ask someone if he or she is using those scissors.
4. Ask someone if it's raining.
5. Tell us what you're doing at this moment.

The **Cuento** is the core of the lesson. Taken together, the **Cuentos** form a humorous, inter-related story line that is sure to appeal to teenagers.

. . . está limpiando sus alfombras, ¡A estas horas!

Si ella puede limpiar . . . Riqui puede tocar su trompeta.

Riqui . . .¿Quieres tocarnos una canción?

CUENTO LOS VECINOS

Casa de apartamentos. Apartamento 3B.	
Sra. Alas: Pablo, ¿oyes? ¡**Otra vez!**	**Again**
Sr. A.: ¿Qué?	
Sra. A.: **Arriba.** La señora Romero está limpiando sus	**Upstairs**
5 **alfombras.** ¡A estas horas!	**rugs**
Sr. A.: ¿Qué hora es?	
Sra. A.: **Las diez pasadas.**	**Past ten**
Sr. A.: ¡Dios mío! ¡Y qué **ruido** está haciendo esa	**noise**
aspiradora!	**vacuum cleaner**
10 Sra. A.: ¿Aspiradora? ¡Está usando un tractor!	
Sr. A.: ¿Y no lo puede hacer **durante** el día?	**during**
Sra. A.: **Dice que** no. Trabaja todos los días.	**She says**
Sr. A.: Entonces no hay **remedio.**	**choice**
Sra. A.: Tal vez. Pero, ¿sabes, Pablo? ¿Sabes por qué	
15 **me molesta?** Porque cuando nuestro Riqui quiere tocar	**it annoys me**
la trompeta después de las nueve, los vecinos llaman al	
dueño, y el dueño me llama a mí, y . . .	**landlord**
Sr. A.: ¡Qué cosa! ¿Ellos pagan más que nosotros?	
Sra. A.: ¡Qué va! ¿Pero ves? Cuando la señora Romero	
20 limpia sus alfombras a la **medianoche,** con esa	**midnight**
empujatierra suya, nadie dice nada.	**bulldozer**
Sr. A.: ¡Caramba! Pues yo digo que si ella puede limpiar	
sus alfombras, Riqui puede tocar su trompeta.	
Sra. A.: Claro. **Lo justo** es justo . . . ¡Ri-qui! . . .	**What's fair**
25 Sr. A.: Riqui . . . ¿Quieres tocarnos una canción?	

Active vocabulary to be presented in the **Juegos de Palabras** appears in boldface in the side glosses. All words glossed appear in boldface in the text of the **Cuento**.

Julita . . .¡Riqui Alas
está tocando su trompeta!

Si Riqui puede . . .
nosotros podemos bailar.

¿Qué es esto? ¿Una
discoteca?

● Apartamento 2B.
Esteban: Julita, ¿oyes? ¡Otra vez! Riqui Alas está tocando
           su trompeta.
Julia: ¡Cómo! ¿A estas horas?

30   E.:   ¿Sabes? Ésa no es una trompeta normal. ¡Es la trompeta
           de Gabriel!
     J.:   Yo no lo entiendo. El jueves **pasado,** ¿recuerdas?,   last
           estábamos bailando a la música del tocadiscos, a las
           ocho y media de la noche . . .

35   E.:   No, Julita. Eran las once, **por lo menos.**   at least
     J.:   Pues no importa. Estábamos bailando tranquilamente,
           tú y yo, en nuestra propia casa, y los vecinos comenza-
           ron a **golpear en las paredes** y en . . .   **bang** on the **walls**
     E.:   Es verdad. Y **siguieron** golpeando **hasta que** tuvimos   they kept; until

40   que parar.
     J.:   ¡Qué cosa, eh!
     E.:   Pues yo pienso que si Riqui Alas puede tocar la
           trompeta . . . ¿Qué dices, Julita? ¿Vamos a bailar? (Los
           vecinos del 2A y 2C abren sus ventanas y comienzan a

45   gritar: "¡Caramba! ¿Qué es esto? ¿Una discoteca?" "¡Qué
           demonios! . . . Ana, ¿dónde está mi martillo?" **Mientras**   While
           en el apartamento 1 B . . .)
     Sra. Losada: Luis, si **sigues** golpeando, va a caer el **cielo** you keep on; **ceiling**
           raso.

50   Chito Losada: Mamá, ¡está cayendo ya! ¡Cui-da-do!
     (Julia y Esteban están bailando todavía.)
     J.:   ¡Qué bien! ¡Qué rico! Me encanta bailar.
     E.:   Me encantas tú, Julita. ¿Qué dices, chica? ¿**Seguimos**   Shall we keep on
           bailando?

Vamos a conversar

A. 1. ¿En qué apartamento comienza este cuento? ¿Quiénes viven allí?
2. ¿Qué está haciendo la señora Romero arriba?
3. ¿Qué hora es? En su opinión, ¿es tarde para limpiar alfombras?
4. ¿Hace mucho o poco ruido la aspiradora? ¿Piensa Ud. que es una aspiradora vieja o nueva? ¿buena o mala? ¿Hace mucho ruido la aspiradora de Uds.?
5. ¿Por qué no limpia sus alfombras durante el día la señora Romero?
6. ¿A quién llaman los vecinos cuando Riqui toca su trompeta?
7. ¿Llaman al dueño cuando la señora Romero limpia sus alfombras?
8. Según el señor Alas, ¿qué puede hacer Riqui entonces?
9. ¿A quién llaman los señores Alas?
10. ¿Qué le dicen?

B. 1. ¿Quiénes viven en el apartamento 2B? ¿Los recuerda Ud. del libro primero?
2. ¿Son jóvenes o mayores Julita y Esteban? ¿Cuántos años cree Ud. que tienen? ¿Están muy enamorados?
3. ¿Qué oye Esteban?
4. ¿Qué hacían Julita y Esteban el jueves pasado?
5. ¿Y qué hicieron los vecinos? ¿Ocurre esto en la casa de Ud.?
6. ¿Qué deciden hacer ahora Esteban y Julita?
7. ¿Qué gritan los vecinos de los apartamentos 2A y 2C? ¿Qué más cree Ud. que gritan?
8. ¿Por qué está cayendo el cielo raso en el 1B?
9. ¿Qué siguen haciendo Esteban y Julita?
10. En su opinión, ¿son típicas o no estas personas? ¿Quién le gusta más a Ud.? ¿Quién(es) le gusta(n) menos? ¿Con quién se identifica Ud. (do you identify yourself?) (Me . . .)

This is the second of two active vocabulary sections in each lesson.

JUEGOS DE PALABRAS

A. *¿Puede Ud. llenar (fill) los blancos?*

la **pared**	**cielo raso**	¿Dónde están	El mapa está	La _____	La foto
wall	ceiling	estas cosas?	en _____.	está _____.	_____.

alfombra
rug

¿Dónde encontramos
la _____?
¿En la ___? ¿En el ___?
¿En el ___?

¿Qué limpiamos con
la _____?
Los _____

aspiradora
vacuum cleaner

golpear
to hit, bang

molestar
to annoy, bother

Golpea en _____

¿Le molesta a Ud.?

ruido
noise

¿Qué ruido le molesta?

_____ _____ _____

la **medianoche**
midnight

¿A la medianoche,
qué hace Ud.?

¿_____ Ud.? ¿_____? ¿Va Ud. _____?

dueño, dueña
owner

¿De qué son
dueños?

de _____ _____ _____

justo
just, fair

¿Es justo o no?

_____ _____ _____

104

B. Aquí tiene Ud. cuatro expresiones muy comunes:

durante during   **mientras** while   **por lo menos** at least
otra vez again, one more time   (**una vez** one time, once)

¿Cómo las relaciona Ud. con las cosas siguientes?
la noche . . . cien personas . . . repetir . . . estábamos jugando . . .
Ahora, ¿puede Ud. usarlas en cuatro frases originales?
(A propósito, si **una vez** es "one time, once", y **otra vez** es "another time, again", ¿qué significa **a veces**?)

This is the second of two structure sections of the lesson. It covers one structural topic.

OBSERVACIONES

3. Seguir (to continue; to follow)

¿RECUERDA UD.?

Lea las frases siguientes . . .   Read the following sentences . . .

A. The verb **seguir** has two meanings. One is "to continue, to keep on" (doing something). The other is "to follow."
Seguir is a normal stem-changing verb (**e ⟶ i**), like **pedir** and **servir**. But it also has a special spelling change, for reasons of sound. Can you explain it?

Present	Preterite
sigo (I continue, I follow)	seguí (I continued, I followed)
sigues	seguiste
sigue	siguió
seguimos	seguimos
siguen	siguieron

Ahora díganos: ¿Cuál es la forma de **–ndo**? _____[1]

B. When we use **seguir** + **–ando, –iendo,** it means "to keep on" (doing something).

¿Seguimos bailando?	Shall we keep on dancing?
Siguieron caminando.	They kept on walking.
¿Por qué sigues golpeando?	Why do you keep on banging?

---

[1] **Siguiendo.** Did you get it?

Práctica

A. *Llene los blancos según las indicaciones:*

1. ¿Sigues una nueva dieta?
   Yo _____.
   Anita y yo _____.
   ¿Por qué no _____ Uds. _____?

2. El ladrón me siguió a la tienda.
   Los ladrones _____ banco.
   ¿Tú _____ en el camino?
   Yo los _____.

3. ¿Por qué sigues invitándolos?
   ¿_____? (molestarme)
   ¿_____ Ud. _____? (llamarlas)
   ¿_____ yo _____? (repetirlo)

4. Seguí leyendo.
   La clase _____.
   Los niños _____. (jugar)
   Roque y yo _____. (comer)

B. *Indique siempre la conclusión correcta:*

1. Si seguimos bailando a estas horas, los vecinos van a (descansar mejor, llamar al dueño de la casa, hacerse abogados).
2. Si sigue lloviendo, te voy a dar (mi impermeable y paraguas, mis llaves y anteojos, mi bolsa y cartera).
3. Si sigues golpeando en esa mesa, (la alfombra, el martillo, la lámpara) va a caer.
4. Si siguen acostándose tarde, van a estar (muy cansados, muy tristes, muy tranquilos) para manejar un coche.
5. El policía trató de cogerlo, pero el ladrón siguió (andando despacio, vistiéndose, corriendo).

C. Enigma (Puzzle).
   A ver cómo lo soluciona Ud.:

Bobi   David   Rita   Yo   Tú   Michín   Nena   Sara   Cuco

Yo le seguí a Bobi, y Bobi te siguió a ti. Tú seguiste a Sara y Cuco, y ellos siguieron a David. Nadie siguió a Rita. Rita siguió a Michín. Nena vino antes de Michín, y a nadie siguió David.

Ahora díganos: ¿Quién llegó primero? ¿y segundo? ¿Puede Ud. ponernos en nuestro orden (order) correcto?

Y una cosa más: ¿Quién vino conmigo? ¿A quiénes seguimos tú y yo?

repitiéndolo? 4. La clase siguió leyendo. Los niños siguieron jugando. Roque y yo seguimos comiendo.

REPASO RÁPIDO

seguir (to continue, keep on; to follow)
present: sigo, sigues, sigue, seguimos, siguen
preterite: seguí, seguiste, siguió, seguimos, siguieron
present participle: siguiendo

Seguir + **–ando, –iendo** means "to keep on" (doing something).

Ejercicios

(You can check your answers in the back of the book.)

A. *Mire las ilustraciones, y conteste según el modelo.*

Por ejemplo:

¿Sigue Ud. leyendo?   —No, sigo <u>escribiendo.</u>

1. ¿Sigues escuchando tus discos?

2. ¿Siguen Uds. trabajando?

3. ¿Sigue durmiendo la abuela?

4. ¿Seguimos bailando?

B. *¿Puede Ud. hacer frases originales usando las expresiones siguientes? (Use el pretérito de* **seguir** *por lo menos dos veces.)*

1. La señora Romero / seguir . . . / durante la noche.
2. ¿Por qué / seguir / molestarnos?
3. El dueño / seguir / pedirnos más dinero / por . . .
4. Si Uds. / seguir . . . / vamos a . . .

Práctica C. David llegó primero. Sara y Cuco llegaron segundo.
El orden correcto: Rita→Michín→Nena→yo→Bobi→tú→Sara y Cuco→David.
Nadie vino contigo. Yo seguí a Bobi y tú seguiste a Sara y Cuco.

PANORAMA
FIESTAS Y FESTIVALES

2 ¿Gaitas (bagpipes) en el norte de España? ¡Claro está! La gaita fue introducida en Galicia por los escoceses (Scotch) hace casi mil años, y todavía es el instrumento más popular allí. Santiago de Compostela, ciudad ancestral.

1 Fiesta en el sur (South). Jóvenes esperando el comienzo de un baile folklórico en las calles de Sevilla. La gran "Feria de Sevilla", celebrada durante la Semana Santa (Holy Week), es uno de los festivales más notables de toda España.

3 "Las posadas" (the inns), fiesta de Navidad en Jocotepec, México. La procesión, que representa el viaje (travels) de María y José, llama a diferentes puertas pidiendo alojamiento (lodging). En la novena (ninth) puerta, los viajeros son admitidos y la celebración comienza.

Since no new active material is introduced here, it may be postponed or even omitted.

4 Otra cara de la Navidad. Danza india delante de la iglesia de Nuestra Señora de Guadalupe, la santa patrona de México. La tradición nativa, unida con la española, sigue siendo la base de la cultura mexicana.

5 ¿Dónde estamos? ¡En un festival hispano de Nueva York! El "corazón comercial" de los Estados Unidos, con casi un millón de habitantes latinos, es la escena de muchas fiestas llenas de color local.

6 ¡Dios mío! ¿Qué estoy haciendo yo aquí? Un espectador se encuentra en un mundo de "gigantes" (giants) y "cabezudos" (cabezas gigantescas) en esta fiesta anual de León, España.

There are additional questions on the **Panorama** in the Manual.

109

Lección Dos

¡Ummm! ¡Rico!

Díganos

1. ¿Le gusta a Ud. hablar de comida? ¿Le gusta comer? ¿Qué le gusta más — la carne, el pescado o el pollo? ¿Le gusta la fruta? ¿Es Ud. vegetariano? ¿Tiene Ud. amigos vegetarianos?

2. Ud. sabe que los hispanos toman su comida principal al mediodía, ¿verdad? Pues díganos: ¿Prefiere Ud. un almuerzo completo o una cosa más sencilla (simple)? ¿Qué le parece (How do you like) un sandwich de lechuga y tomate? ¿una salchicha? ¿una hamburguesa con papas fritas? ¿una pizza?

3. ¿Come Ud. mucha ensalada? ¿La sirven frecuentemente en su casa? ¿Usan Uds. mucha mayonesa? ¿muchas salsas (sauces)? ¿mucha mantequilla? ¿mucha sal y pimienta?

4. A propósito, ¿comen Uds. más pan blanco o pan negro? Según los médicos, ¿cuál es mejor para la salud (health)?

5. Volviendo a Ud. personalmente, díganos otra vez: Cuando Ud. era pequeño (pequeña), ¿cuál era su comida favorita? ¿Cuál es ahora? ¿Sabe Ud. prepararla?

6. ¿Quién prepara las comidas en su familia? ¿Ayudan también los otros miembros de la familia? ¿Quién lava los platos y limpia la mesa? ¿Qué hace Ud.?

Menú

Esta semana vienen invitados (guests) a comer. Sí, ya sé que cuesta dinero, y un poco de trabajo (work). Pero no importa. La única (only) dificultad es que hay unos problemas. A ver cómo los resolvemos entre Ud. y yo.

1. El lunes viene una amiga que está a dieta. Puede comer solamente cosas de pocas calorías. ¿Qué debemos servirle para comenzar? ¿y como plato principal? ¿y después?

2. Pues el martes viene un amigo que estuvo enfermo recientemente. Ahora puede comer de todo y no le importan las calorías. ¡Al contrario! El pobre está muy delgado (thin) y . . . Dígame: ¿Qué le vamos a servir?

3. El miércoles vamos a hacerle una fiesta de cumpleaños a Lorenzo Rosales. No va a ser una comida completa. Sólo cosas pequeñas y postres (desserts). ¿Qué me recomienda Ud.?

4. El jueves vienen tres amigos nuestros a tomar el almuerzo. Pero, ¡Dios mío!, nos quedan (we have left) sólo dos dólares y medio para comprar comida. ¿Qué les vamos a servir?

5. Viernes . . . ¿Quién nos ofrece un poco de pan?

The **Observaciones** section presents structure. There are two such sections in each lesson. This section presents two points, the other, one.

OBSERVACIONES

4. "Speak to me!" — about giving people commands

A. If we want to tell someone to do something, usually we just take the **Ud.** (or **Uds.**) form of the present tense and change the final **a** to **e**, the final **e** to **a**. Even stem-changing verbs follow this rule!

Por ejemplo, repita y después cambie:

¿Escucha Ud.?　—¡Escuche (Ud.)!

1. ¿Escucha Ud. al maestro?	¡Escuche (Ud.) al maestro!
2. ¿Habla a su vecino?	¡Hable . . .!
3. ¿Levanta la mano derecha?	¡Levante . . .!
4. ¿Guarda bien el secreto?	¡. . .!
5. ¿Paga al dueño?	¡Pague . . .![1]
6. ¿No gasta su dinero?	¡No . . .!
7. ¿No piensa en eso?	¡. . .!
8. ¿No cierra la ventana?	¡. . .!
9. ¿No toca el piano?	¡No toque . . .!
10. ¿No busca hilo blanco?	¡. . .!

(Now how would you give these commands to more than one person — **Uds.**?)

¿Escribe Ud.?　—¡Escriba (Ud.)!

1. ¿Escribe Ud. los ejercicios?	¡Escriba (Ud.) . . .!
2. ¿Corre a la escuela?	¡Corra . . .!
3. ¿Recibe mis paquetes?	¡. . .!
4. ¿Vuelve Ud. pronto?	¡. . .!
5. ¿Entiende a su hermana?	¡. . .!
6. ¿No pierde su tiempo?	¡No . . .!
7. ¿No mueve los muebles?	¡. . .!

---

[1] You remember the old g ⟶ gu, c ⟶ qu before e, don't you?

8. ¿No duerme ahora?   ¡ . . .!
9. ¿No coge ese tren?   ¡No coja . . .!
10. ¿No dirige este grupo?   ¡ . . .!

(Otra vez, ¿cómo dirige Ud. estas órdenes a más de una persona
— **Uds.**?)

Vamos a continuar.

B. With almost all irregular verbs, you make a command by taking
the **yo** form of the present tense and changing the **o** to **a**. That's all![2]

Por ejemplo: digo ⟶ **Diga** Ud. . . . Say . . .!
                hago ⟶ **Haga** Ud. . . . Do . . .!, Make . . .!

Continúe Ud.:   pongo, ____; salgo, ____; caigo, ____; traigo, ____;
                  vengo, ____; tengo, ____;
                  conozco, ____; ofrecer, ____; producir, ____;
                  conducir, ____

As always, the **Uds.** command just adds **–n: Digan** . . . **Hagan** . . .
Vengan . . .

Un poco de práctica

¡Páselo! (Pass it!)

Ahora vamos a hacer algo un poco diferente. Someone is going to
give you a command. But instead of doing it yourself, pass it on to
someone else and that person must do it. Por ejemplo: "Abra la
puerta." You turn to someone nearby and say: "No. (Roberto),
abra Ud. la puerta." Y la otra persona se levanta y la abre.
Entonces esa persona . . . Ud. comprende, ¿verdad?

Vamos a empezar:

1. Dígame dónde vive.   —No. Rosa, dígame Ud. . . .   —Yo vivo . . .
2. Dígame su nombre.   —No. Pepe, . . .   —Mi nombre es . . .
3. Abra esa ventana.
4. Ahora abra aquella ventana.
5. Cierre la puerta.
6. Levante la mano derecha.
7. Levante la mano izquierda.
8. Levántese Ud.
9. Ahora siéntese.

---

[2] Only **ser, saber, ir,** and **haber** (which you haven't learned yet) have special forms.
Estar is perfectly regular: **esté.** And so is **dar: dé.** We put an accent on **dé** when it
stands alone to set it off from the preposition **de** (of, from).

10. Pregúntele a la profesora (al profesor) dónde vive.
11. Pregúntele si tiene novio (novia).
12. Deme todo su dinero.   (¿Ah, no?)
13. Escriba su nombre en la pizarra.
14. Ponga su cuaderno en el piso.
15. Traiga pizza para toda la clase.
16. Repita Ud.: "Te amo, te adoro."
17. Repita Ud.: "¡Me encanta el español!"
18. Y finalmente: Deme un beso (kiss).   (!!!)

    ¿Qué dice? ¿Pasamos a otra cosa?

5. Where do object pronouns go with commands?

A. If you tell someone to do something, *attach* the pronoun to the *end*
of the command.

Dígame.	Tell me.
Siéntense (Uds.).	Sit down.
Mándenselo.	Send it to him.

B. If you tell someone *not* to do something, put the pronoun *before*
the command.

¡No me diga!	Don't tell me!
No se sienten (Uds.).	Don't sit down.
No se lo manden.	Don't send it to him.

Vamos a practicar:

Bébalo.   —No. No lo beba.

Imagínese que Ud. quiere dar unas órdenes. Pero hay otra
persona presente que siempre dice lo contrario (the opposite).
Por ejemplo:

Ud.	**La otra persona**
¿El jugo? Bébalo.[1]	—No. No lo beba.
1. ¿Los huevos? Cómalos.	—No. No los _____
2. ¿Esta jarra? Úsela.	—No. No la _____
3. ¿Esas flores? Córte_____	—No. _____
4. ¿El desayuno? Sírva_____	—No. _____ todavía.

---

[1] When we add pronouns to the end of a verb, most of the time we have to put a
written accent on the syllable where the weight normally falls. Say the word out
loud and you'll see.

5. ¿El dinero? Gáste_____   —No. _____ todo.

6. ¿Esos números? Márque_____   —No. _____ ahora.

7. ¿Esas lámparas? Apágue_____   —No. _____ todas.

8. ¿La comida? Hága_____   —No. _____ todavía.

9. ¿Aquellos clavos? Pónga_____ aquí.   —No. _____

¿Ya ve Ud.? Pues esta vez la otra persona va a dar unas órdenes a diferentes amigos suyos. Pero Ud. va a decir siempre lo contrario. "Lo justo es justo", ¿verdad?

La otra persona	Ud.
1. ¿Estas palabras? Repítanlas (Uds.).	—No. No las _____
2. ¿Estos discos? Escúchenlos.	—No. _____ ahora.
3. ¿El cuento? Díganmelo.	—¡Qué va! No me _____ a mí.
4. ¿La cuerda? Pásenmela.	—¡Por Dios! No _____
5. ¿La canción? Cántennosla.	—¡Caramba! No nos _____ a nosotros.
6. ¿Esas batas? Tráigannoslas.	—¡Qué cosa! No _____
7. ¿Las tostadas? Ofrézcanselas.	—¡Qué va! No se _____
8. ¿Esta carta? Mándensela al dueño.	—¡No! No _____ a él.
9. ¿El número? Pregúntenselo a Ana.	—¡Caramba! No _____ a ella.
10. ¿Las llaves? Pídanselas a sus tíos.	—¡Dios mío! No _____ a ellos.

Ejercicios

A. *Lea bien, y escoja siempre la conclusión correcta:*

1. Por favor, no hagan mucho ruido.
   —¿Por qué? (¿Hay fiesta arriba? <u>¿Están durmiendo los niños?</u> No queremos molestar a nadie.)

2. Por una semana, no coman más que tomate, lechuga y vegetales frescos.
   —¡Ajá! (<u>¿Nos está poniendo a dieta?</u> Ud. quiere verme más alto. Entonces vamos a necesitar un abrelatas nuevo.)

3. Cuando trabajo hasta la medianoche, no puedo levantarme por la mañana. No puedo concentrarme en la escuela.
   —Pues, (duerma menos, <u>acuéstese más temprano</u>, trate de descansar durante las clases).

4. ¡Dios mío! Paquito va a cortarse con ese cuchillo.
   —Pues (ofrézcaselo, enciéndaselo, <u>quíteselo</u>) inmediatamente.

5. Tengo que mandar esta carta y no sé dónde está la Casa de Correos.
   —No importa. (<u>Póngala en este buzón.</u> Escriba otra vez la dirección. No le ponga más sellos.)

B. 1. Créanme Uds. Ayúdenme Uds. No me ayuden Uds.   2. Por favor, búsquenlo. Por favor, tóquenlo. Por favor, no lo toquen.   3. Cuídese ahora. Sírvase ahora. Vístase ahora.   4. Pregúnteselo. Pídaselo. No se lo pidan Uds.

B. *Cambie ahora según las indicaciones:*

1. Créame. (Believe me!)
   _____ Uds.
   _____. (ayudar)
   No _____.

2. Por favor, sáquenlo.
   _____. (buscar)
   _____. (tocar)
   ____, no ____.

3. Diviértase ahora.
   _____. (cuidarse)
   _____. (servirse)
   _____. (vestirse)

4. Prométaselo.
   _____. (preguntar)
   _____. (pedir)
   No _____ Uds.

C. *Mire las ilustraciones, y después conteste según los modelos.*

Por ejemplo:

¿Preparo la (cama)?
—Sí. Prepárela.

¿Usamos esta (cómoda)?
—No. Por favor, no la usen.

1. ¿Limpio la ____?
   —Sí. ____.

2. ¿Uso esta ____?
   —No. No ____.

3. ¿Compramos este ____?
   —Sí, ____. (Uds.)

4. ¿Escribimos aquí la ____?
   —No. ____ Uds. allí.

5. ¿Sacamos el ____?
   —Claro. ____ ahora.

116 C. 1. alfombra; Límpiela.   2. aspiradora; la use.   3. reloj; cómprenlo.   4. dirección; No la escriban.   5. abrelatas; Sáquenlo

REPASO RÁPIDO

1. To make a command form, you normally take the present tense form of **Ud.** or **Uds.** and change the **a** of the ending to **e**, the **e** to **a**:

Ud. trabaja . . . ¡Trabaje (Ud.)!   ¿Uds. recuerdan? . . . Recuerden (Uds.).
¿Ud. sube? . . . Suba (Ud.).   ¿Uds. duermen? . . . ¡Duerman (Uds.)!

With almost all irregular verbs, you take your command from the **yo** form of the present tense:

   Digo ⟶ Diga Ud., Digan Uds.
   Tengo ⟶ Tenga Ud., Tengan Uds.

2. When you tell someone to do something, attach the object pronoun(s) to the end: **Escúchela. Díganselo.**

When you tell someone *not* to do something, put the pronoun(s) *before*: **No la escuche. No se lo digan.**

Ejercicios

(You can check your answers in the back of the book.)

A. *Mire las ilustraciones siguientes y díganos: ¿Qué órdenes estamos dando?*

1. ¡_____!   2. ¡_____se!   3. ¡_____!

4. ¡_____!   5. ¡No _____!

B.   Ahora . . .

1. Ask someone in your class to pass you his (or her) notebook.
2. Ask someone to tell you what time it is.
3. Ask several people to raise their right hand (la mano derecha).
4. Ask your teacher not to give you-all a test tomorrow. (Por favor, . . .)
5. Tell some people not to bother you . . . ¿oyen?

The **Cuento** is the core of the lesson. Taken together, the **Cuentos** form a humorous, inter-related story line that is sure to appeal to teenagers.

Sr. Salinas: ¿Qué comió en la noche del 10 de enero?

Comió tres huevos con azúcar. Y dos salchichas con miel.

Confiéselo, Sr. Salinas. Estas personas lo vieron todo.

CUENTO
CONFESIÓN

> **¡PIERDA PESO!**
> Sin dieta... Sin ejercicios...
> "EL Método Seguro"

weight

Un cuarto pequeño **iluminado** por una **sola bombilla.** José   lighted; **single bulb**
Salinas está **sentado** en una silla baja de metal. Un hombre   seated
alto y **delgado** lo interroga.   slim
    Hombre: Díganos otra vez, Sr. Salinas: ¿Qué comió en la
5   noche del 10 de enero?
    José: ¿De este año, señor?
    Hombre: Precisamente. No me diga que no lo recuerda.
    José: Déjeme pensar. En la noche del 10 de enero yo comí . . .
       Perdone. Repita Ud. la pregunta, por favor.
10 Hombre: Sr. Salinas, **hablemos** francamente. ¿No dijo Ud.   let's speak
       ayer que sólo comió una ensalada de lechuga y tomate?
    José: Sí. Con sal y pimienta. Créame. Se lo **juro.**   I **swear**
    (La puerta se abre y cuatro personas entran.)
    1:   ¡Qué va! Yo lo vi. Comió tres huevos con azúcar y
15   mayonesa.
    2:   Y dos salchichas con **miel.**   honey
    3:   Y papas fritas con maíz y frijoles.
    4:   ¡Y una hamburguesa con **salsa** de chocolate!   sauce
    José: ¡No, no, no!
20 Hombre: **Confiéselo,** Sr. Salinas. Aquí tenemos cuatro   **Confess** it
       personas que lo vieron todo.
● José: **¡Déjenme en paz!** ¡No me molesten más! Sí, confieso.   **Leave me alone!**
       Comí rosbif, con pan y mantequilla.

Active vocabulary to be presented in the **Juegos de Palabras** appears in boldface in the side glosses. All words glossed appear in boldface in the text of the **Cuento**.

*Fideos con jalea de banana
. . . Y sopa de margarina.*

*Hay maneras de hacerle
hablar. . . Traigan el espejo.*

*¡Ayyyyyy!
¡José! ¿Qué soñaste?*

	1: Y fideos con **jalea** de banana.	jelly
25	2: Y sopa de margarina.	
	3: Y **batatas** con crema de **maníes**.	yams; peanuts
	4: Y **torta de queso** con helado de vainilla.	cheesecake
	José: ¡Quítenlos de aquí! ¡Están mintiendo!	
	Hombre: ¿Ah, sí? Pues vamos a ver quién miente y quién no.	
30	José: ¡Ellos, ellos!	
	Los cuatro: ¡Él, él!	
	Hombre: Recuerde, Sr. Salinas. Hay **maneras** de hacerle	ways
	hablar . . . ¡Caballeros! Traigan el **espejo**.	mirror
	José: ¿Él es . . .? Por favor. ¡Tengan compasión!	
35	(Tres hombres entran trayendo un espejo enorme.)	
	Hombre: Ahora, Sr. **Gordo**, mírese en el espejo.	Fat
	José: ¡Ayyyyy! (José **se lanza** hacia la puerta.)	hurls himself
	¡Sálvenme! ¡No me hagan **sufrir**!	Save me!; suffer
	Hombre: **¡Cojámoslo! ¡No lo dejemos** salir!	Let's grab him!; Let's not let him
40	José: ¡Ayyyyyyyyyyyyyyy!	
	(La señora Salinas y Clarita entran corriendo.)	
	Sra.: ¡Dios mío! José, ¿qué soñaste?	
	Clarita: ¿Por qué gritaste, papá?	
	José: Es que . . . Perdonen. No fue nada, realmente.	
45	Sra.: Pues son las nueve ya. ¿Qué dices, José?	
	Vamos a comer, ¿eh?	Let's
	José: Si quieres, Lola. Pero la verdad, no tengo mucha	
	hambre. Sólo quiero una hamburguesa . . . con jalea, y	
	salsa de chocolate.	

For additional questions, see Manual section. Each question in the Manual gives the line number of the **Cuento** where the answer is to be found.

Vamos a conversar

A. 1. Cuando comienza este cuento, ¿dónde estamos?
2. ¿En qué está sentado José Salinas?
3. ¿Quién lo interroga?
4. ¿Qué le pregunta el hombre delgado?
5. ¿Qué dijo Salinas ayer que comió en la noche del 10 de enero?
6. ¿Quiénes entran en este momento?
7. Según el primer testigo, ¿qué comió Salinas aquella noche?
8. Según el segundo, ¿qué más comió?
9. ¿Y según el tercero (third)? ¿y según el otro?
10. ¿Qué piensa Ud. de estos platos? ¿Cuál le parece el mejor? ¿y el peor?

B. 1. ¿Qué confiesa Salinas que comió?
2. Según los cuatro testigos, ¿qué más comió?
3. En su opinión, ¿quién está mintiendo — Salinas o los cuatro testigos?
4. ¿Qué va a traer el hombre delgado para obligarlo a confesar?
5. ¿Cuántos hombres entran trayendo el espejo?
6. ¿Desea verse Salinas en el espejo?
7. ¿Le permite el hombre escapar? ¿Qué dice?
8. Cuando Salinas grita, ¿quiénes entran corriendo?
9. ¿Fue real todo esto o fue un sueño? A propósito, ¿tiene Ud. malos sueños? ¿Tiene Ud. sueños como éste?
10. ¿Qué desea comer esta noche Salinas? ¿Qué le parece a Ud. esta combinación? . . . ¡Ummm! ¡Delicioso!

JUEGOS DE PALABRAS

peso
weight

¿Pesan mucho o poco?

Es **gordo.**
fat

Pesa _____.

Es **delgada.**
slim

Pesa _____.

¿Cómo son sus padres?

la paz
peace

¡Déjeme en paz! ¿Qué dice Ud.? ¡No me mo____! ¡_____ en paz!

bombilla
light bulb

¿Dónde la ¿en la _____? ¿Qué La en____ _____
usamos? hacemos?

espejo
mirror

¿Quién se mira una _____ un _____ mi _____ Fela
en el _____?

sentado
seated

¿Está sentado . . . **solo?** solo o no? ¿Con quién está
alone sentado(a) Ud.?

jurar
to swear

confesar
(confieso)
to confess

¿Qué hacen _____ _____ ¿Dónde en la _____
estas personas? estamos?

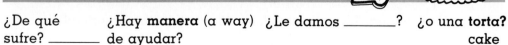

sufrir
to suffer

¿De qué ¿Hay **manera** (a way) ¿Le damos _____? ¿o una **torta?**
sufre? _____ de ayudar? cake

OBSERVACIONES

6. "Let's . . ."

¿RECUERDA UD.?

Vamos a comenzar.	Let's begin.
Vamos a continuar.	Let's go on.

"Let's . . ." is a command we give when we want to get ourselves into the action, too. (You do it. So will I. Let's do it!)
There are two ways of saying "Let's . . ." in Spanish. You already know one.

A. Vamos a . . . plus an infinitive.

Vamos a trabajar.	Let's work.
—¡Qué va! Vamos a descansar.	Nonsense! Let's rest.
Vamos a decírselo ahora.	Let's tell it to them now.
—No. Vamos a esperar.	No. Let's wait.

You see, **Vamos** means both "We are going" and "Let's go!"

B. Or if you prefer, add **–mos** onto the **Ud.** command form. (This works for everything except stem-changing verbs.) Of course, object pronouns are attached to the end.

Hable Ud.	Speak.
Hablemos.	Let's speak.
Cójalos.	Grab them.
Cojámoslos.	Let's grab them.
Hágala.	Do it.
Hagámosla.	Let's do it.

When we say "Let's *not* . . .," the pronouns go *before* the command. You knew that, didn't you?

No le hablemos.	Let's not speak to him.
No los cojamos.	Let's not grab them.
No la hagamos.	Let's not do it.

(Remember: **Vamos a . . .** does not work in the negative!)

Práctica A. 1. Bailemos.　2. Comamos.　3. Tengamos paciencia.　4. Dejémoslo en paz.
5. Hagámosle un favor.　6. Démosles el dinero.　7. Guardémoslas en la bolsa.　8. Conduzcámoslo bien.　9. Apaguemos esa lámpara.　10. Busquémoslo allí.　11. Pongámoslas en aquella jarra.
12. ¡Tomémoslo con calma!

Práctica

A. *Cambie a* **nosotros** *las órdenes siguientes. (En otras palabras: Get yourself into the act!)*

Por ejemplo:

Espere Ud.   <u>Esperemos.</u>
Bébalo.   <u>Bebámoslo.</u>

1. Baile Ud.   2. Coma.   3. Tenga paciencia.   4. Déjelo en paz.
5. Hágale un favor.   6. Deles (Give them) el dinero.   7. Guárdelas en la bolsa.   8. Condúzcalo bien.   9. Apague esa lámpara.
10. Búsquelo allí.   11. Póngalas en aquella jarra.   12. ¡Tómelo con calma!

B. *Ahora haga negativas estas órdenes:*

1. Gastémoslo todo.   2. Saquémoslos de allí.   3. Traigámosla mañana.   4. Ofrezcámosle más dinero.   5. Rompámosla.
6. Hagámoslo otra vez.

C. *Esta vez, exprese las órdenes usando* **Vamos a . . .**

Por ejemplo:

Cantemos.   <u>Vamos a cantar.</u>
Acabémoslo.   <u>Vamos a acabarlo.</u>

1. *Mandemos el paquete esta tarde.   2. Salgamos temprano.*
3. *Invitémoslos.   4. Quitémoslo ahora.   5. Viajemos con ellos.*
6. *Preguntémosle dónde vive.   7. Ayudémosla, ¿está bien?*

D. *Y finalmente, ¿cómo relaciona Ud. los Grupos 1 y 2?*

1	2
a. No puedo encontrar mis guantes.	_c_ Entonces vamos a manejar con mucho cuidado.
b. La línea está ocupada ahora.	_f_ No. Siempre llegan tarde.
c. Hay muchos accidentes en este camino.	_a_ Pues busquémoslos en tus bolsillos.
d. Ofrezcámosles nuestro coche.	_b_ Muy bien. En cinco minutos llamemos otra vez.
e. Son las siete y media de la mañana.	_d_ ¿Por qué? ¿No funciona el suyo?
f. Esperémoslos un poco más.	_e_ Bueno, vamos a preparar el desayuno.

Práctica C. 1. Vamos a mandar   2. Vamos a salir   3. Vamos a invitarlos   4. Vamos a quitarlo
5. Vamos a viajar   6. Vamos a preguntarle   7. Vamos a ayudarla

123

REPASO RÁPIDO

1. "Let's" (do something)!
   Either:

   a. Use **Vamos a** + an infinitive: **Vamos a ver.**

   b. Or add **–mos** to the **Ud.** command form of most verbs:
   Ame . . . **Amemos.** Salga . . . **Salgamos.**
   Remember that object pronouns must be attached to the end:
   Tomémoslos. **Dejémosla en paz.**

2. "Let's not" (do something)!

   For most verbs, add **–mos** to the **Ud.** command form. But put the
   object pronoun(s) *before* the verb: **No los tomemos.**
   No la dejemos en paz.

Ejercicio

(You can check your answers in the back of the book.)

Exprese en español según los modelos:

1. Let's call them.   Vamos a llamarlos.
   Let's help her.   _____.
   Let's give it to her. _____.

2. Let's get dressed. Vamos a vestirnos.
   Let's get up.   _____.
   Let's get to bed.   _____.

3. Let's eat now.   Comamos ahora.
   Let's eat it now.   _____.
   Let's finish it later. _____.

4. Let's not go out today. No salgamos hoy.
   Let's not do it today.   _____.
   Let's not put it here.   _____.

PANORAMA
¡BUEN APETITO!

1   ¿Le apetece? (Would you like some?) Una paella valenciana tradicional. Pollo, mariscos (shellfish) y diferentes salchichas sobre una base de arroz amarillo condimentado con pimienta y azafrán (saffron). El plato "nacional" de España.

2   "Sírvase Ud. primero." Almuerzo al aire libre (in the open air) en Cuenca, España. Pescado al (in) vinagre, queso, ensalada de lechuga y tomate con huevos, arroz con leche, carne asada (roasted) con papas y vegetales, y una jarra de vino. ¡Qué rico, eh!

3 ¡Fruta fresca! Melones, sandía (watermelon), piña (pineapple). "¡Diez pesos el kilo!" Puesto de frutas y verduras (produce stand) en un supermercado de Guadalajara, México. (A propósito, ¿de dónde viene la palabra "verduras"?)

4 Uvas (grapes) verdes, uvas amarillas, uvas rojas, uvas negras. Dulces (sweet), frías, jugosas (juicy). Tome . . . Tome Ud. . . . Alicante, España.

5 Vendedora de nueces (nuts) y fruta seca (dried) en La Paz, Bolivia. "¡Por favor, señor, no las coja con las manos!"

126

6 Una tienda de pesca salada (salted fish) en Barcelona, España. Al español le encanta el pescado en todas sus formas. Y sobre todo en aquellas partes que están junto al mar (sea), el pescado es el plato preferido.

7 Escogiendo maíz en Cajamarca, Perú. El maíz—y también la papa, el café, el tomate y el chocolate—fueron descubiertos (were discovered) por los españoles en América. En México el maíz es la base de la comida, pero en otras naciones el arroz, las papas o los frijoles son más populares.

8 ¡Qué delicia! Pollo asado sobre el carbón (charcoal), especialidad del restaurante Los Caracoles de Barcelona. O si prefiere Ud., también hay rosbif y ternera (veal) y cordero (lamb) y . . . Venga. ¡Pruébelos (Taste them)!

The first part of each lesson deals with active vocabulary in topical form. Active vocabulary to be mastered in this lesson appears in black letters in the drawing.

Lección Tres

Díganos ahora . . .

1. ¿Hace muchos viajes su familia? ¿Les gusta a sus padres viajar?
2. ¿Cómo prefiere Ud. viajar — en avión, en tren o en coche? ¿Cuál es más rápido? ¿Cuál es más confortable? ¿Cuál es mejor para ver las cosas? ¿Cuál cuesta menos?
3. Para ir una distancia corta, ¿prefiere Ud. tomar el autobús o caminar? ¿Hay tranvías donde vive Ud.? ¿Tiene cada familia su propio coche?
4. ¿Le gustan a Ud. las motocicletas? ¿Anda Ud. mucho en bicicleta?
5. ¿Hay un aeropuerto cerca de aquí? ¿Está cerca de su casa la estación de trenes? ¿y la parada del bus?
6. Ahora piense un poco y conteste otra vez: Si Luis Carrión salió de Chicago esta mañana a las diez y llegó a Los Angeles, California, al mediodía (hora californiana), ¿voló o fue en tren? . . . Y si yo salí el lunes de Lisboa, Portugal, y llegué el sábado a Nueva York, ¿vine en avión o en barco? (Ud. . . .) ¡Fantástico!
7. Y una cosa más: ¿Cuánto vale, más o menos, un pasaje en avión de aquí a México? ¿de aquí a París? ¿de aquí al Japón?

barco — ship

parada (del bus) — (bus) stop

motocicleta (la "moto") — motorcycle

bicicleta — bicycle

el tranvía — trolley

el autobús — bus

Agencia de viajes

Imagínese que Ud. es agente de viajes. Una tarde Ud. está sentado(a) tranquilamente en su oficina cuando se presenta un(a) cliente. Ud. comienza:

Ud.	**Cliente**
Buenas . . .	*(Conteste cortésmente.)*
Bueno, señor(ita), ¿a dónde quiere Ud. viajar?	*(Dígale dónde.)*
Excelente. ¿Y *(Pregúntele cuándo desea salir y volver)* . . .?	*(Indique las fechas de su viaje.)*
Perfectamente. Mire Ud., hay un vuelo (flight) *(Dígale el día y la hora).*	—Muy bien. Pero hay un solo problema. *(Dígale que tiene miedo de . . .)*
¡No me diga! Pues entonces, ¿prefiere Ud. *(Ofrézcale otra manera de viajar)* . . .?	—Ay, no. Me siento enfermo(a) en un . . .
Pues, ¿qué le parece un viaje en *(Indíquele otra posibilidad)*?	—No. No me gustan los (las) . . .
Entonces, señor(ita), ¿por qué no se queda Ud. en casa? Puede preparar sus propias comidas y ver televisión y . . . *(Dígale qué más puede hacer).*	—¡Magnífica idea! Pero dígame, señor(ita), ¿dónde compro el boleto?

(A propósito, si **pasaje** significa "passage", ¿qué es un **pasajero**?)

OBSERVACIONES

7. What does "subjunctive" mean?

The subjunctive is what we call a "mood," not a tense of a verb. A tense (**tiempo** — "time," in Spanish) tells *when* an action took place: present, past, etc. A mood shows our feelings about what happened. So far, we've been using only the indicative mood, the one that just "indicates," points out, makes statements about things. Now we're coming to the more colorful mood, the subjunctive.

Actually, English has the subjunctive, too. It doesn't show up too often because most of its forms are just like the indicative. But look at these:

> I suggest that you *be* there on time.
> God *be* with you and *keep* you.
> Come what *may* . . .
> If I *were* a rich man . . .

And there are many more. So first, let's look at the forms of the present subjunctive in Spanish. Then we'll learn how to use it. Trust us. It's not hard!

8. The present subjunctive

A. Here are its regular forms:

hablar	comer, vivir
hable	coma, viva
hables	comas, vivas
hable	coma, viva
hablemos	comamos, vivamos
hablen	coman, vivan

Did you notice? It's like the present indicative. But all the –ar endings become –e . . . All the –er and –ir endings become a . . . Now do you see where our **Ud(s).** and **nosotros** commands came from?

> **Hable Ud.**   **Coman Uds.**   **¡Vivamos!**   (Let's live!)

Incidentally, watch out for those spelling changes!

> paga ⟶ pague   saca ⟶ saque   comienza ⟶ comience, etc.

Vamos a practicar A. 1. **Yo**: estudie, conteste, pregunte; lea, aprenda, escriba; piense, cierre; pierda, entienda   2. **Tú**: entres, andes, bajes; subas, debas; cuentes, encuentres; vuelvas, muevas   3. **Dorotea**: busque, compre, pague; venda, crea, asista; siente, sueñe; encienda, envuelva

Vamos a practicar A. (cont'd)   4. **Miguel y yo:** cambiemos, llevemos, guardemos; comamos, bebamos, recibamos; sentemos, nos sentemos; perdamos, nos perdamos   5. **Uds.:** saquen, expliquen, lleguen; prometan, rompan, sufran; comiencen, empiecen; se muevan, se entiendan

B. –**ar** and –**er** stem-changing verbs work the same way. Just take the present indicative and change the –**ar** verb endings to **e . . .**, the –**er** endings to **a . . .** Por ejemplo:

pensar (to think)		**mover** (to move)	
Indicative	*Subjunctive*	*Indicative*	*Subjunctive*
pienso	piense	muevo	mueva
piensas	pienses	mueves	muevas
piensa	piense	mueve	mueva
pensamos	pensemos	movemos	movamos
piensan	piensen	mueven	muevan

In other words, the stem change remains just where it was. Only the ending vowel reverses: **a ⟶ e, e ⟶ a.**

Vamos a practicar

A. *Diga las formas del presente de subjuntivo:*

1. Yo: estudiar, contestar, preguntar; leer, aprender, escribir; pensar, cerrar; perder, entender

2. Tú: entrar, andar, bajar; subir, abrir, deber; contar, encontrar; volver, mover

3. Dorotea: buscar, comprar, pagar (¡Cuidado!); vender, creer, asistir; sentar, soñar; encender, envolver

4. Miguel y yo: cambiar, llevar, guardar; comer, beber, recibir; sentar, sentarse (nos . . .); perder, perderse (nos . . .)

5. Uds.: sacar (!), explicar (!), llegar (!); prometer, romper, sufrir; comenzar (!), empezar (!); moverse, entenderse

B. *Mire las ilustraciones y diga la forma de **nosotros** del subjuntivo:*

1. Cerr_____   2. _____   3. _____   4. _____   5. _____   6. _____

Ahora, ¿puede Ud. usar estas formas para darnos unas órdenes?

Por ejemplo: 1. <u>Cerremos</u> . . . (Let's . . .)

B. 1. Cerremos.   2. Contemos.   3. Volvamos.   4. Encontremos.   5. Movamos.   6. Descansemos.
(free response)

REPASO RÁPIDO

How to form the present subjunctive of regular verbs:

Follow the same pattern as for the present indicative, but change all the –ar endings to e . . ., all the –er or –ir endings to a:

hable, hables, hable, etc.   coma, comas, coma, etc.

Do the same for –ar and –er stem-changing verbs, keeping the same pattern as before: piense, pienses, piense, pensemos, piensen, etc.

Remember: These are the forms from which all Ud(s). and nosotros commands come:

Hable Ud.   Coman Uds.   Pensemos.

Ejercicio

(You can check your answers in the back of the book.)
Díganos el subjuntivo de los verbos ilustrados:

1. Ud.:

2. Uds.:

3. Lisa y yo:

The **Cuento** is the core of the lesson. Taken together, the **Cuentos** form a humorous, inter-related story line that is sure to appeal to teenagers.

¿Un avión? . . .
Es ¡La Mosca Biónica!

Es una contraespía y
castiga a nuestros enemigos.

Y ahora su cerebro es
una computadora.

CUENTO LA MOSCA BIÓNICA

The Bionic **Fly**

Apartamento 1D. Nico, Alicia y Pepito Montes están mirando
la televisión.

    Locutor: Teleproducciones Fabulosas presentan: (Música   Announcer
y diferentes voces: "¿Qué puede ser? ¿un helicóptero?
5   ¿un submarino? ¿un avión? ¿una motocicleta?" Hay un
ruido tremendo y la música para.) Es . . . ¡La Mosca
Biónica — **Contraespía**! (Música.) Ahora, amigos, **les**   Counterspy
rogamos que escuchen por un momento . . .   we **beg** you to listen
(El señor Montes entra.)
10 Sr. M.:   ¿Qué es esto? ¿Dónde está "Gane un Millón"?
    Pepito: Es "La Mosca Biónica", papá.
    Sr. M.:   ¿Y qué demonios es una mosca biónica?
    Nico: ¿Tú no sabes, papá? **Todo el mundo** lo sabe.   **Everybody**
    Sr. M.:   Nico, si yo te pregunto **algo, quiero que** me contestes   something, I want
15   y no que . . .   you to
    Alicia: Pues es una mosca normal, papá.
    Pepito: *Fue* una mosca normal, tonta. Ahora es una
    contraespía y **castiga** a nuestros **enemigos**.   it **punishes; enemies**
    Sr. M.:   ¡Cómo!
20 Nico: ¿Quieres **que yo te lo explique**, papá?   me to explain it to
    Alicia: Yo primero. Fue una mosca normal. Y después   you
    cambiaron todas las partes de su **cuerpo**. Y ahora su   **body**
    cerebro es una computadora, y . . .   **brain**
    Nico: Y vuela a la **velocidad de la luz**, y . . .   speed of **light**
25   Locutor: Un **breve mensaje** más: Amigos, si **desean que**   brief **message**; you
    las chicas los admiren, . . .   want the girls to

Active vocabulary to be presented in the **Juegos de Palabras** appears in boldface in the side glosses.
All words glossed appear in boldface in the text of the **Cuento**.

Aquí estoy, Jefe.
¿Cuál es mi misión?

¡Niños, a la cama! Yo
quiero ver "Gane un Millón".

Por favor, mamá . . . ¡Cruel!
. . .¡¡Miren!!

● Nico: Sobre todo, papá, la Mosca Biónica puede
          transformarse en diferentes cosas — en un coche, o un
          autobús o un tren . . .

30 Alicia: La **semana pasada** fue un tranvía.   **last week**

   Nico: Y cuando vuelve a su forma original, nadie sabe quién
          es, y . . .

   Sr. M.: ¿Quién es el loco aquí — Uds. o yo? ¡Car-men! Quiero
          que veas el programa que tus hijos están mirando.   you to see the
                                                                      program
35   ¡Car-men . . .!

   Nico: Por favor, papá. El cuento está empezando. **Chisss.**   Shhh

   Jefe: Jefe a M.B. . . . Jefe a M.B. . . . ¿Me oye? (Una   **Chief**
          mosca entra por la ventana **abierta** y **se posa** en la mano   **open**; lands
          del Jefe.)

40   Mosca: Aquí estoy, Jefe. ¿Cuál es mi misión?

       Jefe: Mosca Biónica, uno de nuestros agentes está en
              una prisión **subterránea** en Silvania del **Sur.** Deseamos   underground; South
              que Ud. lo salve y que destruya a nuestros enemigos.   you to save him and
                                                                         to **destroy**
       Mosca: Está bien, Jefe. **Allá voy.**   I'm off!

45 Sr. M.:   Carmen . . . Quiero que veas . . .

   Sra. M.: ¡Dios mío! Es tarde. ¡Niños, a la cama!

   Nico: Por favor, mamá. Yo soy mayor que ellos. ¿No
          puedo . . .?

   Sra. M.: No, Nico. Yo quiero ver "Gane un Millón".

50 Pepito y Alicia: Ay, mamá . . . Por favor, mamá . . .

   Sra. M.: Les digo que no, que no y que no.

   Nico: ¡Cruel! . . . Pepito, Alicia, ¡¡miren!!

   (Una mosca entra por la ventana abierta.)

For additional questions, see Manual section. Each question in the Manual gives the line number of the **Cuento** where the answer is to be found.

Vamos a conversar

A.
1. ¿En qué apartamento vive la familia Montes? ¿La recuerda Ud. de *Hola, Amigos*?
2. ¿Cómo se llaman los niños? ¿Quién es el mayor? ¿y la segunda? ¿y el menor? ¿Cuántos años de edad cree Ud. que tienen?
3. ¿Qué programa están mirando?
4. ¿Cómo empieza el programa?
5. ¿Quién entra en este momento? ¿Qué programa desea ver?
6. Según Alicia, ¿qué es la "Mosca Biónica"?
7. Según Pepito, ¿qué le cambiaron a la Mosca?
8. ¿Qué es ahora el cerebro de la Mosca?
9. ¿Y cómo vuela?
10. ¿Con qué interrumpe el locutor? Dígame, ¿hay muchas interrupciones en los programas que mira Ud.? ¿Le molestan a Ud. los anuncios comerciales?

B.
1. ¿En qué cosas puede transformarse la Mosca? Por ejemplo, ¿qué fue la semana pasada?
2. Cuando vuelve a su forma original, ¿saben los vecinos quién es?
3. ¿A quién llama ahora el Sr. Montes? ¿Qué quiere que ella vea?
4. Volviendo al programa, ¿quién llama a la Mosca Biónica?
5. ¿Por dónde entra la Mosca? ¿Dónde se posa?
6. ¿A dónde manda el Jefe a la Mosca?
7. ¿A quién quiere el Jefe que la Mosca salve?
8. ¿Quién entra en la sala en este momento? ¿Qué les dice a los niños?
9. ¿Por qué los manda su mamá a la cama?
10. ¿Qué entra por la ventana abierta? En su opinión, ¿puede ser la M.B.? (!!!) . . . Y una cosa más: ¿Le gusta a Ud. este tipo de programa? ¿Hay muchos programas como éste en la televisión aquí?

This is the second of two active vocabulary sections in each lesson.

JUEGOS DE PALABRAS

la **luz** (las **luces**)
light

¿Qué hacemos?   _____   _____

mosca
fly

¿Qué hace
la mosca?

¿Por dónde
entra?

la _____ **abierta** _____
open

todo el mundo
everybody

cerebro y **cuerpo**
brain   body

¿Qué tiene todo el mundo?
¿Cuál usa Ud. más?

el **jefe**
chief, boss

el **mensaje**
message

¿Quién lo
recibió?

¿En qué
lengua era
el mensaje? _____ _____

*destruir
(destruyo, . . .
destruimos, . . .)
to destroy

enemigo
enemy

¿Qué destruye
el viento?

¿A quién
destruye?

¿La destruyen o
la construyen?

el **programa**
program

¿Cuándo lo
vio Ud.?

la semana pasada
last week

el mes _____

el año _____

castigar
to punish

¿A quién castigan? al _____

¿Por qué? Porque _____

136

rogar   Le ruego que . . .   apague el_____.   _____
to beg   (I beg you to . . .)

This is the second of two structure sections of the lesson. It covers one structural topic.

OBSERVACIONES

9. "I want you to . . ."

¿RECUERDA UD.?

Hábleme.	Speak to me.
Descansen Uds.	Rest.
Comamos.	Let's eat.

So far, we've learned how to give orders, how to tell someone directly
to do or not to do something. And the forms we used all came
from the present subjunctive.

Now, instead of telling people directly: "Do this. Don't do that.",
we're going to say what *we* wish or recommend or prefer that they
do. In other words, we're going to be expressing our *own* wishes
about it, instead of giving an actual command. And the forms
we use will still be in the subjunctive. Here's the way it works:

Comamos ahora.	Let's eat now.
Recomiendo **que comamos** ahora.	I recommend that we eat now.
Descansen un poco.	Rest a little.
Quiero **que descansen** un poco.	I want you to rest a little.
Hábleme.	Speak to me.
Le ruego **que me hable.**[1]	I beg you to speak to me.

Did you notice? (1) **Que** leads us into the second verb.
 (2) The action that the *other* person is to do is
   always in the subjunctive.
 (3) Object pronouns go *before* the verb.

---

[1] Why do we have "Quiero que descansen," but "**Le** ruego que me hable."?
Because when I say: "I want that you rest," it's not *you* that I want. It's your resting!
When I say: "I beg that you speak to me," it's really *you* whom I'm begging.
The same would hold true with "I ask you to . . ." or "I tell you to . . ." ¿Comprende?

Vamos a practicar:

¿Quiere(s) que hable . . .?   —Sí, quiero que hable(s).

1. ¿Quiere Ud. que yo hable en
   español?
   (Do you want me to speak . . .?)

   —Sí, quiero que (Ud.)
   hable . . .
   —No, no quiero que . . .

2. ¿Quiere que yo hable más despacio?
3. ¿Quiere que yo empiece?
4. ¿Quiere que abra la ventana?
5. ¿Quiere que la cierre?
6. Clarita, ¿quieres que la cierre?
7. ¿Quiere Ud. que Roberto la cierre?
   (Do you want Bob to . . .?)

   —Sí, quiero que Roberto . . .
   —No, . . .

8. ¿Quiere que Ana pase a la pizarra?
9. ¿Quiere que Miguel escriba esta
   frase?
10. ¿Prefiere Ud. que yo la escriba?

    —Sí, prefiero que Ud. . . .
    —No, . . .

11. ¿Recomienda Ud. que practiquemos
    esto un poco más?

    —Sí, recomiendo que lo
    practiquemos . . .

12. ¿Recomienda que pasemos a otra
    cosa inmediatamente?

    Repeat questions 1 — 12 using the **tú** form.

¿Quiere la maestra que estudiemos . . .?   —Sí, quiere que estudiemos . . .

1. ¿Quiere la maestra (el maestro) que
   estudiemos mucho?

   —Sí, quiere que
   estudiemos . . . (Yes, (s)he
   wants us to . . .)

2. ¿Quiere que trabajemos día y noche?
3. ¿Desea que aprendamos bien el
   español?
4. ¿Desea que suframos mucho?
5. ¿Insiste en que estemos bien
   preparados? (. . . that we be . . .?)

   —Sí, insiste en que . . .
   —No, . . .

6. ¿Recomienda que escuchemos discos
   españoles?
7. ¿Recomienda que veamos películas
   mexicanas?
8. ¿Recomienda que cocinemos platos
   hispanos?
9. ¿Recomienda que visitemos México o
   Puerto Rico?

¿Quieren sus padres . . .?   —Sí, mis padres quieren que . . .

1. ¿Quieren sus padres que Ud. trabaje? (Do your parents want you to . . .?)
   —Sí, quieren que yo trabaje.   —No, . . .
2. ¿Quieren que sus hermanos trabajen también? (Do they want your . . .?)
   —Sí, quieren que mis . . . —No, . . .
3. ¿Insisten en que Ud. limpie su propio cuarto?
4. ¿Insisten en que lave su propia ropa?
5. ¿Desean que Ud. y sus hermanos asistan a la universidad?
   —Sí, desean que asistamos . . . —No, . . .
6. ¿Recomiendan que coman sólo cosas buenas?
7. ¿Recomiendan que Uds. sigan una dieta?
   —Sí, recomiendan que sigamos . . .
8. (Juanita), ¿insisten tus padres en que vuelvas temprano a casa?
   —Sí, insisten en que yo vuelva . . .
9. (Pepe), ¿te dicen tus padres que los dejes en paz?
   —Sí, me dicen que los . . . (Yes, they tell me to . . .)
10. (Mimí), ¿te piden tus padres que los ayudes en casa?
    —Sí, me piden que . . . (Yes, they ask me to . . .)
11. (Riqui), ¿te ruegan tus hermanos que no los molestes más?
    —Sí, me ruegan que . . .
12. ¿Me ruegan Uds. que terminemos?
    —Sí, le rogamos que . . .

En otras palabras:
When one person wants, tells, asks, begs someone else to do something, or prefers, recommends, insists that the other do it, that action must be in the subjunctive. Notice that **que** . . . will lead you to the "indirect command."

Sing! ¡Cante! (This is a direct command.)

I want you to sing.	Quiero que
I beg you to sing.	Le ruego que
I ask you to sing.	Le pido que CANTE.
I tell you to sing.	Le digo que

(These are indirect commands.)

Let's sing! ¡Cantemos! (This is a direct command.)

He prefers that we sing.	Prefiere que
He recommends that we sing.	Recomienda que CANTEMOS.
He insists that we sing.	Insiste en que

(These are indirect commands.)

Ejercicios

A. *Cambie según las indicaciones:*

1. Tome Ud. el tren de la una.
   Recomendamos que _____.
   Prefieren que Uds. _____.
   Prefiero que tú _____.

2. ¡Cuídese!
   Quiero que se _____.
   Le ruego que _____.
   Te rogamos _____.

3. Prométalo.
   Quiero que lo _____.
   No _____ todavía.
   No recomiendo _____.

4. Déjenme en paz.
   Les pido que _____.
   Les digo _____.
   Insisto en que _____.

B. *Escoja siempre la respuesta más insultante (the nastiest answer):*

1. Por favor, no golpeen Uds. en la pared.
   —Muy bien. (¿Prefieren que golpeemos en el cielo raso? ¿Prefieren que le golpeemos en la cabeza? ¿Quiere que lo dejemos en paz?)

2. ¿Quiere Ud. que yo empiece mañana?
   —No. (Prefiero que empecemos al mismo tiempo. Recomiendo que espere hasta el sábado. No quiero que empiece Ud. nunca.)

3. Quiero que tengas mucho cuidado. No quiero que sufras después.
   —(Y yo quiero que cierres la boca, ¿entiendes? Y yo te ruego a ti que te cuides también. Entonces te ruego que me ayudes, ¿está bien?)

4. El maestro nos pide que cantemos para la clase.
   —¡Qué bien! (¿Cuándo va a ser? Les voy a decir a todos que estén ausentes aquel día. Seguramente va a ser fantástico.)

C. *Ahora mire las ilustraciones y complete según los modelos.*

Por ejemplo:

Quiero que (tú) bailes conmigo.

Prefiero que Ud. guarde el dinero.

1. Prefiero que Ud. lo ____ así.

2. Te ruego que ____ la verdad.

3. Recomiendo que Uds. ____ temprano.

4. Quieren que nosotros lo _____.

5. ¿Me pide Ud. que _____ este número?

6. ¿Quiere Ud. que yo se lo _____?

REPASO RÁPIDO

When one person wants, suggests, prefers, etc., that someone else do something, that is an indirect command. Spanish says: **Quiero (Recomiendo, Prefiero, etc.) que . . .,** and the following verb must be in the subjunctive.

Te ruego que nos ayudes.	I beg you to help us.
Quieren que nosotros los ayudemos.	They want us to help them.

Notice that object pronouns go *before* the verb.

Ejercicios

(You can check your answers in the back of the book.)

A. *Cambie según el verbo nuevo:*
1. Mosca, quiero que Ud. *castigue* a nuestros enemigos. (destruir)
2. Te digo siempre que *cierres* la nevera. (limpiar)
3. Mamá dice que *encendamos* las luces de la sala. (apagar)
4. ¿Por qué no pide Ud. al dueño que se lo *dé*? (quitar)
5. Recomendamos que Uds. *viajen* en helicóptero. (volar)

B. *Exprese Ud. a diferentes miembros de su clase los deseos siguientes:*
1. You want someone to work with you this afternoon. (Bárbara, quiero que . . .)
2. You beg someone to explain the lesson to you.
3. You recommend that your friends visit Mexico this summer.
4. You ask someone to sing for the class. (Nelson, te pedimos que . . .)
5. You beg the teacher not to give you an exam this week. (. . ., le ruego que . . .)

PANORAMA
¿CÓMO VAMOS A IR?

1 ¿En coche? . . . ¡Si no le importa un buen lío de tráfico! Hace veinte años, la capital española era una ciudad relativamente tranquila, con pocos problemas de tráfico y poca contaminación del aire. Pero el Madrid nuevo que vemos aquí refleja todos los beneficios y problemas de la vida moderna. Y así es hoy en todos los centros importantes de España y Latinoamérica.

2 ¿En autobús? . . . "A ver, cuántos más cabemos (fit in)? Bueno, seis más en el techo (roof), cuatro en el parachoques (bumper), ¿y dentro, dentro . . .? ¡Hombre! No me empujes (don't push), ¿oyes?"
Puebla, México.

3 ¿En burro? . . . No hay otro medio de transporte para esta niña de Tegucigalpa, Honduras. Su padre fabrica (makes) canastas y ella va de casa en casa vendiéndolas. "¿Quién me compra una?"

There are additional questions on the **Panorama** in the Manual.

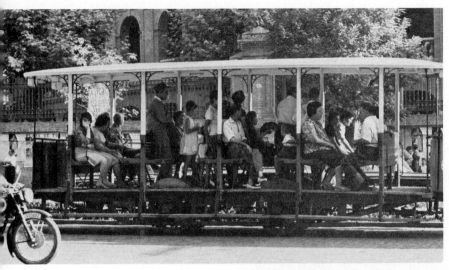

4 ¿En tranvía? . . . ¡Cómo no! Un tranvía pintoresco que data del principio de nuestro siglo (century) pasa delante de la Plaza de Toros (Bullring) de Valencia, España. En realidad, la mayor parte de las ciudades hispanas usan el autobús en lugar del tranvía ahora.

5 ¿En tren? . . . El servicio de los trenes es muy variable en todo el mundo hispánico. En los centros urbanos hay trenes modernísimos y rápidos. Pero en las zonas rurales, las locomotoras viejas están en uso todavía, y el viaje en tren es difícil y exasperante. "Paciencia, hombre. ¡Sólo tres horas más de espera (waiting)!" Cuzco, Perú.

6 ¿En avión? . . . "Ven a volar (Come fly) con nosotros." Y vas a ver el medio de transporte más fabuloso de todos. En efecto, en muchas áreas distantes que antes no tuvieron contacto con el mundo moderno, el avión representa ahora el comienzo de una vida nueva para millones de hispanoamericanos.

143

Repaso, Lecciones 1–3

I. Repaso General

A. The present participle and its uses (**Observaciones 1, 2, 3**)

1. The present participle is normally formed by changing the infinitive ending to –**ando** or –**iendo**.

–**ar** verbs	–**er**, –**ir** verbs
hablando	comiendo, viviendo

   A few exceptions:

   a. After a vowel, –**iendo** becomes –**yendo**: **oyendo, leyendo**
   b. –**ir** stem-changing verbs change the stem **e** to **i**, **o** to **u**: **pidiendo, sirviendo, muriendo, durmiendo**

2. **Estar** + a present participle describes an action in progress at a particular time.

¿Estás trabajando?	Are you working (at this moment)?
—No, estoy descansando.	No, I'm resting.
¿Qué estaban haciendo?	What were they doing?
—Estaban cantando y divirtiéndose, nada más.	They were singing and having fun, that's all.

   Remember that an object pronoun is either attached to the end of –**ando**, –**iendo**, or goes before **estar**.

3. **Seguir** (to continue or to follow) + a present participle means "to keep on" (doing something). (Notice that **seguir** is both a spelling-changing and a stem-changing verb.)

Present Indicative	*Preterite*
sigo	seguí
sigues	seguiste
sigue	siguió
seguimos	seguimos
siguen	siguieron

Since there are four sources of structure drills (the lesson itself, the back of the book, the work-book, and the tapes) no additional drills are given in the **Repasos**.

Siguió mirándome.	He kept on looking at me.
—¿Y qué hiciste?	And what did you do?
Pablo, ¿por qué sigues molestando?	Paul, why do you keep on annoying?
—¿Quién? ¿Yo?	Who? Me?

B. How to give commands to **Ud.**, **Uds.** or **nosotros** (4, 5, and 6)

1. With regular verbs, take the present tense and change the **a** of the ending to **e**, the **e** to **a**.

Ud. habla.	You speak.	¡Hable Ud.!	Speak!
	You are speaking.		
Comemos.	We eat.	¡Comamos!	Let's eat!
	We are eating.		

2. With almost all irregular verbs, take the **yo** form of the present indicative and change the final **o** to **a**.

   Digo ⟶ Diga Ud.,
   Digan Uds.,
   Digamos.

3. When we say "Let's (do something)," we have a choice. For all verbs except the stem-changers, we can add **–mos** onto the **Ud.** command form. Or we can use **Vamos a** + an infinitive.

Viajamos.	We travel.	¡Viajemos!	Let's travel!
	We are traveling.	¡Vamos a viajar!	
Lo hacemos.	We do it.	¡Hagámoslo!	Let's do it!

   When we say "Let's *not* (do something)," we cannot use **Vamos a . . .**

   ¡No viajemos!   Let's not travel.

4. **Important!** When we tell someone to do something, we *must* *attach* any object pronouns to the end of the verb.

Háblenme.	Speak to me.
Dígaselo.	Tell it to him.

   When we tell someone *not* to do something, object pronouns go *before* the verb.

No me hablen.	Don't speak to me.
No se lo diga.	Don't tell it to him.
No lo hagamos.	Let's not do it.

145

C. How to form the present subjunctive (8)

1. With regular verbs, just take the present tense and change all the –ar endings to e . . ., all the –er or –ir endings to a . . .

hablar	comer	vivir
hable	coma	viva
hables	comas	vivas
hable	coma	viva
hablemos	comamos	vivamos
hablen	coman	vivan

2. Do the same for –ar and –er stem-changing verbs, keeping the same pattern as in the present indicative:

cerrar	perder
cierre	pierda
cierres	pierdas
cierre	pierda
cerremos	perdamos
cierren	pierdan

D. Using the subjunctive (9)

Till now we have used the subjunctive in only two ways.

1. To form commands.

Coma Ud. bien.	Eat well.
Ciérrenlas, por favor.	Close them, please.
Tratemos de comprenderlo.	Let's try to understand him.

2. To express one person's desire that someone else do something.

Quiero que Ud. coma bien.	I want you to eat well.
Recomiendo que las cierren.	I recommend that you close them.
Nos ruega que tratemos de comprenderlo.	He begs us to try to understand him. (He begs that we try . . .)

Notice that the object pronouns go right back into their normal place before the noun.

II. Vocabulario Activo

abierto open, 3
el abrelatas can opener, 2
aeropuerto airport, 3
alfombra rug, 1
aspiradora vacuum cleaner, 1
el autobús bus, 3
el avión airplane, 3
el azúcar sugar, 2
barco ship, 3
bicicleta bicycle, 3
boleto ticket, 3
bombilla light bulb, 2
¡Caramba! Well, I'll be . . .! 1
castigar to punish, 3
cerebro brain, 3
cielo raso ceiling, 1
¡Claro! Of course! 1
¡Cómo! What! 1
confesar (confieso) to confess, 2
crema cream, 2
cuerpo body, 3
delgado slim, 2
destruir (destruyo) to destroy, 3
¡Dios mío! My goodness! 1
dueña, dueño owner, landlord, 1
durante during, 1
enemigo enemy, 3
ensalada salad, 2
espejo mirror, 2
la estación station; season, 3
los fideos spaghetti, 2
golpear to hit, bang, 1
gordo fat, 2

jefe chief, boss, 3
jurar to swear, 2
justo just, fair, 1
lechuga lettuce, 2
la luz (pl. luces) light, 3
el maíz corn, 2
manera manner, way, 2
mantequilla butter, 2
¡Me encanta! I love it! 1
la medianoche midnight, 1
el mensaje message, 3
mientras while, 1
molestar to annoy, bother, 1
mosca fly, 3
motocicleta motorcycle, 3
No importa. It doesn't matter. Never mind. 1
otra vez again, 1
papa potato; –s fritas French fries, 2
parada stop, 3
la pared wall, 1
el pasaje passage, fare, 3
la paz peace; dejar en – to leave (someone) alone, 2
peso weight; unit of money in certain Hispanic countries, 2
pimienta pepper, 2
por lo menos at least, 1
el programa program, 3
¡Qué bien! How good! Terrific! 1
¡Qué cosa! What a thing! 1
¡Qué demonios! What the devil! 1

¡Qué lata!   What a mess! What a
nuisance! 1

¡Qué maravilla!   How wonderful! 1

¡Qué rico!   How great! How
delicious! 1

¡Qué va!   Nonsense! Go on! 1

rogar (ruego)   to beg, pray, 3

el rosbif   roast beef, 2

ruido   noise, 1

la sal   salt, 2

salchicha   frankfurter, sausage, 2

seguir (sigo)   to follow; continue,
keep on, 1

sentado   seated, 2

semana pasada   last week, 3

solo   alone, single, 2

sopa   soup, 2

sufrir   to suffer, 2

tal vez   maybe, perhaps, 1

todo el mundo   everybody, 3

el tomate   tomato, 2

torta   cake, 2

el tranvía   trolley, 3

el tren   train, 3

el viaje   trip, 3

volar (vuelo)   to fly, 3

Juegos de Palabras

A. ¿Cómo relaciona Ud. las palabras del Grupo 1 con las del Grupo 2?
   (Recuerde: There can be more than one for each in Group 2.)

1

d i m un abrelatas
a h una alfombra
b f un autobús
g n azúcar
j p boleto
e l bombilla
c k o espejo

2
a   b   c   d   e   f
piso / parada / mirarse / abrir / luz / lleno de
           g   h   i   j
personas / torta / aspiradora / lata / teatro /
     k   l   m   n   o
baño / lámpara / sardinas / té y café / encima
                    p
de la cómoda / tren

B. Mini-cuento   (free response)
   Comenzando con "ladrón" — Can you arrange these words in proper
   order to make a mini-story out of them?

   ladrón, confesar, robar, abogado, corte, castigar, cárcel, juez,
   policía, coger

C. ¿Qué palabras españolas conoce Ud. relacionadas con estas palabras
   inglesas?
   jury, message, soloist, aviator, justice, robber, marvel, delicate,
   passage, castigate, cerebral

D. Asociaciones   (free response)
   1. ¿Qué cosas asocia Ud. con los diferentes cuartos de una casa?
   2. ¿Qué platos o comidas asocia con muchas calorías? ¿y con una
      dieta?

148   C. **Suggested answers:** jurar, mensaje, solo, avión, justo, robo, robar, maravilla, delgado, pasaje,
      castigar, cerebro

E. Detective de Palabras

¿Puede Ud. encontrar aquí 34 palabras diferentes relacionadas con la comida? *(The words go from left to right, right to left, backwards, diagonally, and up and down. We'll get you started on the first. Y después, ¡adelante!)*

agua	hamburguesas	pollo
ajo (garlic)	helados	queso
apio (celery)	higo (fig)	rosbif
arroz	jamón	sal (4 veces)
azúcar	leche	salchicha
café	lechuga	sopas
carne	maíz	té (6 veces)
crema	mantequilla	tomates
ensalada	miel (honey)	torta
fideos	pan (3 veces)	vegetales
frijoles	papas fritas	
frutas	pescado	

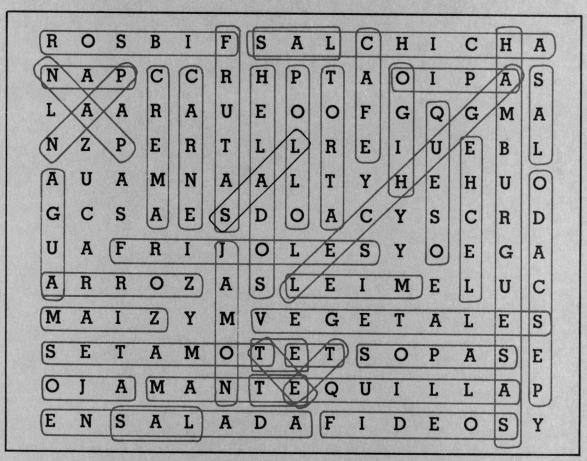

149

Lección Cuatro

¡A la escena! On stage!

el telón
curtain

ensayar
to rehearse

Ensayo a las 14 horas

el papel
part, role

astro
star

estrella
star

M. de Cervantes
escritor(a)
writer

Díganos . . .

1. ¿Desea Ud. ser artista de cine o de teatro? ¿Es su ambición ser actor (actriz) de televisión? ¿ser parte de un grupo popular musical? ¿tocar en una orquesta?

2. En su opinión, ¿son más felices las personas famosas? ¿y las personas muy ricas? ¿Conoce Ud. a un astro o a una estrella de cine?

3. ¿Quiénes son sus artistas favoritos? ¿Son dramáticos o cómicos? ¿Cantan? ¿Bailan? ¿Tocan instrumentos musicales? ¿Dónde trabajan más — en el cine, en el teatro o en la televisión?

4. ¿Conoce Ud. a otra persona afiliada con el teatro? ¿Quién es? ¿Le gusta a Ud. la idea de trabajar detrás del telón — haciendo el decorado (set), trabajando con las luces, etc.? ¿Le interesa ser director(a)? ¿productor(a)? ¿escritor(a)?

5. ¿Hay muchas producciones dramáticas en esta escuela? ¿Toma Ud. parte en ellas, o sólo forma parte del público? ¿Hacen papeles importantes sus amigos? ¿Quién es el mejor actor (o la mejor actriz) de su clase?

6. ¿Tienen Uds. un "auditorio" o teatro bonito? ¿Ensayan Uds. allí? ¿Está permitido fumar allí? ¿Permiten sus padres que Ud. fume?

"¡Comenzando hoy . . .!"

La verdad, ¿tiene Ud. talento artístico? ¿Sabe Ud. hacer carteles (posters)? Pues vamos a ver qué nos trae Ud. para anunciar nuestra nueva producción. Por ejemplo, incluya Ud. (include) la información siguiente: el título de la obra (work), si es una comedia, un drama o una comedia musical, y cuántos actos tiene; los nombres de los actores principales y de los directores, escritores, etc.; el nombre del teatro; las horas de las funciones, y el precio de las entradas (admission). A propósito, recuerde Ud. que en los teatros y cines hispanos, ¡las butacas (orchestra seats) cuestan menos que los asientos (seats) en el entrepiso! Bueno, saque sus plumas y sus pinceles (brushes), y ¡a comenzar!

OBSERVACIONES

10. Special subjunctive patterns

¿RECUERDA UD.?

Díganos . . .	Tell us . . .
Háganme el favor . . .	Do me the favor . . .
Tengámoslos listos.	Let's have them ready.

A. As you know, almost all irregular verbs base their **Ud(s).** and **nosotros** commands on the **yo** form of the present indicative. What they are really using is the present subjunctive. Now here's the rest of it.

===

decir (digo): diga, digas, diga, digamos, digan
hacer (hago): haga, _____, _____, _____, _____
tener (tengo): tenga, _____, _____, _____, _____
conocer (conozco): conozca, _____, _____, _____, _____
destruir (destruyo): destruya, _____, _____, _____, _____

===

(Dígame, ¿hay cosa más fácil?)

Pues conteste Ud.:

¿Prefiere Ud. que tengamos . . .? —Sí, prefiero . . .

1. ¿Prefiere Ud. que tengamos esta clase a otra hora del día?
2. ¿Recomienda Ud. que la tengamos siempre por la tarde?
3. ¿Quiere Ud. que vengan diferentes personas a visitarnos?
4. ¿Recomienda Ud. que oigamos más cintas?
5. ¿Recomienda que traigamos películas a la clase?
6. ¿Quiere Ud. que sus maestros hagan exámenes menos difíciles?
7. ¿Les ruega Ud. que destruyan los exámenes de la semana pasada?

—Sí, prefiero que tengamos . . .
—No, no prefiero . . .

B. There are only four irregular verbs that don't follow this scheme.
Three of them are **ser, saber,** and **ir.** The fourth will come later on.

ser (to be)	saber (to know)	ir (to go)
sea	sepa	vaya
seas	sepas	vayas
sea	sepa	vaya
seamos	sepamos	vayamos
sean	sepan	vayan

Do you notice how much alike **sea** and **sepa** are? Well, the fourth
verb is going to make a perfect rhyme with **vaya.** (¡Dios mío!
¿Puede Ud. esperar?)[1]

Ahora conteste otra vez:

¿Quiere Ud. que yo vaya . . .? —Sí, quiero que . . .

1. ¿Quiere Ud. que yo vaya al cine
   con Ud.?
2. ¿Recomienda Ud. que vayamos todos?
3. ¿Recomienda Ud. que vayamos a un
   restaurante mexicano también?
4. ¿O prefiere que vayamos a un
   restaurante español?

—Sí, quiero que vaya conmigo.
—No, . . .

¿Quieren . . . que Ud. sea . . .? —Sí, quieren que yo . . .

1. ¿Quieren sus padres que Ud. sea
   rico(a) algún día (some day)?

   —Sí, mis padres quieren
   que yo sea . . .
   —No, . . .

2. ¿Quieren que Ud. sea médico(a) o
   abogado(a)?
3. ¿Desean que Ud. sea feliz, nada más?
4. (Charita), ¿quieres que seamos
   buenos amigos?

   —Sí, quiero que seamos . . .
   —No, . . .

5. (Jaime), ¿quieres que . . . (una chica
   de tu clase) sea tu novia?

   —Sí, quiero que sea mi . . .

6. (Sarita), ¿quieres que . . . (un chico
   de tu clase) sea tu novio?

---

[1] In case you can't wait, here's a clue: **haya** is the subjunctive of **hay** (there is,
there are . . .).

¿Quiere su profesor(a) que Uds. sepan . . .?   —Sí, quiere que . . .

1. ¿Quiere su profesor(a) que Uds. sepan mucho español?
    —Sí, quiere que sepamos . . .
    —No, . . .
2. ¿Quiere que Uds. sepan hablarlo o sólo escribirlo?
3. ¿Quiere que Uds. sepan estos verbos?

Ejercicios

A. *Lea en voz alta, y después cambie usando los verbos indicados:*
1. Te ruego que lo *traigas.* (oír, hacer, poner)
2. ¿Prefieren Uds. que *vuelvan* los otros? (salir, venir, ir)
3. Es importante que lo *tengamos* hoy. (conocer, producir, saber)
4. Insistimos en que *vaya* Juan. (ser, saberlo, verlo)
5. ¿Quieres que yo *empiece* primero? (ir, ser, venir)

B. *Esta vez, complete las frases escogiendo siempre el verbo más lógico:*
1. ¡Cuidado! No queremos que Uds. lo ____. (destruir, buscar)
2. Les ruego que ____ compasión. (tener, hacer)   Les ruego que no ____ a ese pobre niño. (ofrecer, castigar)
3. ¿Prefiere Ud. que (nosotros) ____ en avión o en tren? (ir, ser)
    —No importa. Sólo quiero que el viaje ____ rápido. (saber, ser)
4. No me gusta que tú ____ secretos de tu mamá. (jurar, guardar)
    Quiero que me lo ____ todo inmediatamente. (decir, sufrir)

11. The present subjunctive of –ir stem-changers

So far we've spoken about the present subjunctive of regular verbs and –ar, –er stem-changing verbs, and of verbs that we call "irregular." The only ones left are the –ir stem-changers, and those have only one new thing in their pattern.

sentir (to feel, to regret)	**pedir** (to ask for)	**morir** (to die)
sienta	pida	muera
sientas	pidas	mueras
sienta	pida	muera
sintamos	pidamos	muramos
sientan	pidan	mueran

Ahora: What is the one difference between these and the –ar, –er stem-changers?[1]

---

[1] ¡Ajá! In the **nosotros** form, the e changes to i, the o to u. This is what happens in the third person of the preterite, too: **sintió, pidió, murió.** ¿Tuvo Ud. razón?

Ejercicios B. 1. destruyan   2. tengan; castiguen   3. vayamos; sea   4. guardes; digas

Vamos a practicar A. 1. duerma todo el día. No quieren que . . . duerma . . . No quieren que . . . durmamos en clase.   2. Prefiero que . . . no le pidan nada. Prefiero que . . . no le pidamos nada. nosotros no le pidamos nada.   3. ¿. . . digo que lo sirva ahora? ¿. . . que lo sirvas ahora? ¿. . . dicen que lo sirvamos ahora?

Vamos a practicar

4. No desean que . . . muera de sed.
   No desean que . . . mueran de sed.
   No desean que . . . muramos de sed.

A. *Cambie según las indicaciones:*

1. No quiero que duermas todo el día.

   No quieren que Ud. _____.

   _____ yo _____ en clase.

   _____ nosotros _____.

2. Prefiero que no le pidas nada.

   _____ Uds. _____.

   _____ nosotros _____.

   Es mejor que _____.

3. ¿Les digo que lo sirvan ahora?

   ¿Le _____?

   ¿Te dicen _____?

   ¿Nos _____?

4. No desean que mueras de sed.

   _____ yo _____.

   _____ Uds. _____.

   _____ nosotros _____.

B. *Lea los pequeños diálogos y conteste las preguntas:*

1. Oscar, te digo que no, que no y que no. No quiero que me pidas más dinero porque ya no te lo voy a dar.

   —Pero Manuel, ¿sólo esta vez? ¿Sólo una vez más?

   a. ¿Qué no quiere Manuel que Oscar le pida?
   b. ¿Es la primera vez que Oscar se lo pide?
   c. ¿Se lo dio Manuel las otras veces?
   d. En su opinión, ¿quiénes son Oscar y Manuel?
   e. ¿Cuánto dinero quiere Oscar que Manuel le dé?
   f. De estas dos personas, ¿quién le gusta más?

2. Bueno, recomiendo que Pepe y María duerman en la alcoba grande, que los niños ocupen los cuartos pequeños, y que la abuelita duerma arriba.
   —Gracias, Gloria. ¿Y dónde quieres que durmamos nosotros?
   —En el estudio. Espero que les sea confortable allí también.

   a. En su opinión, ¿a quiénes está visitando esta familia?
   b. ¿Quiénes son Pepe y María?
   c. ¿Dónde quiere Gloria que duerman?
   d. ¿Dónde quiere que duerman los niños? ¿y que duerma la abuela?
   e. ¿Dónde quiere que durmamos nosotros?
   f. En su opinión, ¿cuál es la ocasión de esta visita?

REPASO RÁPIDO

1. Almost all irregular verbs base the present subjunctive on the **yo** form of the present indicative:
   hago — haga, hagas, haga, hagamos, hagan
2. **Ser, saber,** and **ir** are exceptions.
   ser: sea, seas, sea, seamos, sean
   saber: sepa, etc.
   ir: vaya, etc.
3. The **–ir** stem-changing verbs follow the same pattern as in the present indicative, except that:
   (a) the ending vowel is **a** . . .
   (b) the **nosotros** form changes the stem vowel **e** to **i, o** to **u:**
   sirvamos, durmamos

Ejercicio

(You can check your answers in the back of the book.)
Haga Ud. frases originales usando:

1. Quiero que tú / ir / al / con . . .

2. Papá no . . . que / (nosotros) / . . .

3. ¿Qué . . . Ud. que / (yo) / . . .?

4. ¿Tú . . . que / (nosotros) / . . .?

5. La Mosca Biónica . . . que / a . . .

Desde "Héctor, no me gusta que digas eso de mis. . ."

Esta vez yo digo "mis" y tú dices "tus".

CUENTO
COMEDIA EN EL COLEGIO COLÓN

Columbus **High**

Las 7:40. La orquesta está **afinando** sus instrumentos y el
público comienza a llegar.

Diferentes voces: Carmen, Car-men, aquí . . . ¡Cuidado donde
caminan, eh! . . . ¿Hay tres **asientos juntos** en la primera
5   **fila? ¡Ojalá** que venga pronto Neli! . . . Toño, aquí, aquí . . .

Detrás del telón, los actores se preparan furiosamente. Por un
lado, Mimí Gabán y Chito Losada ensayan por **última vez**
sus papeles.

Mimí: ¡Ay, Chito! ¡Ojalá que **no me olvide** ahora!
10   Chito: ¡Qué va! ¿Quieres que lo repitamos una vez más?

Mimí: Por favor . . . Desde "Héctor, no me gusta . . .", ¿está
bien? **A ver** . . . "Héctor, no me gusta que digas eso de
mis . . ."

Chito: "Tus", no "mis". ¿Recuerdas? Esta vez yo digo "mis"
15   y tú dices "tus". Más tarde yo digo "tus" y . . .

Mimí: Bien. "Héctor, no me gusta que digas eso de tus
propios . . ."

Chito: Mimí, "que hagas eso a tus propios", no "que digas
eso de . . ." Empecemos otra vez. "Héctor, . . ."

20   Mimí: No, Chito, yo digo "Héctor". Tú dices . . .

◆

• En otra parte de la escena, Hilda Sorolla **se acerca corriendo**
a Diego Carrión, escritor, astro y director.

Hilda: Diego, me muero. En este instante me muero.

Diego: ¿Qué hay? ¿Nerviosa?

tuning

seats together
row; How I hope . . .!

side; the last time

I don't forget

Let's see

approaches running

¡Mi vestido se achicó!
¿Cómo voy a cantar . . .?

¡Diego! . . . ¡El micrófono
no funciona!

¡Está funcionando! . . .
Bueno, ¡luces! ¡Acción!

25 Hilda: ¡**Desesperada!** ¿No ves? ¡Mi vestido rojo **se achicó!**   desperate; shrank
　　　　¿Cómo voy a cantar sin **respirar?**   breathing
　　Miguel (desde lejos):   ¡Diego! ¡Rápido! Te necesitamos aquí.
　　Diego: Hilda, vuelvo en un minuto. (Diego corre al otro lado.)
　　　　Bueno, Miguel, ¿qué pasó?
30 Miguel: El **colmo** ya. El micrófono no funciona. ¿Quieres   limit
　　　　ver? . . . Uno, dos, tres . . . Nada, ¿ves?
　　Otro chico: ¡Qué lata! **Temo** que el circuito esté mal.   I'm afraid
　　Una chica: Espero que no sea el **altavoz.**   loudspeaker
　　Diego: Pero esta tarde funcionaban perfectamente.
35 Miguel: Pues, ¿quieres que llamemos a un mecánico
　　　　profesional?
　　Diego: No hay tiempo. Tal vez entre nosotros lo sepamos
　　　　arreglar. Nando, quiero que me traigas un martillo.   fix
　　　　Alicia, . . .

❖———◇———❖

40 (Mimí y Chito están ensayando todavía.)
　　Chito: Entonces yo digo: "Pámela, **me alegro de que no haya**   I'm glad there isn't
　　　　nadie esta noche."
　　Mimí: "Vaya", no "haya", Chito. Tú dices: "Me **sorprende**   surprises
　　　　que no vaya nadie." Y yo contesto: "Pero Héctor, no creo
45 　　que haya nadie."
　　Chito: No, Mimí. Tú contestas: "Me molesta que no haya nadie".
　　　　Y yo digo . . .
　　Voz de otra chica: Pero, ¿qué es esto? ¡**De repente** mi vestido   suddenly
　　　　rojo me está grande!
50 (El número de "mecánicos" sigue **creciendo.**)   growing
　　Miguel: Yo recomiendo que le pongamos otro **cordón.**   (electric) cord
　　Otro chico: **Es lástima que no haya** cinta adhesiva. El **enchufe**   It's a pity there's no;
　　　　se rompió.   plug

158

Una chica: ¿Y qué es este botón? A ver . . . Uno, dos, tres . . .
55   (El micrófono hace un ruido tremendo.)
Diego: ¡Qué maravilla! ¡Funciona! ¡Está funcionando!
Miguel: Pero hombre, ¿con ese **sonido** horrible?   sound
Diego: ¡Qué va! Eso es música, Miguel, hermosa música.
        ¿Estamos listos todos? . . . Bueno, ¡luces! ¡Acción!

Vamos a conversar

A. 1. ¿En qué escuela ocurre este cuento?
   2. ¿Qué presenta hoy el Club Dramático? ¿A qué hora es la función?
   3. ¿A qué hora comienza el cuento?
   4. ¿Qué está haciendo la orquesta? A propósito, ¿tiene orquesta el colegio de Ud.? ¿Toca Ud. en ella?
   5. ¿Qué oímos entre el público?
   6. ¿Qué están haciendo por un lado Mimí Gában y Chito Losada? Dígame, ¿en qué otro cuento se presentó Chito? ¿Lo recuerda Ud.?
   7. ¿Quién parece estar más nervioso, Chito o Mimí?
   8. ¿Puede Ud. repetir un poco de su conversación?
   9. En su opinión, ¿ayuda mucho ensayar al último momento?
  10. Volviendo a Ud., ¿tiene Ud. mucha confianza (confidence) en sí mismo (misma)? ¿Tiene Ud. miedo de presentarse en público? ¿de actuar en un drama o una comedia? ¿Es Ud. muy rápido (rápida) para hacerse nuevos amigos? ¿para hablar en clase? ¿para participar en actividades extra-escolares (extra-curricular)?

B. 1. En otra parte de la escena, ¿quién se acerca corriendo a Diego Carrión?
   2. ¿Qué posición ocupa Diego en esta presentación?
   3. ¿Por qué está desesperada Hilda?
   4. ¿Quién llama ahora a Diego?
   5. ¿Qué problema se presentó de repente?
   6. ¿Van a pedir que venga un mecánico? ¿Por qué? Díganos, ¿tiene Ud. aptitud para arreglar cosas mecánicas? ¿La tiene su padre? ¿y su madre?
   7. ¿Qué siguen haciendo Mimí y Chito? ¿Está completamente seguro ahora Chito de sus líneas?
   8. ¿Qué problema tiene ahora otra chica? ¿Cómo lo explica Ud.?
   9. ¿Funciona por fin el micrófono? ¿Funciona bien? ¿Qué dice Diego?
  10. En su opinión, ¿va a resultar bien o mal esta noche la función? ¿Por qué piensa así?

JUEGOS DE PALABRAS

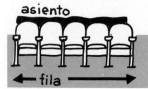

asiento	**fila**	¿Qué asientos	¿Están **juntos?**
seat	row	tenemos?	together

colegio
high school
¿Qué presentan en
el Colegio Colón?   una _____   un _____

un lado
a side
¿Dónde están
los asientos?   por el lado _____   por el lado _____

arreglar   ¿Qué   ¡**Ojalá** . . .   que arreglen   ¡Ay, qué **sonido!**
to fix, mend   arregla? _____   Oh, if only . . .   el _____!   sound

acercarse a
(Me acerco . . .)
to approach   ¿Qué se
                        acerca?   el _____   _____   _____   ¡Rápido!
                                                                                    ¡Cojámoslos!

alegrarse
(Me alegro . . .)
to be happy

¿Por qué
se alegran? Se _____. Hace _____. _____ ¡Qué suerte, eh!

temer
to fear

¿Teme Ud. . . . _____? los _____? _____? ¡No tenga miedo!

sorprender
to surprise

¿Le sorprendió . . . la _____? un _____?

de repente
suddenly

¿Qué pasó de repente? Oímos un _____. Vimos una _____.

último
last

primero

OBSERVACIONES

12. "Oh, how I hope . . .!"

¿RECUERDA UD.?

¡Venga!	Come.
Quiero que venga.	I want you to come.
Le ruego que venga.	I beg you to come.

In other words, when one person expresses his desire that someone else *do* something, that action is in the subjunctive.

The same thing happens when a person expresses emotion about what someone else is doing. The first part of the sentence expresses the emotion. The second part (what's happening) is in the subjunctive.

Espero que Ud. **venga.**	I hope you come.
¡Ojalá que no **vayas!**	Oh, if only you don't go! (Oh, how I hope . . .!)
Me alegro de que **vuelvan.**[1]	I'm glad they're coming back.
Sienten que **estemos** malos.	They're sorry that we're ill.
¿Le **sorprende** que **sea** yo?	Does it surprise you that it's I?
¿Te **molesta** que **salgamos?**	Does it bother you that we're going out?
Tememos que **se mueran.**	We're afraid that they'll die.
No me gusta que **hables** así.	I don't like you to talk that way.

¿Comprende?

Vamos a practicar

A. *Conteste Ud. (¡Y le ruego que diga la verdad!)*   (free response)

1. ¿Espera Ud. que llueva mañana? ¿Espera que nieve? ¿Espera que tengamos que cancelar las clases? (¿De verdad?)

2. ¿Le gusta que hablemos español en clase? ¿Le gusta que leamos los cuentos? ¿Le gusta que escuchemos las cintas también?

---

[1] Notice that **alegrarse** always puts **de** before the **que**. Most verbs do not.

3. ¿Le sorprende que haya muchos hispanos en este colegio? ¿Le
sorprende que haya muchos estudiantes talentosos? ¿Le
sorprende que haya tantos (so many) profesores maravillosos?
(¡Claro está!)

4. ¿Teme Ud. que tengamos un examen mañana? ¿Le molesta que
tengamos muchos exámenes? ¿Les molesta a Uds. que tengan que
trabajar en casa también? (Sí, nos . . ., No . . .)

5. ¿Se alegra Ud. de que vengan pronto las vacaciones? A
propósito, ¿cuándo son nuestras próximas vacaciones? ¿Siente
Ud. que ésta sea la última pregunta?

B. *Estudie por un momento las ilustraciones y después haga frases
completas:*

1. (Yo) <u>Espero</u> que <u>la dueña</u> _____ la _____.

2. ¿Se _____ Ud.
de que (nosotros) _____ esta _____?

3. Nos _____ que los _____ _____ en _____.

C. *Ahora exprese Ud. emoción sobre los actos siguientes.*

Por ejemplo:

Neli viene hoy.   <u>¡Ojalá que Neli venga hoy!, Sentimos que Neli
venga hoy., Me sorprende que Neli venga hoy., etc.</u>

1. Juanita se casa con Miguel.   _____
2. Toman el tren de las doce.   _____
3. Sacamos "A" en esta clase.   _____
4. Castigan mucho al niño.   _____
5. Hace sol esta tarde.   _____

C. 1. . . . que Juanita se case con Miguel.   2. . . . que tomen el tren de las doce.   3. . . . que
saquemos "A" en esta clase.   4. . . . que castiguen mucho el niño.   5. . . . que haga sol esta tarde.   **163**
(all free completion)

REPASO RÁPIDO

When we tell how we feel about what someone is doing, we use the subjunctive for his or her action:

No me **gusta** que **hagas** eso.   I don't like you to do that.

Nos **sorprende** que no **quiera** ir.   It surprises us that he doesn't want to go.

¡**Ojalá** que no **sufran**!   Oh, how I hope they don't suffer!

Ejercicios

(You can check your answers in the back of the book.)

A. *Complete de una manera original:*

1. Esperamos que Uds. . . .
2. ¡Ojalá que . . .!
3. ¿Le molesta que yo . . .?
4. Me alegro de que (nosotros) . . .
5. Tememos que los chicos . . .

B. *Ahora díganos en español:*

1. that you're glad that something is happening today.
2. that you're annoyed that someone is doing something.
3. that you're surprised that this isn't very hard.
4. that you really hope that a certain thing happens soon! (¡Ojalá . . .!)

PANORAMA
EL BAILE

1 Noche de baile en la pampa argentina. Un bailarín gaucho con su dama, y la música de guitarra y tambor.

2 "Uno, dos, up-ah." Fiesta de compromiso (engagement party) en Cali, Colombia. Música, baile, felicidad.

3 Música de ayer . . .¡Cómo vuelan los pies! ¡Cómo se mueven las faldas y los brazos! Y los viejos que admiran el espectáculo recuerdan cuando ellos también hicieron estos bailes, en tiempos pasados. Cali, Colombia.

4 Tradición, tradición. La danza de las espadas (swords) . . . No hay fiesta en el País Vasco (Basque country) del norte de España sin sus bailes tradicionales. Y éste es uno de los más viejos, difíciles y populares. Según la tradición también, sólo los hombres pueden participar en este peligroso (dangerous) ejercicio acrobático.

5 Música de hoy. "Ye, ye" . . . Jóvenes bailando en un festival de vinos de Haro, España. Los bailes modernos son universales entre la juventud (youth) de hoy, y los discos que escuchamos nosotros son los mismos que escuchan los jóvenes allí.

6 Entre las montañas del noroeste de México, los indios Yaquis recrean (recreate) los bailes de sus abuelos. La guitarra y el violín son nuevos. Pero los pasos (steps) son aquéllos de siempre.

7 ¡Ole! . . . ¿Quién no conoce el baile flamenco, símbolo del gitano (gypsy) español, con su rápido taconeo (heel tapping) y el acompañamiento de las castañuelas (castanets)? Madrid.

167

Lección Cinco

¿Hay agua caliente? Is there any hot water?

el desodorante deodorant

limpio clean

el jabón soap

ducha shower

ducharse to take a shower

el champú shampoo

el perfume perfume

frasco small bottle

cepillo brush

baño

bañarse to take a bath

Díganos . . .

1. ¿Qué prefiere Ud., bañarse o ducharse? ¿Prefiere hacerlo por la mañana o antes de acostarse? ¿Prefiere ducharse con agua fría o con agua caliente? ¿Deja Ud. las toallas limpias para los otros?

2. ¿Se lava Ud. el pelo todos los días? ¿Qué champú le gusta más? ¿Arregla Ud. su pelo con peine o con cepillo? ¿Lleva Ud. siempre un peine en su bolsa o bolsillo? ¿Lleva un cepillo? ¿Los usa en la clase? ¿y en la cafetería?

3. ¿Qué crema dental usa su familia? ¿Usan todos la misma crema? ¿Tiene Ud. un producto favorito? A propósito, en su opinión, ¿hay diferencias importantes entre las diversas marcas?

afeitarse
to shave

navaja
razor

afeitadora eléctrica
electric shaver

crema dental
tooth paste

cepillo dental
toothbrush

el peine
comb

peinarse
to comb one's hair

toalla
towel

4. ¿Qué jabón (o jabones) usan Uds.? ¿Usan el mismo jabón para lavarse la cara y para bañarse? ¿Usan el mismo jabón para lavar ropa? En su opinión, ¿cuál es mejor — un jabón natural o un detergente?

5. ¿Con qué se afeita su padre — con una navaja ordinaria o con una afeitadora eléctrica? ¿Y Ud.? (¡si es que se afeita!)

6. ¿Usa Ud. perfume? ¿Usa muchas lociones? ¿Las compra Ud. en frascos o en tubos de plástico? ¿Le gusta a Ud. que los hombres usen perfumes y otros productos cosméticos? ¿Por qué?

"Y ahora, un mensaje de . . ."

Imagínese que Ud. es jefe de una agencia publicitaria muy grande. Su cliente, la Compañía X, está presentando un nuevo producto cosmético (o higiénico) — un champú, un perfume, una crema, un desodorante, etc. — y Ud. tiene que planear una campaña (campaign) de radio y televisión. "Amigos, si Uds. desean que las chicas los sigan . . ." "Señoras, si Uds. quieren sentirse jóvenes otra vez . . ." "Niños, ¿cuándo fue la última vez que se bañaron?", etc. Después, descríbanos el producto y trate de vendérnoslo. A ver quién nos convence (convinces) más . . .

OBSERVACIONES

13. The reflexive with certain verbs

¿RECUERDA UD.?

¿Cómo se llama Ud.?   What is your name? (How do you call *yourself*?)
—Me llamo . . .   My name is . . . (I call myself . . .)

¿Se divierten Uds.?   Are you enjoying *yourselves*?

We use the reflexive when the subject does the action to itself.

¿Por qué no te lavas?   Why don't you *get* washed?
Nos casamos hoy.   We're *getting* married today.
¡No se pierdan Uds.!   Don't *get* lost!

We also use it to add the idea "to get" to the verb.

Now we're going to learn some other places in which it appears.

A. Here are some of the verbs we've often used with the reflexive:

levantar to lift, raise	**levantarse** to get up, rise
sentar to seat (someone)	**sentarse** to sit down
bañar to bathe (someone)	**bañarse** to take a bath
acostar to put to bed	**acostarse** to go to bed
vestir to dress (someone)	**vestirse** to get dressed
acercar to bring near	**acercarse** to approach, go up to

As you can see, in all of these cases the subject is really doing the action to itself.

B. Now here are some others, which even change their meaning when we use them with the reflexive pronoun.

ir to go	**irse** to go away
quitar to take away	**quitarse** (**la camisa,** etc.) to take off
poner to put	**ponerse** (**la bata,** etc.) to put on
	ponerse (**nervioso, enfermo**) to get (become) . . .
dormir to sleep	**dormirse** to fall asleep
caer to fall	**caerse** to fall down
reír to laugh	**reírse** (**de**) to laugh (at)
olvidar to forget	**olvidarse** (**de**) to forget (about)

Actually, with most of these, the reflexive doesn't change the meaning much. It just makes it stronger.

Vamos a practicar

A. *Primero, conteste Ud.:*   (free response, using reflexives)

1. ¿Se va frecuentemente de vacaciones (on vacation) su familia?
2. ¿Se fue Ud. el verano pasado? (Sí, me fui . . . No, . . .) 3. ¿Se pone o se quita Ud. el abrigo cuando entra en una casa? (Me . . .) ¿Y cuando sale a la calle en el invierno? 4. ¿Se puso Ud. sombrero y guantes esta mañana? (Sí, me puse . . . No, . . .)
5. ¿Se puso falda o pantalones? 6. ¿Se puso camisa, blusa o jersey? ¿Se puso suéter? 7. ¿Se duerme Ud. a veces en el cine? ¿Se duerme en la clase? (¡No me diga!) 8. ¿Se cae Ud. frecuentemente? 9. ¿Se cayó alguna vez (ever) de su bicicleta? ¿o de una motocicleta? 10. ¿Se olvida Ud. de muchas cosas? ¿Se olvidó de una cosa importante recientemente?

B. *Esta vez, lea en voz alta y después indique la conclusión correcta:*

1. Parece que Nico estaba muy cansado. ¡Pobre muchacho!
   —Es verdad. (Se duchó con agua caliente. Se vistió en tres minutos. Se durmió en el coche.)

2. Me gusta estar limpio, pero no hay tiempo para bañarme esta mañana.
   —Entonces, ¿por qué (no te afeitas con mi navaja, no te duchas, no te pones ropa nueva)?

3. ¡Cuidado! No quiero que te (vistas, caigas, acuestes).
   —Por favor, no me pongas (nervioso, tranquilo, triste).

4. Es difícil recordar todos estos nombres y fechas.
   —Pues por lo menos, (no se olvide, no se alegre, no se sorprenda) de los más importantes.

5. Espero que no venga Ramiro. Me siento nerviosa delante de él.
   —¿Por qué?
   —Porque cuando hablo, siempre (se olvida, se ríe, se acerca) de mí.

14. "How does one . . .?" — the impersonal se

When we say that something is impersonal, we mean that there's no particular person doing the action. In English, we sometimes say "one." Other times we say "you" or "a person, a guy," etc. In Spanish, we just say **se**. It makes life easier, doesn't it?

¿Cómo **se** sale de aquí?	How does one (do you, etc.) get out of here?
—**Se** abre la puerta, nada más.	One opens (you open) the door, that's all.
¿Dónde **se** coge el autobús?	Where does one (do you) get the bus?
—En la parada.	At the bus stop.
—Mil gracias.	Thanks a lot.
¿**Se** permite fumar aquí?	Does one permit smoking here? (Is smoking permitted?)
—Por favor, no.	Please, no.

Práctica

Conteste escogiendo la alternativa correcta:

1. Para llegar más rápidamente a Europa, ¿se toma el avión o se va en barco?   2. Para subir al piso veinte y cinco, ¿se camina o se toma el ascensor?   3. Para sacar buenas notas (grades) en los exámenes, ¿se juega mucho o se estudia?   4. Para defenderse contra el frío, ¿se pone un abrigo o sólo una camisa?   5. Para bañarse en el mar (sea), ¿se usa levis o un traje de baño?
6. Para lavarse el pelo, ¿se usa champú o peine?   7. Para estar seguro en el camino, ¿se maneja despacio o muy rápidamente?
8. Para ver en la noche, ¿se enciende o se apaga la luz?

(Suficiente, ¿no?)

REPASO RÁPIDO

1. Although the main use of the reflexive is to show that the subject is doing the action to itself, the reflexive can also make certain changes in the meaning of a verb. For example: **irse** (to go away), **quitarse** (to take off), **ponerse** (to put on or to become), and **dormirse** (to fall asleep).

2. The reflexive can also be used when the subject refers to no one in particular. This is called the *impersonal* **se**.

¿Cómo se aprende esto?	How does one learn this?
—Se estudia, nada más.	One studies, that's all.

Ejercicios

(You can check your answers in the back of the book.)

A. *Mire las ilustraciones, y complete según las indicaciones:*

1. Paquita, ¿por qué no   ¿por qué no   ¿por qué te
   te ___ ese ___?   te ___ estos ___?   ___ de tu ___?

2. Por favor, ¡no se ___ Ud.!   ¡no se ___!   ¡no se ___ Ud.!

B. *Exprese de una manera impersonal, usando* **se**.

Por ejemplo:

¿Cómo *hace Ud.* esto?   ¿Cómo se hace esto?

Salimos por la otra puerta.   Se sale por la otra puerta.

1. ¿Por dónde *entramos?*   2. ¿*Toma Ud.* el tren aquí?   3. ¿Cómo *saben* todo eso?   4. ¿*Aprenden* mucho en esta clase?   5. *Si trabajamos, ganamos* dinero.

¡Pepe! ¿No vas a salir nunca?

Pero es mi primer día de trabajo, y . . .

Jaime, tal vez alguien . . . sabe de un apartamento . . .

CUENTO   PEPE PULIDO Y COMPAÑÍA "Polished Joe" and Company

Apartamento 5E. Las siete y cuarto de la mañana, y la familia Prado acaba de levantarse.

Adela (golpeando en la puerta del baño):   Pepe . . . ¡Pepe! ¿No vas a salir nunca? ¡¡Pe-pe!! (Adela va a la cocina.)

5 Mamá, Pepe no me contesta.

Madre: Claro. Está duchándose. ¿Cómo te va a oír si está corriendo el agua?

Adela: Y con el radio **puesto**. Y él cantando como un loco, por media hora ya.   — turned on

10 Madre: Así es tu hermano, Adelita. Le gusta estar limpio. **Además**, no es media hora.   — Besides

Adela: Son veinte minutos, entonces.

Madre: Diez. Pepe **se despertó** a las siete **en punto**.   — woke up; on the dot

Adela: Pues yo tengo que vestirme y bañarme y peinarme

15 y . . .

Padre: Se baña primero y se viste después, Adelita.

Madre: **Calma**, hija. ¿Por qué no tomas un poco de café?   — Take it easy

Adela: Uds. pueden **reírse**. Pero es mi primer día de   — laugh
trabajo, y quiero que todo esté bien. Y quiero estar   — work

20 bonita, y . . .

Padre: ¿Cómo no vas a estar bonita? ¿No eres hija mía?

Adela: **En serio**, papá. Si no encontramos un apartamento   — Seriously
con dos baños, no sé qué voy a hacer.

Madre: Adelita tiene razón, Jaime. Tal vez **alguien, algún**   — somebody; some

25 amigo tuyo, sabe de un apartamento . . .

Padre: ¡Qué va! ¿Dos baños para cuatro personas?

Adela: Sí, papá. Si una de esas personas es mi hermano José . . . ¡¡Pepe!! ¿Me vas a dejar un poco de agua caliente?

Cuando yo era joven . . .
no teníamos ningún baño.

Aquí estoy, "Pepe Pulido".
¿Me dejaste algunas toallas?

Mira, te compré algo . . .
¡No quiero que huelas mal!

Padre: Yo no sé. Cuando yo era joven — y éramos seis
      hermanos, no sólo dos — no teníamos **ningún** baño.   any

Madre: ¿**Ninguno**? ¡Qué va! Había uno.   None?

Padre: Sí. Pero estaba en el **pasillo**. Y lo usaban también los   hall
      vecinos.

35 Adela: Pues aquéllos fueron otros tiempos. Ahora tenemos
      que lavarnos más de **una vez al mes**.   once a month

Madre: ¡Adela! ¿Así hablas a tu papá?

Adela: Perdón, papá. No quise decir que tú . . . Es que estoy
      un poco nerviosa por el **trabajo** nuevo.   job

40 Padre: Está bien, hija. Lo entiendo.

Adela: ¿Sabes? No es fácil ser **guía de turismo.** Hay   a tour guide
      miles de cosas que tengo que recordar. "Y ésta es la   thousands
      Calle **Tal**, que data del año no sé cuál."   Such-and-Such

Padre: Claro, hija. Es mucho . . . ¡Pepe! ¡¡Pepe!! Si no sales
45   inmediatamente . . .

(Se abre la puerta del baño.)

Pepe: Bueno, aquí estoy. ¡"Pepe Pulido", el original!

Adela: Hombre, por fin. ¿Me dejaste **algunas** toallas y un   some
      poco de jabón?

50 Pepe: Sí. Pero se acabó la crema dental. Papá, ¿me **prestas**   will you **lend**
      tu navaja? Me tengo que afeitar.

Adela: ¿Otra vez? ¿Con esos dos **pelitos** que tienes?   little hairs

Pepe: Sí, Adelita. Por lo menos son de mi color natural.

Adela: Mamá, papá, ¿oyen? Pepe quiere **que me ponga**   me **to get**
55   nerviosa. Quiere que me **olvide** de los nombres de los   forget
      lugares y que pierda mi trabajo.

Pepe: ¡Qué va, Adelita! Te deseo mucha suerte, realmente.
      Mira, te compré **algo** ayer. (Le da un frasco hermoso de   Look; **something**
      perfume.) ¿Ya ves? Por lo menos, ¡no quiero **que huelas**   you to **smell**
60   mal!

175

Adela: Ah, Pepito. Gracias. Muchas gracias.
Madre: Y todo va a **resultar** bien, hija. No te vas a olvidar   turn out
     de nada.
Padre: Claro, Adelita. ¿No eres hija mía?

Vamos a conversar

A. 1. ¿Dónde ocurre este cuento? ¿Qué hora es?
     2. ¿Qué acaba de hacer la familia Prado?
     3. ¿En qué puerta golpea Adela? ¿Quién está allí? ¿Acaba de entrar?
     4. ¿Qué tiene puesto Pepe mientras se ducha? ¿Qué más hace?
     5. ¿Qué tiene que hacer Adela? ¿Por qué tiene mucha prisa esta mañana?
     6. En su opinión, ¿quién es mayor — Adela o Pepe? ¿Cuántos años de edad tienen?
     7. ¿Qué quiere Adela que encuentre su familia?
     8. ¿Le gusta a su padre esa idea? ¿Por qué?
     9. Según Adela, ¿quién causa el problema en esa familia?
     10. ¿Hay una situación como ésta en la casa de Ud.? ¿Cuántas personas hay en su familia? ¿Es suficiente el número de baños? ¿Quién causa más problemas a ese respecto? ¿Le gusta a Ud. tomar una ducha larga o corta? ¿Le gusta quedarse mucho tiempo en el baño?

B. 1. ¿Cuántos hermanos había en la familia del señor Prado?
     2. ¿Dónde estaba el único (only) baño? ¿Quiénes lo usaban también?
     3. ¿Qué piensa Ud.? ¿Era rica, pobre o de la clase media la familia del señor Prado? ¿Dónde cree Ud. que vivía — en el centro o en el campo? ¿en una casa grande de apartamentos o en una casa pequeña suburbana o rural?
     4. ¿Qué trabajo va a comenzar hoy Adela? ¿Es fácil o difícil ese trabajo? ¿Por qué?
     5. ¿Quién sale por fin del baño? ¿Cómo se llama a sí mismo Pepe?
     6. ¿Qué le pregunta su hermana?
     7. ¿Qué cosa se acabó? ¿Qué pide Pepe que le preste su papá?
     8. Según Adela, ¿qué quiere Pepe? En su opinión, ¿tiene ella razón?
     9. ¿Qué le compró Pepe ayer a su hermana? Según él, ¿por qué se lo compró?
     10. A propósito, ¿le gusta a Ud. la familia Prado? ¿Es una familia típica? ¿Es una familia buena? ¿Hay mucho amor en ella? ¿De qué clase económica cree Ud. que es?

JUEGOS DE PALABRAS

¿Puede Ud. llenar los blancos? Como siempre, ¿está bien?

despertarse
(me despierto)
to wake up

¿Qué hace Ud. primero
cuando se despierta? _____ _____ _____ _____

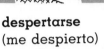  

ponerse
to put on;
to get (sick, etc.)

¿Qué se pone? _____ _____   ¡Ay, no!
¿Cómo se puso? _____

olvidar(se) de
to forget

¿De qué
se olvidó? _____ _____   **reírse de** (me río)   ¡Qué gracioso,
to laugh at   eh!

prestar
to lend

¿Me prestas
tu(s) . . . _____? _____? _____?   ¡Gracias!

oler
(huelo, . . .
olemos, . . .)
to smell

¿Huele bien
o mal . . .   un _____ de _____? el _____? _____
viejo? ¡Uf!

trabajo	¿Dónde encontraron		
job	trabajo?	_____	en la _____ en la _____

resultar
(and **salir**)
to turn out,
result

¿Cómo resultó (salió)
el trabajo?

¡ _____ !   ¡ _____ !

Además,
Besides ¡le pagamos buen dinero!

OBSERVACIONES

15. "Something – nothing"

¿RECUERDA UD.?

¿Qué tienes?   —Nada.   What do you have?   —Nothing.
¿Quién viene?   —Nadie.   Who's coming?   —Nobody.
¿Cuándo se van?   —Nunca.   When are they going away?   —Never.

In case you forgot: Spanish uses a double negative.

No tengo **nada**.   I don't have "nothing."
No conocemos a **nadie**.   We don't know "nobody."

Only when the negative comes *before* the verb can we omit **no**.

No viene nadie.
Nadie viene.   No one is coming.

No nos llaman nunca.
Nunca nos llaman.   They never call us.

These are the negatives you already know.
Now we're going to learn some more, plus the positive words that go with them all.

Positive	Negative
algo something	**nada** nothing; not . . . anything
alguien someone, somebody	**nadie** no one, nobody; not . . . anybody
algún, alguna(os, as) some, any	**ningún, ninguna** no, none; not . . . any
alguna vez ever	**nunca** / **jamás** never; not . . . ever

Observe:

1. **Algún** and **ningún** are used *before* a masculine singular noun. If for any reason they follow the noun or stand alone, they become **alguno, ninguno**:

   ¿Hay algún plato bueno aquí? —Seguramente hay alguno.
   ¿Tienen bombillas? —No, no tenemos ninguna.

2. The plural **ningunos, ningunas** is hardly ever used. Stay with the singular whenever you can:

   ¿Me prestas algunos papeles? —No tengo ninguno.

Ahora vamos a conversar. Pero recuerde: Esta vez Ud. va a contestar siempre con el negativo.

algo — nada

1. ¿Tiene Ud. algo para mí?   —No, no tengo nada . . .
2. ¿Trae algo para la clase?
3. ¿Sabe Ud. algo interesante?
4. (Lucila), ¿te ríes de algo?   —No, no me río . . .
5. (Silvia), ¿no me prometiste algo ayer?   —No, no te prometí . . .
6. (Martín), ¿te olvidaste hoy de algo?   —No, no me . . .
7. (Eduardo), ¿quieres que yo te ayude
   con algo?   —No, no quiero que . . .
8. (Marielena), ¿quieres que tus padres
   te compren algo?

alguien — nadie

1. ¿Viene alguien a visitarnos hoy?   —No, no viene nadie . . .
2. ¿Hay alguien brillante en esta clase?   —No, no hay nadie . . .
3. ¿Hay alguien muy musical?
4. ¿Conoce Ud. a alguien en el teatro?   —No, no conozco a . . .

5. ¿Pasó Ud. la tarde con alguien
   interesante ayer?
6. (Judit), ¿quieres que alguien te ayude
   con tu trabajo?   —No, no quiero que nadie . . .
7. (Bárbara), ¿esperas que alguien te
   lleve al cine hoy?
8. (Marcos), ¿deseas que alguien te
   despierte temprano mañana?

algún, alguna — ningún, ninguna

1. ¿Tiene Ud. algún dinero para
   prestarme?   —No, no tengo ningún . . .
2. ¿Tiene Ud. algún día favorito de la
   semana?
3. ¿Sabe Ud. preparar algún plato
   mexicano?
4. ¿Hizo su familia algún viaje el año
   pasado?
5. (Gloria), ¿recibiste algún mensaje
   urgente anoche?   —No, no recibí . . .
6. (Isabel), ¿hiciste alguna llamada
   importante?   —No, no hice ninguna . . .
7. (Víctor), ¿viste alguna cosa
   sensacional ayer?   —No, no vi . . .
8. (Roberto), la verdad, ¿encontraste
   alguna cosa difícil en esta lección? . . .
   (Ah, me alegro.)

alguna vez — nunca (jamás)

*Ahora conteste usando **nunca** o **jamás**. Generalmente, hay poca
diferencia entre ellos.*

1. ¿Recibiste alguna vez una postal   —No, no recibí nunca (o jamás) . . .
   de Tombuctú?   —No, nunca (jamás) recibí . . .
2. ¿Mandaste alguna vez un paquete
   a Uganda?
3. ¿Fuiste alguna vez a la corte   —No, no fui . . .
   criminal?   —No, . . .
4. ¿Tuviste alguna vez un accidente de   —No, no tuve . . .
   motocicleta?   —No, . . .
5. ¿Tuvieron Uds. alguna vez una boda   —No, no tuvimos . . .
   en su casa?   —No, . . .
                                           (¿Es verdad esto? ¡Ojalá!)

1. alguna, ninguna, ninguna   2. alguien, nadie   3. algún, ninguna   4. algo, nada   5. alguna, nunca
6. algunos, ninguno (ningún amigo)

Ejercicio

*Complete los diálogos siguientes usando algo — nada, alguien —
nadie, algún — ningún, etc.*

1. ¿Tiene Ud. _____ idea interesante para nosotros?   —No, no tengo
   _____ idea buena.   —¿Sabe? Ud. no tiene _____ confianza
   (confidence) en sí mismo(a).
2. Seguramente hay _____ aquí.   —Lo siento. No hay _____ hoy.
3. ¿Vamos a tener _____ tiempo libre (free) esta tarde?   —¡Qué va!
   Aquí se trabaja día y noche. Nadie tiene tiempo para _____
   diversión.   —¡Qué cosa, eh!
4. Acabo de ver _____ fantástico en el camino.   —¿Por qué no
   encuentro yo _____ fantástico jamás?
5. ¿Fueron Uds. _____ vez a Europa?   —No, no fuimos _____. (¡Cuidado
   aquí!)
6. ¿Sabes? Anoche estuvimos con _____ amigos tuyos.   —¡Qué
   curioso! ¡Yo no tengo _____!

REPASO RÁPIDO

algo something	**nada** nothing
alguien somebody	**nadie** nobody
algún, alguna(os, as) some, any	**ningún, ninguna** no, none
alguna vez ever	**nunca, jamás** never

Ejercicio

(You can check your answers in the back of the book.)
Exprese en español, según las indicaciones:

1. I want you to tell me something.   Quiero que me digas algo.
   I don't want you to tell me anything.   _____.
2. I hope you'll visit us some day.   Espero que Ud. nos visite algún día.
   I hope they'll visit us some afternoon.   _____.
3. Is there anyone like him?   ¿Hay alguien como él?
   Believe me, there's nobody like him!   ¡_____!
4. Do you have some Spanish friends?   ¿Tiene Ud. algunos amigos españoles?
   Don't you have any Spanish friend?   ¿_____?
5. Did you ever visit her at home?   ¿La visitó Ud. alguna vez en casa?
   Didn't you ever visit her at home?   ¿_____?
   (*Exprese de dos maneras.*)   ¿_____?

PANORAMA
POR FAVOR,
COMPREN UDS. . . .

1 "Así, hija. Con el cepillo en la mano derecha. Ahora arriba, abajo, arriba, abajo. Bien, muy bien. ¡Pero, chica! ¿Por qué olvidas siempre la crema dental?"

2 "Bueno, en dos minutos estoy lista. Me lavo la cara y . . . ¡Caramba! ¡Me entró jabón a los ojos! ¿¿Dónde está la toalla?? . . . Ahh, mejor. Ahora me arreglo el pelo con este cepillo, me pongo un poco de . . . ¡y ya!"

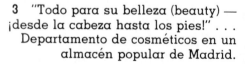

3 "Todo para su belleza (beauty) — ¡desde la cabeza hasta los pies!" . . . Departamento de cosméticos en un almacén popular de Madrid.

4 "Deja que tu pelo elija (let your hair choose) su champú. Ningún otro producto lo cuida y embellece (cares for and beautifies it) como . . ."

Deja que tu pelo elija su champú

El no conoce marcas, pero reconoce un champú que, además de embellecerlo, lo respete y lo cuide. Deja que tu peló elija a SCHEINS CHAMPU: los más puros elementos naturales, para otorgarle a tu pelo esa hermosura y vitalidad que siempre quisisté para él.

CHAMPU
Scheins

"salud"...

Salud para su boca!   Salud para su aliento!

Disfrute la frescura con el moderno Astringosol sabor Menta.
Disuelva unas cuantas gotas en medio vaso de agua y tendrá un efectivo enjuague bucal de acción desinfectante y un fresco sabor a menta.
Destruya las bacterias que causan el mal aliento.

Astringosol
SABOR
menta
CONCENTRADA
HIGIENE BUCAL
Desinfecta boca y garganta

ol* SABOR *menta*
entrado con acción desinfectante

...más suave.

WILLIAMS
Lectric shave

Usted no puede mejorar su afeitadora; pero puede mejorar su piel.
Con un masaje de Lectric Shave antes del afeitado, para limar asperezas, para facilitarle el camino a la máquina.
Es más: el efecto astringente de Lectric Shave cierra los poros y obliga a los pelos de la barba a enderezarse, con lo cual las cuchillas de su afeitadora los elimina de raíz. A la primera. Sin más pasadas.

Lectric Shave Williams.
¡Porque lo primero es la piel!

5 "Amigos, para la salud (health) de su boca, para un aliento (breath) fresco como un día de primavera, usen Uds. . . ."

6 "¿Sufre Ud. cuando se afeita? Pues para la felicidad de su piel (skin), compre Ud. . . ." Propaganda comercial. Lo mismo (the same) en todas las lenguas del mundo.

Lección Seis

Díganos ahora . . .

1. ¿Le gusta mirar el cielo? ¿Cuándo le parece más bonito — de día o de noche? ¿Vio Ud. alguna vez un eclipse del sol? ¿Le gusta mirar las estrellas?

2. Muchas personas dicen que la luna afecta nuestro cerebro, o por lo menos, nuestras emociones. En su opinión, ¿es verdad esto? A propósito, ¿sabe Ud. de dónde viene la palabra "lunático"?

3. ¿Tiene Ud. deseos de visitar la luna? ¿de viajar a otros planetas? ¿de ver todo el universo? En su opinión, ¿tenemos el derecho (right) de tratar de cambiar la naturaleza?

4. ¿Le gustan mucho a Ud. los animales? ¿Le gustan más los perros o los gatos? ¿Tiene Ud. uno en casa? ¿Le gustan los caballos (horses)? ¿Le gustan los insectos? ¿Sabe Ud. algo de la "civilización" de las hormigas?

5. ¿Es muy hermosa la tierra donde vive Ud.? ¿Hay montañas altas? ¿Hay muchos árboles? ¿y hierba verde? ¿y flores? ¿Hay muchos pájaros? En su opinión, ¿cuál es la estación más hermosa del año? ¿En qué estación cambian de color las hojas?

6. Y una cosa más: ¿Vive Ud. cerca o lejos del mar? ¿Hay una playa cerca de aquí? ¿Hay un río? Cuando Ud. era pequeño(a), ¿le gustaba jugar en la arena? ¿Le gusta todavía?

cielo
sky

luna
moon

el sol
sun

llover

nevar

estrella

tierra
earth, land

río river

perro
dog

el mar
sea

mosca

ormiga
ant

arena
sand

playa
beach

flor

hierba
grass

Interludio poético

¿Quiere leer con nosotros un corto poema popular? A ver qué le parece:

Las **mañanitas** de mayo,	early mornings
cuando comienza a **clarear,**	to get light out
los **pajarillos alegran**	small birds cheer you
con su **dulce gorjear,**	sweet warbling
y el **rocío** de la noche	dew
hace los **campos brillar.**	fields shine
¡Qué **alegre** está la mañana,	delightful
qué gusto **da respirar**	it gives to breathe
la fresca **brisa,** que llega	breeze
perfumada del pinar,	perfumed by the pines
mientras se escucha **a lo lejos**	in the distance
a un campesino cantar!	a farmer singing

Ahora, ¿qué dice? ¿Quiere escribirnos un poema también?

OBSERVACIONES

16. "Come here, baby!" — the affirmative **tú** commands

¿RECUERDA UD.?

Abra Ud. la puerta.	Open the door.
Cierre Ud. la ventana.	Close the window.
Hable Ud. en español.	Speak in Spanish.

These are all polite commands, given to you, **Ud.** Now we're going to give orders to the "friendly-you," **tú**.

A. How to tell "**tú**" to do something

The "Do it!" command for **tú** usually reverses the final vowel of the **Ud.** command: e ⟶ a, a ⟶ e. That's all!

hablar: ¡Hable Ud.!	¡Habla (tú)! Speak!
leer: ¡Lea Ud.!	¡Lee (tú)! Read!
escribir: ¡Escriba Ud.!	¡Escribe (tú)! Write!

In other words, it is the only command form that doesn't use the subjunctive.[1] However, object pronouns still go at the end.

Nico, **cierra** la puerta y **abre** la ventana.	Nicky, close the door and open the window.
—¡**Ábrela** tú!	You open it!
—¡¡Cómo!!	What!!!
Vive y **deja** vivir.	Live and let live.
—¡Olé!	Hooray!

Vamos a practicar.

Le vamos a dar unas órdenes, muy cortésmente, a "Ud." Pero Ud. las va a pasar inmediatamente a otra persona, a un amigo o una amiga — "tú". Por ejemplo:

Levante Ud. la mano derecha.   —(Riqui), levanta la mano derecha.

Y ahora Riqui la tiene que levantar.   ¿Comprende? Vamos a continuar.

---

[1] As a matter of fact, it uses the **Ud.** form of the present indicative!

Levante Ud. . . .   —Levanta (tú) . . .

1. Levante Ud. la mano derecha.   —(. . .), levanta . . .
2. Levántela encima de la cabeza.
3. Levántese Ud.   —(. . .), levántate.
4. Siéntese.
5. ¡Despiértese Ud.!
6. Péinese el pelo.
7. Présteme su lápiz.   —. . . tu lápiz.
8. Apague las luces.
9. Pase a la pizarra.
10. Escriba el número de su teléfono. —. . . de tu teléfono.
11. Escriba la dirección de su casa.
12. Vuelva a su asiento.
13. Deme la mano.   —(. . .), dame . . .

Repita: ¡Suficiente ya!

B. There are only a few special forms. And most of these are just
short-cuts of the infinitive.

---

venir:	¡**Ven**!	Come!
tener:	¡**Ten** paciencia!	Have patience!
salir:	¡**Sal** ahora mismo!	Leave right now!
poner:	¡**Pon**los allí!	Put them there!
hacer:	¡**Haz**lo mañana!	Do it tomorrow. (Why does **haz** have a **z**?)
ser:	**Sé** bueno, mi amor.	Be good, my love. (Why is there an accent on **sé**?)
decir:	¡**Di** la verdad!	Tell the truth.
ir:	¡**Ve** a tu mamá!	Go to your Mom.

---

*Practiquemos un poco más. Pero esta vez, nadie tiene que actuar
(act out).*

Venga Ud. . . .   —Lolita, ven (tú) . . .

1. Venga Ud. a mi fiesta.   —(. . .), ven . . .
2. Venga pronto.
3. Téngalo listo para mañana.   —(. . .), tenlo . . .
4. Téngame compasión.
5. Salga Ud. por esta puerta.   —(. . .), sal . . .
6. Salga mañana por la mañana.
7. Ponga las flores aquí.   —(. . .), pon . . .
8. Póngalas en esta jarra.   —(. . .), ponlas . . .

9. Póngase esa camisa.   —(. . .), ponte . . .
10. Póngasela ahora mismo (right now).   —Ponte . . .
11. No. ¡Quítesela!   —No. Quita . . .
12. Hágame un favor.   —(. . .), hazme . . .
13. Háganos una comida mexicana.
14. Sea Ud. mi amigo (amiga).   —(. . .), sé . . .
15. Sea mi amor.
16. Díganos dónde vive.   —(. . .), dinos, . . .
17. Díganoslo todo.
18. Vaya a la oficina del jefe.   —(. . .), ve . . .
19. ¡Váyase! (Go away!)   —(. . .), ¡. . .!

17. "Don't forget!" – the negative **tú** commands

How do we tell "**tú**" *not* to do something? You can figure this one out.

No me llame Ud. hoy.
No me llames (tú) hoy.   Don't call me today.

No les diga nada.
No les digas nada.   Don't tell them anything.

No se lo ofrezca a él.
No se lo ofrezcas a él.   Don't offer it to *him*.

¡No se olvide!
¡No te olvides!   Don't forget!

¡Así es! The negative **tú** command just adds –s to the **Ud.** command. (We're back in the subjunctive again!) Of course, object pronouns go *before* the verb.

Vamos a practicar

A. *Cambia a tú las órdenes siguientes. (Somos amigos ya, ¿entiendes?)*
1. No nos siga Ud.
2. No lo marque todavía.
3. No me moleste ahora.
4. No le grite así.
5. Por favor, no la castigue.
6. No se acueste muy tarde. (No te . . .)
7. No se acerque a él.
8. No las encienda todavía.
9. No las apague nunca.
10. No se olvide, por favor.
11. No lo haga así.
12. No se los ponga hoy. (No te . . .)

1. No nos sigas.   2. No lo marques todavía.   3. No me molestes ahora.   4. No le grites así.   5. Por favor, no la castigues.   6. No te acuestes muy tarde.   7. No te acerques a él.   8. No las enciendas todavía.   9. No las apagues nunca.   10. No te olvides, por favor.   11. No lo hagas así.   12. No te los pongas hoy.

B. *Ahora lee los diálogos y escoge la conclusión correcta:*

1. Ramón simplemente no sabe manejar. Anda muy rápidamente, no se cuida jamás en el camino, y siempre tiene accidentes. ¡Qué cosa, eh!
   —Pues entonces, (préstale mi coche nuevo, no vayas nunca con él, no tengas miedo de ir con él).

2. Estoy locamente enamorado de Elisa. Pienso sólo en ella. Sueño con ella. No puedo pasar un día sin ella.
   —Pues hombre, (no la veas más, no la llames todos los días, cásate con ella).

3. Oye, chico, acabo de comprar un disco fabuloso.
   —¡Qué bien! (Tócamelo. Juega con ella. No me lo robes.)

4. Tengo que levantarme a las seis de la mañana si quiero llegar a tiempo.
   —Muy bien, (no te despiertes a la medianoche, acuéstate temprano esta noche, vístete con el traje nuevo).

5. Julita, prométeme que no te vas a perder en el centro, y que no vas a hablar con nadie. Siempre hay personas malas y . . .
   —Por favor, no hables así. (Repítemelo todo. Espérame toda la noche. No me pongas nerviosa.)

REPASO RÁPIDO

1. How to tell "**tú**" to do something:

   Use the **Ud.** form of the present indicative.
   sacar, saca; cerrar, cierra; mover, mueve

   Special forms: ven, ten, sal, pon, haz, sé, di, ve

   Object pronouns are attached to the end.
   Sácala.   Ciérralo.   Muévelos.

2. How to tell "**tú**" not to do something:

   Use the **tú** form of the present subjunctive. Object pronouns go *before* the command.
   No la saques.   No lo cierres.   No los muevas.

Ejercicios

(You can check your answers in the back of the book.)

A. *Estudia las ilustraciones, y después danos unas órdenes. (Por favor, usa siempre la forma de **tú**.)*

Por favor,

1. _____ _____ _____ _____ te.

2. _____ _____ _____ telo. _____ telo.

Por favor,

3. no _____. no _____. no _____. no te _____.

4. no _____. no _____. no _____. no _____.

B. *Ahora dales estas órdenes a algunos amigos:*
   1. Tell someone to wait for you after class.
   2. Tell someone to lend you something.
   3. Tell someone to be careful (cuidarse) this evening.
   4. Tell someone not to come late tomorrow.
   5. Tell someone to please not make a lot of noise.

Rápido, Jorge, pásame el matamoscas.

¡No uses las salchichas para saltar a la comba!

Rafaelito, ¡quítate esa culebra del cuello!

CUENTO PICNIC

Hace un día magnífico de verano y la familia Sender está
reunida. El sol **brilla,** los pájaros cantan, las flores **sonríen,**
y las hormigas corren felices sobre el **mantel** rojo **tendido**
en la hierba.

5 Víctor: Rápido, Jorge, pásame el **matamoscas.**

Jorge: ¿Por qué? "Vive y deja vivir", digo yo. ¿Qué te importa
si hay tres moscas más en el mundo?

Víctor: No son moscas. Son mosquitos. ¿Quieres que me
coman **entero?**

10 Amanda: ¡Por Dios, Manuelita! ¡No uses las salchichas
para saltar a la comba!

Víctor: **Vamos,** Jorge, dame el . . . ¡Ajá! . . . Gracias, hombre,
me salvaste la vida.

Jorge: De nada, Víctor. ¿Qué no hago yo por mi familia?

15 **A propósito,** Silvia, ¿Elvira no viene?

Silvia: Dijo que sí, si puede.

Jorge: ¿Ya ven? ¿No la conozco? Elvira no viene.

Silvia: Sí, viene.

Jorge: ¿Cuánto me **apuestas?** Pon aquí tu dinero y . . .

20 Silvia: Yo no apuesto más que mi opinión.

Jorge: ¿Tu opinión? Pero eso no vale nada.

Chalo: ¡**Ea,** hombre! Hazme el favor de hablar mejor a mi
esposa.

Jorge: ¿Yo? ¿Qué . . .?

25 Chalo: Oye, Jorge, no me hagas . . . ¡Niños! ¡**Dejen de
pelear!** . . . Yo no sé. Estos chicos . . .

Amanda: Rafaelito, ven aquí . . . Ahora dime, hijo, ¿es eso
un gato que tienes? . . . ¡Ayyyyyyy!

Víctor: ¡¡Rafaelito, quítate esa **culebra del cuello!!**

all together; is
shining; are **smiling;**
tablecloth; spread

fly swatter

whole

to **jump** rope
Come on
you **saved** my life

By the way

do you bet

Hey

Stop fighting!

snake off your neck

191

Yo rocié la ensalada
con "Mata-Todo".

Manuelita, cubre las
hamburguesas.

¡Una ambulancia!

No sé por qué vengo yo
a estas reuniones.

● Olga:　¡Me muero! ¡Acabo de comer una hormiga!

Jorge:　Una sola hormiga **no mata** a nadie.　　　　　won't **kill**

Olga:　Yo pensé que era una hoja de **perejil**, y ahora veo que　　parsley
hay más, y . . .

Rafaelito:　No importa, tía Olga. Están **muertas. Yo rocié** la　　dead; I **sprayed**

35　　ensalada con **"Mata-Todo"**.　　　　Kill-All

Olga:　¿Tú . . . qué? Jorge, pide una ambulancia. Me voy a
morir.

Amanda:　**No te preocupes**, Olga. Ese "Mata-Todo" no mata　　Don't worry
nada.

40　Víctor:　Es verdad. Yo creo que tiene vitaminas para los
animalitos. Ayer rocié una **abeja** y se puso diez veces más　　bee
grande.

Jorge:　¡No me digas! Mañana voy a rociar todo mi dinero.

Olga:　Muy bien, Jorge, ríete. **Disfruta de** mis últimos momentos　　Enjoy

45　　**en la tierra**.　　　　on earth

Silvia:　Por favor, Olga, no seas así. No te va a pasar nada.
Y hace un día magnífico. Mira los árboles y las flores y
el sol . . .

Olga:　¿Qué sol? Está comenzando a llover. Rápido, Manuelita,

50　　**cubre** las hamburguesas.　　　　cover

Manuelita:　No puedo, mamá. El perro las comió.

Amanda:　La **próxima** vez, ¿por qué no vamos a la playa?　　next

Chalo:　¿A la playa? Pero no te gusta la arena.

Amanda:　Me gusta más que las hormigas.

55　Olga:　Hormigas . . . hormigas. ¿Cuándo me llevan al hospital?

Jorge:　Elvira tiene razón. No sé por qué vengo yo a estas
reuniones.

Silvia:　Porque **nos extrañas**, tonto, ¿no sabes?　　you miss us

Vamos a conversar

A. 1. ¿Dónde está la familia Sender ahora? ¿La recuerdas tú de *Hola, Amigos*?
   2. ¿Qué estación del año es? ¿Qué tiempo hace? ¿Puedes describirnos un poco la escena?
   3. ¿Qué quiere Jorge que Víctor le pase?
   4. ¿Qué le contesta Jorge?
   5. ¿Qué está haciendo Manuelita con las salchichas? ¿Cuántos años crees que tiene la chica?
   6. ¿Qué le pregunta Jorge a Silvia? ¿Qué contesta ella?
   7. ¿Está contento Jorge de aceptar su opinión? ¿Qué más quiere que ella ponga?
   8. ¿Qué le dice Chalo a Jorge? A propósito, ¿quién es Chalo?
   9. ¿Encontró Rafaelito un gato en el campo? ¿Qué le grita Víctor, su papá?
   10. En tu opinión, ¿qué tipo de niño es Rafaelito? ¿Cuántos años crees que tiene? ¿Conoces a un niño como él? ¿Eras tú antes como él?

B. 1. ¿Qué acaba de comer Olga? ¿Quién es Olga? ¿La conoces un poco ya?
   2. ¿Por qué dice Rafaelito que no importa?
   3. ¿Con qué roció Rafaelito la ensalada?
   4. ¿Qué quiere Olga que Jorge pida? ¿Adónde quiere que la lleven?
   5. Según Víctor, ¿funciona muy bien el producto "Mata-Todo"?
   6. ¿Para qué lo va a usar Jorge? ¿Se ríe de esa idea Olga?
   7. ¿Qué le dice Silvia a Olga?
   8. ¿Qué quiere Olga que Manuelita cubra ahora? ¿Por qué no puede cubrirlas?
   9. ¿Adónde recomienda Amanda que vayan todos la próxima vez?
   10. ¿Está muy contento Jorge con estas reuniones de familia? ¿Se divierten mucho todos? En tu opinión, ¿es una familia muy simpática? ¿muy unida (close)? ¿muy normal? ¿Quiénes te gustan más? ¿Quiénes te gustan menos?

JUEGOS DE PALABRAS

brillar
to shine

¿Qué brilla más?   el _____   la _____   una _____

¿A quién le gusta . . .?   **pelear** to fight   **matar** to kill   ¿Qué deseamos siempre?   la _____

salvar una **vida** to save a life   **sonreír** (sonrío, . . . sonreímos, . . .) to smile   ¿Por qué sonríe?   ¿Salvaste tú alguna vez una vida?

rociar (rocío, . . . rociamos, . . .) to spray, to sprinkle   ¿Qué rociaban?   las _____   las _____   la _____

cubrir to cover   Cubrimos la _____ **entera** con el **mantel**.
whole   tablecloth

Cubrimos el _____ entero con la _____.

saltar to jump   Saltó por encima de   la _____   _____

194

A propósito, **By the way**	¿Cuándo es el **próximo** tren? next	_____ a las _____

	¿Cuándo es la próxima función?	_____ a las _____

OBSERVACIONES

18. All the commands together

How do we form commands?

	Affirmative (Speak!)	*Negative* (Don't speak!)
Ud.	Present subjunctive: **Hable.**	Present subjunctive: **No hable.**
Uds.	Present subjunctive: **Hablen.**	Present subjunctive: **No hablen.**
nosotros	Present Subjunctive: **Hablemos . . .** or **Vamos a hablar.**	Present subjunctive: **No hablemos.**
tú	Reverse the ending vowel of the Ud. command (e → a, a → e): **Habla.**	Present subjunctive: **No hables.**

Special forms: **ven, ten, pon, sal, haz, sé, di, ve**

Remember: Object pronouns go at the end of an affirmative command: **Hábleme.**
Object pronouns go *before* a negative command: **No me hable.**

Ejercicios

A. *Mira por un momento las ilustraciones y después úsalas para dar órdenes:*

1. Niño, ¡_____ esas manos!   ¡_____ temprano!   ¡_____me!   ¡_____ en paz!

2. Sr. Alas, ¡_____se Ud.!   ¡_____melo!   ¡_____se!   ¡_____lo!

3. Chica, ¡no _____!   ¡no lo _____!   ¡no _____ahora!   no los _____ aquí.

4. Hombres, ¡no los _____!   ¡no lo _____!   ¡no se _____!   ¡no se _____!

B. *Cambia a* **nosotros** *las órdenes siguentes:*

1. Apréndalo. 2. Sepa la verdad. 3. Búsquelas. 4. Condúzcalo.
5. No se lo pida. 6. No pelee. 7. No las mate. 8. No se olvide.
(No nos . . .)

REPASO RÁPIDO

1. All commands, except the affirmative ("Do it!") command for **tú** come from the present subjunctive.

2. The affirmative commands for **tú** just reverse the final **e** to **a, a** to **e** of the **Ud.** command. The only exceptions are:
ven, ten, pon, sal, haz, sé, di, ve.

3. The affirmative "Let's . . ." can also use **Vamos a** + an infinitive.

Ejercicio

(You can check your answers in the back of the book.)
Exprese en español, según los modelos:

1. Give it to me. (tú)　　　　　　Dámelo.

   Give it to me. (Ud.)　　　　　　———————
   Give it to him. (Uds.)　　　　　———————
   Don't give it to him. (Uds.)　　———————

2. Don't lie. (Ud.)　　　　　　　No mienta.

   Don't lie. (tú)　　　　　　　　———————
   Don't lie. (Uds.)　　　　　　　———————
   Let's not lie!　　　　　　　　　——————— (¡Cuidado!)

3. Go to the store. (tú)　　　　　Ve al almacén.

   Go to the movies. (Ud.)　　　　Vaya ——————
   Go away! (Ud. — irse)　　　　　———————
   Don't go away! (Uds.)　　　　　———————

PANORAMA
LA VIDA NATURAL

1 Molinos de viento (windmills) en la Mancha, tierra de don Quijote . . . La región central de España es alta y seca (dry). Al norte y al sur hay montañas. Pero no muy lejos se encuentran el azul Mediterráneo y la Costa del Sol (Sun Coast). Tierra de contrastes.

2 La hermosa Playa del Paraíso (Paradise Beach) en Acapulco, México. Miles de turistas vienen todos los años a descansar y jugar bajo (under) el sol mexicano, y a disfrutar (enjoy) de los magníficos hoteles.

3 La inmensa pampa argentina es una de las tierras más ricas y fértiles del mundo. Y el gaucho que la habita es como nuestro "cowboy" de tiempos pasados. Pero poco a poco la figura del gaucho está desapareciendo (disappearing) con el avance de la civilización moderna.

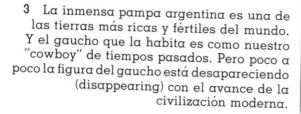

4 Los majestuosos Andes, que cruzan (cross) el continente sudamericano de norte a sur, causan grandes problemas de transporte y comunicación. Así, hay muchas personas en sus zonas más altas que tienen poco contacto con el mundo de fuera.

5 "La flor de la pasión" y otras plantas del desierto, adornan la costa del Perú. Pero a poca distancia se levantan los altos Andes, y la geografía cambia dramáticamente otra vez.

6 "¿Habla Ud. español?" Un loro (parrot) espera la visita de turistas norteamericanos . . . Hay innumerables pájaros tropicales en las selvas (forests) y junglas de Latinoamérica. Desafortunadamente, ¡muy pocos hablan inglés!

199

7 Un perezoso (sloth) y su hijo descansan tranquilamente bajo el sol de la mañana, y a la sombra (in the shade) de la tarde, y a la luz de la luna . . . "Hombre, ¿por qué me voy a mover si estoy tan bien (so well off) así?"

8 Hora del almuerzo para una pareja (pair) de guanacos, habitantes de los Andes . . . El guanaco es un pariente cercano (close) del llama y de la alpaca, bestias de carga (burden) en aquellos lugares donde el coche y el tren no se atreven a llegar.

9 "¿Me encuentra Ud. bonita?" . . . Una iguana sonríe para el fotógrafo en la Islas Galápagos, cerca de la costa del Ecuador. "Pues tal vez si me compro un vestido nuevo . . ."

Repaso, Lecciones 4–6

I. Repaso General

A. Special forms of the present subjunctive (**Observaciones 10** and **11**)

1. Almost all irregular verbs base their present subjunctive on the **yo** form of the present indicative.

   tengo: tenga, tengas, tenga, tengamos, tengan
   produzco: produzca, produzcas, etc.

2. There are four exceptions. Three of them are:

   ser: sea, seas, sea, seamos, sean
   saber: sepa, sepas, sepa, sepamos, sepan
   ir: vaya, vayas, vaya, vayamos, vayan

   The fourth — **haya, hayas,** etc. — comes from the verb **haber**, which we have not studied yet.

3. In the **nosotros** form of **–ir** stem-changing verbs, the **e** of the stem becomes **i**, the **o** becomes **u**. In all other persons, the usual present indicative pattern remains.

   sentir: sienta, sientas, sienta, sintamos, sientan
   servir: sirva, sirvas, sirva, sirvamos, sirvan
   dormir: duerma, duermas, duerma, durmamos, duerman

B. Another use of the subjunctive: Emotion (**12**)

Whenever we express emotion (joy, sadness, anger, etc.) about what someone else is doing, that action must be in the subjunctive.

Me alegro de que		I'm glad that they're going.
Siento que	**VAYAN.**	I'm sorry that they're going.
Me molesta que		It annoys me that they're going.
Me sorprende que		I'm surprised that they're going.

Since there are four sources of structure drills (the lesson itself, the back of the book, the workbook, and the tapes) no additional drills are given in the **Repasos**.

C. More about the reflexives (13 and 14)

1. The reflexive can sometimes change the meaning of a verb, or make it stronger.

ir to go	irse to go away
dormir to sleep	dormirse to fall asleep
poner to put	ponerse to put on; to get (+ an adjective)
quitar to take away	quitarse to take off
caer to fall	caerse to fall down
reír to laugh	reírse de to laugh at

2. The impersonal **se** means that "one" (nobody in particular) is doing the action. English sometimes uses "you" in this way.

¿Cómo se dice . . .?	How does one say . . .?
	(How do you say . . .?)
Se toma el metro aquí.	One takes the subway here.
	(You take . . .)

D. Something, nothing, etc. (15)

algo something	nada nothing
alguien somebody, someone	nadie nobody, no one
algún (alguno, a, os, as) some	ningún (ninguno, a) no, none
alguna vez ever, at some time	nunca, jamás never

E. Chart of Commands (16, 17, and 18)

	Affirmative (Read!)	Negative (Don't read!)
Ud.	Present subjunctive: **Lea.**	Present subjunctive: **No lea.**
Uds.	Present subjunctive: **Lean.**	Present subjunctive: **No lean.**
nosotros	Present subjunctive: **Leamos** or **Vamos a leer.**	Present subjunctive: **No leamos.**
tú	Reverse the ending vowel of the Ud. command (e → a, a → e): **Lee.**	Present subjunctive: **No leas.**

Special forms: **ven, ten, pon, sal, haz, sé, di, ve**

Remember: Object pronouns go at the end of an affirmative command: **Léalo.**

Object pronouns go *before* a negative command: **No lo lea.**

II. Vocabulario Activo

a propósito   by the way, 6
acercarse a   to approach, go up to, 4
además   besides, 5
afeitarse   to shave, 5
algo   something, 5
alguien   someone, somebody, 5
algún, alguno(a, os, as)   some, any, 5
alguna vez   ever, 5
alegrarse (de)   to be happy (about), be glad, 4
el árbol   tree, 6
arena   sand, 6
arreglar   to fix, arrange, 4
asiento   seat, 4
astro   star, 4
bañarse   to take a bath, 5
brillar   to shine, 6
cepillo   brush; –dental toothbrush, 5
cielo   sky, 6
colegio   high school, 4
comedia   comedy, play, 4
crema dental   tooth paste, 5
cubrir   to cover, 6
el champú   shampoo, 5
de repente   suddenly, 4
despertarse (me despierto)   to wake up, 5
el drama   play, drama, 4
ducha   shower, 5
ducharse   to take a shower, 5
ensayar   to rehearse, try out, 4
entero   entire, whole, 6

entrada   entrance; admission, 4
escritor(a)   writer, 4
estrella   star, 4
fila   row, 4
frasco   small bottle, flask, 5
fumar   to smoke; No Fumar   No Smoking, 4
la función   performance, 4
gato   cat, 6
hierba   grass, 6
hoja   leaf, 6
hormiga   ant, 6
el jabón   soap, 5
jamás   never, (not) . . . ever, 5
juntos   together, 4
lado   side, 4
limpio   clean, 5
luna   moon, 6
el mantel   tablecloth, 6
el mar   sea, 6
matar   to kill, 6
navaja   razor, 5
ningún, ninguno(a, os, as)   no, none, 5
¡Ojalá . . .!   Oh, if only . . .!, How I hope . . .! 4
oler (huelo, hueles, huele, olemos, huelen)   to smell, 5
olvidar(se de)   to forget (about), 5
orquesta   orchestra, 4
pájaro   bird, 6
el papel   role, part (in a play), 4
peinarse   to comb one's hair, 5

el **peine**   comb, **5**

pelear   to fight, **6**

el **perfume**   perfume, **5**

perro   dog, **6**

playa   beach, **6**

ponerse   to put on; –(**enfermo,**
   nervioso, etc.)   to get, become . . ., **5**

prestar   to lend, **5**

próximo   next, **6**

público   audience, **4**

reír(se de) (me río)   to laugh (at), **5**

resultar (also **salir**)   to result, turn out, **5**

río   river, **6**

rociar (roció, rocías, rocía,
   rociamos, rocían)   to spray; sprinkle, **6**

salida   exit; departure, **4**

saltar   to jump, **6**

salvar   to save, **6**

el **sol**   sun, **6**

sonido   sound, **4**

sonreír (sonrío)   to smile, **6**

sorprender   to surprise, **4**

teatro   theater, **4**

el **telón**   (theater) curtain, **4**

temer   to fear, be afraid, **4**

tierra   land; earth, **6**

toalla   towel, **5**

trabajo   work; job, **5**

último   last, **4**

vida   life, **6**

Juegos de Palabras

A. *Contemos los segundos . . .*   (free response)

1. En 30 segundos, ¿cuántas palabras puedes decirnos relacionadas con la naturaleza?
2. En 35 segundos, ¿cuántas palabras puedes decirnos relacionadas con el teatro o el cine?
3. En un minuto, ¿cuántas palabras nos dices relacionadas con el baño?

B. **Suggested answers:** peine, ducha, entrada, salida, función, trabajo, escritor, baño, sentado

B. *Aquí tienes una lista de verbos. ¿Qué otras palabras — nombres (nouns), adjetivos, adverbios, etc. — encuentras en ellas?*

Por ejemplo: acercarse — <u>cerca</u>

peinarse, ducharse, entrar, salir, funcionar, trabajar, escribir, bañarse, sentarse

C. *¿Puedes encontrar en cada uno de estos grupos la palabra que no corresponde?*

1. sonido, oír, orquesta, ruido, <u>oler</u>, oído, música, disco
2. alegrarse, felices, amor, novios, <u>triste</u>, enamorados, salir bien
3. pelo, cepillo, peinarse, rubio, <u>moreno</u>, cortar, <u>coser</u>, peine
4. despertarse, <u>mentir</u>, cama, abrir los ojos, temprano o tarde, dormir, soñar, levantarse
5. playa, mar, río, bañarse, traje de baño, <u>traje</u>, verano, sol

D. olvidar(se) - recordar, pelear - dejar en paz, algún - ningún, alguien - nadie, algo - nada, salida - entrada, matar - salvar, juntos - solo, mar - tierra, sonreír - estar triste, hacer sol - llover

D. *Esta vez, busca en el Grupo 2 lo opuesto de cada palabra del Grupo 1.*

1: olvidar(se), pelear, algún, alguien, algo, salida, matar, juntos, mar, sonreír, hacer sol

2: nadie, entrada, salvar, recordar, dejar en paz, estar triste, solo, llover, tierra, nada, ningún

E. Crucigrama

Horizontal

1. Afeitadora no eléctrica
7. Iniciales de Francisco Morales
9. Asientos juntos
10. Terminación femenina de "escritor"
11. "¡Agua! ¡Agua!"
12. Destruir para siempre
14. Escuchaba
15. Un condimento delicioso
16. No "está"
17. ¡Hombre, estás 1 . . .!
18. Artículo
19. Los usamos para ver
20. Alto y verde
24. Emplea
25. La encontramos en la boca
27. ¡Pum! ¡En ese momento!

Vertical

2. Quitarse los pelos de la cara
3. Toda mi . . .
4. Contracción
5. ¡Nunca!
6. Preparan un asado
7. De perfume o de champú
8. Océano
13. Un miembro de mi familia
18. Complemento (Object) de un verbo
21. Un tipo de café o taberna
22. ¡Hurra!
23. Labio (en inglés)
26. Mira

205

Lección Siete

Dinos . . .

1. ¿Escuchas las noticias mucho en la radio? ¿O prefieres verlas en la televisión? ¿A qué horas son los programas de noticias aquí? ¿Te interesan más las noticias locales o las del mundo?

2. ¿Lees un periódico todos los días? ¿Cómo se llama el mejor periódico de tu ciudad (city) o pueblo? ¿Qué revistas te gustan más?

3. Hablando de noticias y de nuestro mundo, dinos: ¿Quién es presidente ahora de nuestro país? ¿Cuándo van a ser las próximas elecciones presidenciales?

4. ¿Cómo se llama el (o la) alcalde de este pueblo? ¿Sabes el nombre de un senador? ¿y de algún miembro del Congreso? ¿Deseas ser alcalde algún día? ¿gobernador(a)? ¿o general del Ejército? En tu opinión, ¿es necesaria la guerra?

5. ¿Hay algún miembro de tu familia en el Ejército? ¿en la Marina? ¿en la Fuerza Aérea? ¿Hay un(a) policía en tu familia? ¿Hay un bombero? ¿Te interesa a ti alguna de estas ocupaciones?

6. ¿Tuvieron Uds. recientemente una huelga importante en este pueblo? ¿Tuvieron alguna vez una huelga de los telefonistas? ¿una huelga en los trenes? ¿una huelga en una cárcel?

Noticiero (Newscast)

Imagínate que trabajas en una estación de radio. En este momento
son las seis de la tarde, hora de las noticias del mundo. Vamos a
ver cómo llenas los blancos para completar este noticiero.

"Buenas _____, damas y _____. La Compañía _____ tiene el gusto
de _____ las últimas _____ del _____.

"(Nombre de un pueblo o ciudad): El (La) (presidente, alcalde, etc.)
de nuestro _____ acaba de anunciar la terminación de la huelga
de los _____.

"(Nombre de otro pueblo o ciudad): La _____ está buscando al
famoso criminal, (nombre del ladrón), que robó el _____ Nacional
hace dos semanas.

"(Nombre del mismo ladrón) escapó de la cárcel (dinos cuándo).
Se cree que está en (indica dónde).

"(Nombre de la capital): En una reunión especial celebrada
(indica cuándo) en esta ciudad, los jefes del Ejército, de la _____ y
de la _____ anunciaron que . . .

"¡Boletín! Interrumpimos este _____ para traerles un boletín . . .
Según información semi-oficial, los bomberos van a declarar una
_____, probablemente (indica cuándo). Todo el mundo espera que
haya una resolución rápida de la crisis y que los _____ vuelvan
pronto a su _____.

"_____, gracias por su atención. No se olviden Uds. de comprar _____,
el mejor producto para su _____. Y les rogamos que escuchen mañana
a la misma _____ nuestro _____. Hasta _____, entonces, gracias otra
vez, y _____."

OBSERVACIONES

19. "Tired? — No, just occupied." — about past participles[1]

¿RECUERDAS?

¿Estás **cansada**?	Are you *tired*?
—No, sólo **ocupada**.	No, just *occupied*.
¿Dónde están **sentados**?	Where are they *seated*?

Cansado, ocupado, sentado are past participles you already know.
Spanish past participles are usually formed like this:

A. The usual past participles

hablar:	**hablado**	spoken	dar: **dado**	given
querer:	**querido**	dear, beloved	ir: **ido**	gone

En otras palabras: **–ar** verbs change the infinitive ending to **–ado.**
–er and **–ir** verbs change it to **–ido.**

Vamos a practicar:

1. cansado, descansado 2. vestido, perdido 3. estado, sido
4. casado, olvidado 5. lavado, dormido 6. parado, sentado

1. cansar: _____ (tired); descansar: _____ (rested)
2. vestir: _____ (dressed); perder: _____ (lost)
3. estar: _____ (been); ser: _____ (been — ¡también!)
4. casar: _____ (married); olvidar: _____ (forgotten)
5. lavar: _____ (washed); dormir: _____ (asleep)
6. parar: _____ (stopped, standing); sentar: _____ (seated, sitting)

B. The special forms

Actually, there are very few. What's more, there are some you
already know.

abrir:	**abierto**	open	decir:	**dicho**	said, told
cubrir:	**cubierto**	covered	hacer:	**hecho**	made, done
morir:	**muerto**	dead	ver:	**visto**	seen
volver:	**vuelto**	returned	escribir:	**escrito**	written
poner:	**puesto**	put, turned on	romper:	**roto**	broken

---

[1] The past participle is a verb form that has no subject of its own. Most English
past participles end in **–ed**: repeated, completed. Other common ones are: given,
gone, seen, done, written, spoken, etc.

1. abierta   2. muertas   3. cubiertas   4. puesto   5. bien dichas   6. hecha   7. rotas   8. vistos

Practiquemos otra vez:

1. un frasco abierto; una caja ____
2. una mosca muerta; unas hormigas ____
3. el piso cubierto; las mesas ____
4. las luces puestas; el televisor ____
5. una cosa bien dicha; unas líneas bien ____
6. un trabajo bien hecho; una comida bien ____
7. un vaso roto; tres tazas ____
8. una cosa nunca vista; unos pájaros nunca ____

C. As you can see, the past participle is used very often as an adjective:

¿Por qué no estás vestido?
—Porque estuve ocupado.

Why aren't you dressed?
Because I was busy.

¿Estás enamorada, Julieta?
—Sí, Romeo, ¡pero no de ti!

Are you in love, Juliet?
Yes, Romeo, but not with you!

Y ahora, un ejercicio escrito.
—Por favor, ¡hoy no!

And now, a written exercise.
Please, not today!

Ejercicios

A. *¿Cómo asocias las ideas de los Grupos 1 y 2?*

1	2
una ventana abierta b f n	a leer / hace calor / una fiesta de cumpleaños / Mata-Todo / una fila larga / no hay aire acondicionado /
un libro abierto a g	
paquetes envueltos (wrapped) en papel bonito c j m	g estudiar / rociar / noche / la Navidad (Xmas) / una clase / un teatro o cine / un aniversario / aire fresco / una casa ocupada o
hormigas muertas d h	
las luces puestas i o	
muchas personas sentadas juntas e k l	

B. *Ahora contesta:* (free response)

1. En este momento, ¿estás sentado(a)? ¿y tu profesor(a)?
2. ¿Vinieron Uds. bien preparados hoy? (Sí, vinimos . . ., No . . .)
3. ¿De qué color (o colores) estás vestido(a) hoy? ¿y tu profesor(a)?
4. ¿Tienes un hermano casado (o una hermana casada)?   5. ¿Por cuántos años están casados tus padres?   6. ¿Están encendidas o apagadas en este momento las luces? Cuando Uds. llegaron hoy a la clase, ¿estaban encendidas ya?   7. ¿Estaban abiertas las ventanas? ¿Cómo están ahora — abiertas o cerradas?

209

20. The verb haber

A. **Haber** is a verb in a class by itself. For one thing, it has a one-of-a-kind impersonal form: **Hay** — "There is, There are . . ."

¿Hay un abogado en su familia?	Is there a lawyer in your family?
—¡Hay tres!	There are three!

Of course, the imperfect of **Hay** . . . is the regular **Había** . . .

¿Cuántas personas había?	How many people were there?
—Más de cien. Pero no había nadie interesante.	More than a hundred. But there was nobody interesting.

B. Aside from the impersonal **Hay** . . ., **haber** means "to have," but *only* when a past participle follows it: "to have gone, to have done, to have given," etc. Here is its present tense:

(yo)	he . . . I have (gone, etc.)	(nosotros)	hemos . . .
(tú)	has . . .		
(Ud., él, ella)	ha . . .	(Uds., ellos)	han . . .

PLEASE: Don't mix these up with **tener**, which means "to have (possess) something"!

Práctica

Indica el presente de indicativo de **haber:**

1. yo _____
2. Rosa y yo _____
3. tú y yo _____
4. Uds. y yo _____
5. nosotros _____
6. tú _____
7. Ud. _____
8. Uds. _____
9. Ud. y Marta _____
10. Marta y María _____

1. he   2. hemos   3. hemos   4. hemos   5. hemos   6. has   7. ha   8. han   9. han   10. han

REPASO RÁPIDO

1. The past participle is normally formed this way:
   –ar verbs: the infinitive ending changes to **–ado: hablado, amado.**
   –er and **–ir** verbs: the infinitive ending changes to **–ido: comido, ido.**
   Exceptions: **abierto, cubierto, muerto, vuelto, puesto**
   dicho, hecho, visto, escrito, roto

2. **Haber** means "to have (done, gone, etc.)." Until now we have seen it only in the impersonal expression **Hay . . .** "There is, there are." The present tense of **haber** is: **he, has, ha, hemos, han.**

Ejercicios

(You can check your answers in the back of the book.)

A. *Mira las ilustraciones y después completa las frases, usando el participio pasivo (past participle):*

1. Nando, ¿estás _____?　　2. Están _____.　　3. La carta ya está _____.

4. ¡Ay, qué mal _____ estaba!　　5. Estaban _____ juntos.　　6. ¡Gracias a Dios! Está _____.

B. *Finalmente, expresa en español, según los modelos:*

1. a well written program　　un programa bien escrito
   a well done play　　_____
   a badly done performance　　_____
   a badly sewn dress　　_____

2. a broken TV set　　un televisor roto
   some broken dishes　　_____
   the washed dishes　　_____
   the stolen money　　_____

Un genio ha inventado una fórmula que . . .

¡Evacúen las casas! ¡El gazpacho se está acercando!

CUENTO
EL TERROR ROSADO

The **Pink** Terror

Miguel Soler y Donado Vega están sentados en la Fila D del
Cine Luxe. Una joven entra y **se dirige** hacia ellos. heads
Charita: Miguel . . . Donado . . .
Miguel: ¡Charita! Creíamos que no venías.
5 Donado: Sí. Creíamos que **no te atrevías**. you didn't **dare**
Charita: ¡Hombre! Si **yo he visto** "Dientes" tres veces y I've seen
    no he tenido miedo. Y "El hijo de Dientes", y "Dientes I haven't been
    vuelve". scared
Varias personas: Siéntese, ¿quiere? Chisss.
10 Charita (sentándose): Ahora díganme, ¿qué **ha pasado**? has happened
Miguel: Bueno, un **genio** científico ha inventado una fórmula genius
    que hace que las cosas **se multipliquen** diez veces cada multiply
    minuto.
Donado: Pero él no sabe que su fórmula ha contaminado el
15   aire de su propia casa.
Voces: ¡**Cállense**! Queremos oír. Be **quiet**!
Miguel (en voz baja): Pues la esposa del genio ha hecho una
    olla de **gazpacho.** Y ahora las moléculas de la sopa han (a thick pink
    comenzado a multiplicarse. Spanish soup)
20 Donado: Y el gazpacho ha **crecido** y ha invadido la casa **grown**
    entera. Y ahora está **llenando** las calles, y . . . **filling**
(En la **pantalla**, miles de personas corren gritando: screen
"¡**Evacúen** las casas! ¡El gazpacho se está acercando!") Evacuate
Charita: **Ya**, ya. Entiendo. Chisss. OK

¿Qué puedo hacer yo?
¿Echarlo en la cárcel?

¡Yo tengo la solución! ¡En vez de correr, vamos a comer!

¡Eusebio! ¡¡La hamburguesa está creciendo!!

● (La escena cambia ahora a la **comisaría** de policía.)   headquarters
    Jefe (al teléfono): Buenas tardes, señor alcalde . . . Bien,
      gracias, ¿Y Ud.? . . . Bueno, señor, no me gusta
      molestarlo en casa, pero parece que tenemos un pequeño
      problema . . . ¿Ah, Ud. ha visto los ríos rosados en las
30   calles? Pues señor, ¡son ríos de gazpacho! . . . Sí, Ud. ha
      oído bien. Gaz-pa- . . . Tres personas **se han ahogado** ya.   have drowned
    Charita: Eso no es nada. En "Dientes se casa con **Garras**",   Claws
      había cien personas muertas ya.
    Jefe: Créame, señor alcalde. Nuestro pueblo está en
35   **peligro**. El país está en peligro. El mundo entero . . . No,   danger
      señor, no he bebido nada . . . Pero señor, ¿qué puedo
      hacer yo? ¿**Echarlo** en la cárcel?   Throw it
      (Aparte) Ramos, el alcalde dice que llamemos a los
      bomberos.
40   Ramos: Los **hemos llamado**, señor. Están en huelga.   we have called
    Jefe: Pues llamemos entonces al presidente, al Ejército,
      a la Fuerza Aérea . . .
    Ramos: Mejor a la Marina, digo yo.
    Jefe: Al Ministro de **Salud** y de **Alimentación**.   Health; Food
45   Ramos: ¿Alimentación? ¿Alimentación, ha dicho Ud.?
      ¡Señor, estamos salvados! ¡Yo tengo la solución!
    Jefe: ¿Cuál es, Ramos? ¿Cuál es?
    Ramos: Es **sencillo. En vez de** correr, ¡vamos a comer!   simple. Instead of
      Ahora, si todo el mundo . . .
50   Jefe: ¡Brillante! Gracias, Ramos. (Al micrófono) El Jefe
      de Policía al Público . . . Buenas noticias. ¡La situación
      está salvada! Tomen sus cucharas y . . .
      (**Mientras tanto**, en la casa del genio científico, la   Meanwhile
      feliz **pareja se abraza**.)   couple embraces

213

55   Genio: Emilia, **¿me perdonas?** He aprendido que hay   Do you **forgive** me?
            cosas más importantes en la vida que la ciencia.
    Esposa: Sí, querido. El mar de gazpacho está bajando y la
            crisis ha terminado. Pero . . . ¡Dios mío! **¿Te has fijado?**   Have you **noticed**?
    Genio: ¿En qué, mi amor?
60   Esposa: En este plato de hamburguesa. ¡Eusebio! ¡¡La
            hamburguesa está creciendo!! (Música final)
    Miguel: Pues, ¿qué **te pareció**, Charita? ¿Te gustó?   did you think of it
    Charita: Así, así, Miguel. ¡Ojalá que "Hamburguesa" sea
            mejor!

Vamos a conversar

A.   1. ¿Cómo se llama la película que fuimos a ver hoy? ¿Para quiénes
       no es recomendada? La verdad, ¿te gustan a ti esas películas?
    2. ¿Dónde están sentados Miguel y Donado?
    3. ¿Quién se dirige hacia ellos?
    4. ¿Por qué creían que ella no venía?
    5. ¿Tiene miedo Charita de esas películas? ¿Qué ha visto tres
       veces?
    6. En esta película, ¿qué ha inventado el genio científico?
    7. ¿Qué no sabe él?
    8. ¿Qué ha preparado su esposa?
    9. ¿Qué ha hecho el gazpacho? ¿Qué está llenando?
   10. En la pantalla, ¿qué gritan las personas? Dime, ¿te puedes
       imaginar una situación como ésta?

B.   1. ¿A dónde pasa ahora la escena?
    2. ¿Con quién está hablando el Jefe de Policía?
    3. Según él, ¿cuántas personas se han ahogado ya?
    4. En "Dientes se casa con Garras", ¿cuántas personas muertas
       había ya? ¿La afectó mucho a Charita esa "tragedia"? ¿Conoces
       a personas como ella?
    5. Volviendo a la película, ¿a quiénes recomienda el alcalde que
       llamen? ¿Por qué no van a venir?
    6. ¿A quiénes más quiere llamar el Jefe?
    7. ¿Qué solución ofrece Ramos? ¿Qué dice el Jefe al público?
    8. ¿Qué hacen el genio y su esposa ahora?
    9. ¿Qué observa de repente la esposa?
   10. Según eso, ¿cuál va a ser el título de la próxima película de
       "horror"? Hablando francamente, ¿son sólo para personas
       crueles esas películas? ¿Te consideras una persona "delicada"
       o fuerte (strong)? ¿Te consideras una persona cruel?

JUEGOS DE PALABRAS

A. ¿Quieres llenar otra vez los blancos?

¡Peligro!
Danger!

atreverse a
to dare to

¿Te atreves a . . . _____?

la **pareja**
couple

abrazarse
to hug each other

Se abr . . . y
se _____

Están muy
_____, ¿verdad?

crecer
(crezco . . ., crecemos . . .)
to grow

llenar
to fill

¿Qué está creciendo?   ¿Qué está llenando?

fijarse en
to notice
something

¿En qué se
fijó Ud.?

en un _____ _____ _____ roto

la salud
health

¿Son buenos o
malos para la salud?

¡Salud!   ¡Perdone!

perdonar
to forgive

callarse
to hush up

¡No _____!
¡Cá . . .!

¡No hagas mucho _____!

B. Aquí tenemos cuatro palabras o expresiones muy comunes:

rosado pink   **sencillo** simple
mientras tanto meanwhile   **en vez de** instead of

A ver cómo las usas para completar estas frases:

1. ¿Has visto la película, "La Pantera _____"? —No, _____ ir al cine, fuimos a un baile.
2. "_____, en el rancho" (back at the ranch) . . .
3. ¡Dios mío! ¿Qué vamos a hacer con todo ese gazpacho? —Es _____. _____ de correr, ¡vamos a comer!
4. ¿Has visto alguna vez una sopa _____? —¡Claro! Y carnes _____ y helados _____ y tomates _____ y . . . —Perdona. No dije nada.

1. Rosada; en vez de   2. Mientras tanto   3. sencillo; En vez de   4. rosada; rosadas; rosados; rosados

OBSERVACIONES

21. "What have you done?" – the present perfect tense

¿RECUERDAS?
haber (to have . . .): he, has, ha, hemos, han
hablado, escrito, ido, venido (spoken, written, gone, come)

Now let's put them together, and we'll have the present perfect tense: "I have spoken, written, gone," etc.

A. What is a perfect tense?

It is a tense that has two parts to it: the first is a form of **haber** and the second is a past participle. **Haber** tells *when* the action took place. The past participle says what the action was.

B. What does present perfect mean?

It means that as of just now — the present — something took place. So Spanish uses the present tense of **haber**, and follows it with a past participle.

¿Dónde está Juan?	Where is John?
—**Ha salido.**	He *has gone* out. (Just a while ago.)
¿Lo **has terminado** ya?	*Have you finished* it already?
—Yo **he terminado.** Los otros **no han comenzado** todavía.	*I have finished.* The others *haven't started* yet.
¡**Hemos vuelto**! Y te **hemos traído** algo.	*We've come back!* And *we've brought* you something.
—¡Qué bien!	Great!

As you can see, object pronouns go before **haber**. There are no exceptions to this rule!

Vamos a practicar:

¿Has hablado . . .? —Sí, he hablado . . .

1. ¿Has hablado con tus abuelos hoy? (Have you spoken . . .?)
2. ¿Los has visitado esta semana?
3. ¿Los has llamado por teléfono?
4. ¿Has hablado hoy con tu mejor amigo (amiga)?
5. ¿Lo (La) has visto hoy?
6. ¿Has peleado alguna vez con él (o con ella)?
7. ¿Le has gritado alguna vez?
8. ¿Le has pedido perdón después?

—Sí, he . . .
—No, no he . . .
—Sí, los he . . .   —No, . . .

¿Ha ido Ud. . . .?   —Sí, he ido . . .

Vamos a hablar por un momento de una manera más formal,
¿está bien?

1. ¿Ha ido Ud. alguna vez a otro país?   —Sí, he ido . . .
   (Have you ever gone . . .?)   —No, . . .
2. ¿Ha viajado dentro de nuestro país?
3. ¿Ha visto las Montañas Rocosas?
4. ¿Ha visto el Río Misisipí?
5. ¿Ha visto el Río Grande?
6. ¿Ha salvado Ud. alguna vez una
   vida?
7. ¿Ha matado Ud. alguna vez un
   animal?

¿Han hecho Uds. . . .?   —Sí, hemos hecho . . .

1. ¿Han hecho Uds. bien estas
   lecciones?   —Sí, hemos . . .
   (Have you-all done . . .?)   —No, . . .
2. ¿Las han hecho completas?   —Sí, las . . .   —No, . . .
3. ¿Han escuchado las cintas también?
4. ¿Han escrito todos los ejercicios?
5. ¿Han hablado siempre en español?
   (Pues, ¿casi siempre?)

¿Ha estado tu padre . . .?   —Sí, mi padre ha estado . . .

1. ¿Ha estado en el Ejército tu padre?
2. ¿Ha estado en la Marina?
3. ¿Ha estado en la Fuerza Aérea otro
   pariente tuyo?
4. ¿Se ha casado recientemente algún   —Sí, . . .
   miembro de tu familia?   —No, . . . ningún miembro . . .
5. ¿Se ha puesto enfermo alguno?
   (¡Ojalá que no!)
6. ¿Se ha hecho rico o famoso alguno?
   (¡Ojalá que sí!)

¿Han vivido tus padres . . .?   —Sí, mis . . .

1. ¿Han vivido en otro pueblo tus
   padres?
2. ¿Han vivido alguna vez en otro país?
3. ¿Han hecho otra clase de trabajo?

A. 1. hemos trabajado mucho. Tú has trabajado mucho. Tú has hecho mucho.   2. Han llegado. ¿Han vuelto los bomberos? ¿Han muerto los bomberos?   3. ¿. . . has atrevido jamás? ¿. . . ha atrevido Ud. jamás? ¿No se ha fijado Ud. jamás?   4. Lo hemos visto tres veces. Lo hemos dicho tres veces. (Yo) lo he dicho tres veces.

4. ¿Han vuelto recientemente de algún
   viaje?

5. ¿Se han divertido mucho en su vida?

Una observación más: Notice that the ending of the past participle never changes when it comes after **haber**. Only when you use it with **ser** or **estar** does it agree.

Hemos preparado la comida.　　We have prepared the meal.
La comida **está preparada**.　　The meal is prepared.

Un poco más de práctica

A. *Cambia según las indicaciones:*

1. Luis ha trabajado mucho.
   Luis y yo _____.
   Tú _____.
   _____. (hacer)

2. ¿Ha llegado la policía?
   ¿_____ los bomberos?
   ¿_____? (volver)
   ¿_____? (morir)

3. No me he atrevido jamás.
   ¿No te _____?
   ¿No se ___ Ud. ___?
   ¿_____? (fijarse)

4. Lo hemos ensayado tres veces.
   _____. (ver)
   _____. (decir)
   Yo _____.

B. *Completa estas frases usando el presente perfecto de los verbos ilustrados:*

1. ¿Qué número ___ Ud.?

2. Pepito, ¿te ___
   ya?

3. Elsa y yo ___
   todos los muebles.

4. ¡Ay, no! ¡Me ___
   otra vez!

5. Yo no ___
   nunca.

6. Chicos, Uds. ___
   mucho.

C. *Finalmente, ¿cómo relacionas tú los Grupos 1 y 2?*

<table>
<tr><td align="center">1</td><td align="center">2</td></tr>
<tr><td>a. ¿Han vuelto ya los Salinas?</td><td>__b__ ¿Con qué? ¿Con Mata-Todo?</td></tr>
<tr><td>b. He rociado todas las plantas.</td><td>__d__ No, sólo hemos visto "El Horror Verde".</td></tr>
<tr><td>c. ¡Por fin, ha salido el sol!</td><td></td></tr>
<tr><td>d. ¿Han visto Uds. "El Terror Rosado"?</td><td>__a__ No. Se han ido al campo por tres semanas.</td></tr>
<tr><td>e. ¿Ha anunciado algo importante el alcalde?</td><td>__c__ Entonces, ¿quieres ir a la playa?</td></tr>
<tr><td>f. ¡Gracias, mil gracias! ¡Uds. han salvado mi vida!</td><td>__f__ Realmente, no hemos hecho nada.</td></tr>
<tr><td>g. Pepe, ¿te has duchado ya?</td><td>__g__ No he podido. Se ha acabado el agua caliente.</td></tr>
<tr><td></td><td>__e__ No sé. No he leído el periódico hoy.</td></tr>
</table>

REPASO RÁPIDO

The present perfect tense is made up of the present of **haber** + a past participle. It means:

I have gone (seen, written . . .) **He ido (visto, escrito . . .)**

The past participle always remains the same. It does *not* change with the subject of the verb.

Ejercicios

(You can check your answers in the back of the book.)

A. *Cambia rápidamente según el verbo nuevo:*

1. El pobre ha *perdido.* (morir) 2. ¿Has *mandado* el paquete? (abrir) 3. Los han *puesto* aquí. (cubrir) 4. No le he *perdonado* nunca. (escribir) 5. Nosotros no hemos *dicho* nada. (ver) 6. ¿Las han *matado?* (salvar)

B. *Ahora, ¿puedes hacer frases usando estas expresiones? – ¡y el presente perfecto!*

1. El gazpacho / llenar ya / las . . . / —¡. . .!
2. Mientras tanto, / . . . / estar / en mucho peligro. / —¡. . .!
3. El (La) . . . / llamar / a . . . / —¿Por qué? ¿Qué / pasar?
4. Miriam y yo / cubrir / . . . / con un(a) . . . verde. / —¡. . .!
5. ¿Tú / escribir / todas las . . .? / —¡Ay, no! Me / olvidar.

PANORAMA
EL MUNDO DE HOY

1   Juan Carlos de Borbón, que subió al trono (throne) a la muerte del Generalísimo Franco en 1975, es en realidad el primer rey (king) "liberal" de España. Aunque (although) tiene poca autoridad directa, el monarca emplea su popularidad con el pueblo y con el ejército para conducir al país hacia la democracia total.

2   ¡España tiene una nueva constitutción! . . . Adolfo Suárez, primer ministro y jefe del partido moderado, anuncia su ratificación en una sesión especial de las Cortes (el Parlamento español). Seguramente, España está progresando en muchos respectos, pero todavía hay huelgas y otros disturbios en este período de transición.

Por los derechos
de
LA MUJER EN LA CONSTITUCION

...FORMA DE ORGANIZA
FEMINISTAS

3 "¡Abajo la dominación masculina! ¡Arriba la liberación de la mujer!" El movimiento femenista, que llegó tarde a España, se está extendiendo ahora por todo aquel país . . . "Sra. Alcalde . . ."

4 ¿Paz por fin en Argentina? . . . Un momento de tranquilidad delante del Capitolio en Buenos Aires. Irónicamente, ésta fue la escena de muchas conmociones políticas durante los últimos diez años, y la situación es crítica todavía.

5 Santiago de Chile. Trabajadores (workers) en marcha . . . Chile, que tuvo por un breve tiempo un presidente socialista, también está hoy en un período de cambios profundos.

6 Madrid. Puestos (stands) de libros, revistas y periódicos . . . El público español tiene a su disposición ahora mucha materia literaria y artística que antes estaba prohibida. "Déjeme ver. Esta noche, ¿qué voy a leer?"

7 "Unidos—United". Un mural original proclama la unidad de la gente en este barrio de Chicago. Sin duda, el hispano representa una gran fuerza política y económica en este país, y su contribución está creciendo constantemente.

223

Lección Ocho

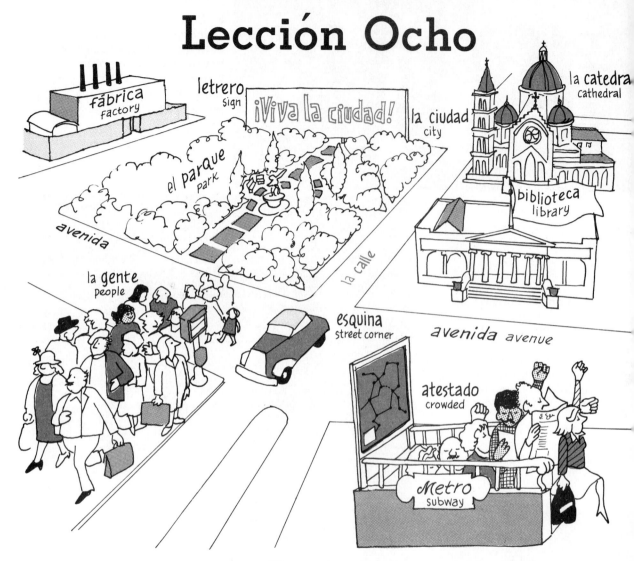

fábrica
factory

letrero
sign

¡Viva la ciudad!

la ciudad
city

la catedra
cathedral

el parque
park

biblioteca
library

avenida

la calle

la gente
people

esquina
street corner

avenida avenue

atestado
crowded

Metro
subway

Dinos ahora . . .

1. ¿Vives dentro o fuera de la ciudad? Si vives fuera, ¿te gusta ir a visitarla? Si vives dentro, ¿es una ciudad grande o mediana (average)? ¿Tiene muchas fábricas? ¿y barrios comerciales? ¿y edificios altos? ¿y parques?

2. ¿Dónde prefieres vivir, en la ciudad o en el campo? ¿en una avenida grande o una calle "privada"? ¿Qué te parece la vida suburbana?

3. En tu opinión, ¿cuál es mejor — una vida tranquila o una vida muy activa? ¿Es más tranquila realmente la vida en el campo? ¿Es más difícil la vida en la ciudad?

224

4. ¿Qué medios de transporte son más usados en la ciudad? ¿Hay una parada de autobús en tu esquina? ¿Hay una estación de metro? ¿Es necesario que cada familia tenga su propio coche en la ciudad? ¿y en el campo?

5. ¿A ti te importa si hay mucho tráfico en los caminos? ¿si hay mucha gente en las calles? ¿si las tiendas están muy atestadas? ¿si hay muchos letreros de neón? ¿Te gusta más asistir a una escuela grande o a una escuela pequeña? ¿Cuántos alumnos tiene (más o menos) la tuya?

6. Y una cosa más: En tu opinión, ¿cuáles son las mayores atracciones de la ciudad — los cines y teatros, las facilidades culturales o las oportunidades económicas? ¿Dónde trabajan tus padres? ¿Van Uds. frecuentemente al teatro? ¿Usan mucho las bibliotecas? ¿Visitan Uds. mucho los museos? A propósito, ¿hay una iglesia, una catedral o un templo cerca de tu casa?

Visitante de Venus

Imagínate que estás sentado (sentada) tranquilamente en tu casa cuando de repente suena el timbre de la puerta (doorbell). Vas a abrir y allí delante de ti está una persona rara — ¡un(a) visitante del planeta Venus! Por suerte, el (la) visitante habla perfecto español (¡lo estudió por muchos años allí en el colegio!), y tiene una gran curiosidad por conocer tu ciudad. Quiere saber, por ejemplo, . . .

Visitante	Tú
Buenos (buenas) . . . Yo me llamo . . . y vengo de . . .	*(Tú contestas cortésmente.)* —Pase Ud.
¿Sabe Ud.? He venido porque tengo muchos deseos de conocer esta ciudad. ¿Puede Ud. ayudarme?	*(Contesta otra vez muy cortésmente.)* —¿Qué desea Ud. saber?
Pues primero, dígame, ¿cuántas personas hay en . . .?	*(Dile un número aproximado.)*
¿Y cuáles son los lugares de interés?	*(Dile algo de los lugares más importantes — los centros municipales, los museos, teatros y salas de conciertos, etc.)*
¡No me diga! Pero, esto no es nada comparado con las cosas que tenemos en mi planeta. Por ejemplo, en mi ciudad hay . . . *(La persona comienza a decirnos cosas fantásticas de su propia ciudad.)*	—¡Qué maravilla! ¡Pero parece imposible! ¿Uds. tienen todo eso?
No, señor(ita). Pero en nuestro planeta, ¡está permitido mentir!	

OBSERVACIONES

22. "As crazy as you?" — equal comparisons

As you recall, **más** and **menos** make unequal comparisons. One person or thing is more . . . or less . . . than the other. Now we're going to learn how to make them equal.

A. tan   so

¡Estamos tan cansados!
—Pues descansen.

We're so tired!
Well, rest.

Tú eres tan simpática, ¿sabes?
—Gracias. Y tú también.

You are so nice, you know?
Thanks. And you are, too.

B. tan . . . como   as . . . as

¡Estamos tan cansados!
—No **tan** cansados **como** yo.

We're so tired!
Not as tired as I.

Tú eres tan simpática, ¿sabes?
—¡No **tan** simpática **como** tú!

You are so nice, you know?
Not as nice as you!

¡Uds. bailan tan bien!
—¡Qué va! Todo el mundo baila
tan bien **como** nosotros.

You dance so well!
Go on! Everybody dances as well
   as we do.

In other words: **Tan** means "so" or "as." **Tan . . . como** means "as (tired, nice, well, etc.) as . . ." These are what we call equal comparisons.

Práctica

A. *Estudia por un momento estas ilustraciones:*

| león | abeja | elefante | jirafa | mula |

| zorro | _____ | _____ | buey | _____ |

Ahora completa estas comparaciones:

1. tan ocupado(a) como una . . .
2. tan cansado como un . . .
3. tan astuto (sly) como un . . .
4. tan feliz como un . . .
5. tan grande como un . . .

6. tan alto como una . . .
7. tan obstinado como una . . .
8. tan valiente (brave) como un . . .
9. tan rápido como un . . .
10. tan fuerte (strong) como un . . .

B. *Ahora cambia a comparaciones iguales (equal comparisons).*

Por ejemplo:

Elvira es *más alta que* José.   Elvira es *tan alta como* José.
Lo hiciste *mejor que* ellos.   Lo hiciste *tan bien como* ellos.
Trabajo *menos despacio que* él.   Trabajo *tan despacio como* él.

1. ¡Estás *más loco que* yo! 2. Eran *más altos que* sus hermanos.
3. Manolo estaba *más seguro que* nosotros. 4. ¡Ojalá que sea
más bonita que la primera! 5. Esta lección es *menos fácil que*
las otras. 6. Isabel y David están *más juntos que* antes.
7. Hablas *más rápidamente que* un nativo. 8. ¡Ojalá que salgas
mejor que ellos!

B. 1. tan loco como · 2. tan altos como 3. tan seguro como 4. tan bonita como 5. tan fácil
como 6. tan juntos como 7. tan rápidamente como 8. tan bien como

23. "As much as I?" — more equal comparisons

A. tanto   so much

¡No hables tanto!   Don't talk so much.
¡No hagas tanto ruido!   Don't make so much noise!

Tienes tanta suerte, ¿sabes?   You have so much luck, you know?
—¿Por qué? ¿Porque gané la lotería?   Why? Because I won the lottery?

B. tantos so many

¡Dios mío! ¡Ese chico tiene tantos amigos!
—¡Y tantas amigas también!

My goodness! That kid has so many friends!
And so many (girl)friends too!

C. tanto(a, os, as) . . . como as much (as many) . . . as

¡No hables tanto!
—No hablo tanto como tú.

Don't talk so much.
I don't talk as much as you.

Tienes tanta suerte, ¿sabes?
—No tanta como otras personas.

You have so much luck, you know?
Not as much as other people.

¿Hay tantas chicas como chicos en esta clase?
—No sé. Pero hay tantos chicos como chicas. (¡Caramba!)

Are there as many girls as boys in this class?
I don't know. But there are as many boys as girls. (!!!)

Importante: *Only* **tanto, tanta** can mean "as much" or "so much."
Only **tantos, tantas** can mean "as many" or "so many." (*Never* use the word **mucho** after **tan**!)

A. 1. tanto como   2. tanto como   3. tanto como   4. tanto . . . como   5. tanta . . . como
6. tantas . . . como   7. tantos . . . como   8. tantos . . . como   9. tantos . . . como
10. tantas . . . como

Vamos a practicar

A. *Completa usando tanto(a, os, as) . . . como:*

1. Su esposo come _____ un caballo (horse).
2. ¡Y fuma _____ una chimenea!
3. Paquita es tan delgada. —Es verdad. Pesa _____ una mosca.
4. Ese hombre gasta _____ dinero _____ un millonario.
5. Había _____ gente _____ hojas en un árbol.
6. Había _____ hormigas _____ arena en la playa.
7. Vimos _____ letreros _____ personas en las calles.
8. ¡Ojalá que nos den _____ turistas _____ la otra excursión!
9. Ayer recibimos _____ paquetes _____ cartas y postales.
10. ¡El año pasado tuvimos _____ huelgas _____ días de trabajo!

B. *Termina esta vez de una manera original:* (free completion)

1. En mi _____ hay tantos (tantas) _____ como _____.
2. En esta ciudad hay _____ como _____.
3. ¿Por qué _____ tanto? —Es _____ para la salud (health).
4. Si Uds. insisten en _____ tanto, voy a _____.
5. Hoy he _____ tanto _____ tú. —¡No me digas!

REPASO RÁPIDO

Tan . . . como means "as . . . as." **Tanto(a, os, as) . . . como** means "as much (as many) . . . as." These are called equal comparisons.

Ejercicios

(You can check your answers in the back of the book.)

A. *Fíjate por un momento en estas ilustraciones. Entonces úsalas con* **tan** *o* **tanto(a, os, as)** *para completar cada frase.*

1. ¿Has comprado _____ como necesitas?

2. ¿Pagaste _____ como pedían?

3. Vendían _____ como periódicos.

4. No está _____ ahora como antes.

5. Las tiendas no estaban _____ como temíamos.

6. No están _____ como dicen.

B. *Ahora expresa en español:*

1. There are as many motorcycles as cars on the road.
   Hay _____ en el camino.
2. There were as many libraries as museums in that city.
   _____
3. Were there as many bus stops as subway stations?
   _____
4. I am so happy.   —And we are as happy as you.
5. Why are you so tired?   —Because I have worked so much today.
   ¿_____?   —Porque _____.

Bienvenidos, señoras y señores.

Te quiero tanto, Toni.
No tanto como yo a ti, Evita.

¿Me compras mi propia jirafa, papá?

CUENTO
EXCURSIÓN #2 DE LA LÍNEA AZUL   Tour

Las diez de la mañana. Un autobús lleno de turistas. Adela
Prado, la **guía**, está al micrófono.   guide

    Adela: **Bienvenidos**, señoras y señores. Me alegro de que   Welcome
        Uds. **hayan escogido** "La Ciudad **Antigua**" — Excursión   have **chosen**; old
5   Número 2.

    Un hombre en el **fondo**: Yo pensaba que era "Teatros y   back
        Cabarets" — Excursión Número 3.

    Adela: No, señor. Lo siento . . . Ahora bien, delante de
        nosotros tenemos los **jardines** del Parque Central.   gardens

10 El hombre: Dígame, señorita, ¿huele **tan rico** la guía del   so great
        otro bus?

    (Una joven habla con su nuevo esposo.)

    Ella: Toni, ¿tú crees que la guía es bonita?

    Él: No tan bonita como tú, Evita.

15 Una vieja: Perdone, señorita, pero ¿dijo Ud. el Parque
        "Municipal"?

    Ella: Te quiero tanto, Toni.

    Él: No tanto como te quiero a ti, Evita.

    Adela: Y a la derecha, el **Jardín Zoológico**.   Zoo

20 Una niña: Mamá, quiero ver una **jirafa**. Mamá, . . .   giraffe
    Su hermano menor: Yo también. Quiero ver . . .

    La niña: ¿Me compras mi propia jirafa, papá?

    Hermano menor: ¿Y una para mí, papá?

    Adela: Y la Catedral Vieja, construida en el año . . .

25   (Dos personas al **frente** del bus hablan.)   front

    1: Me sorprende. Realmente me sorprende.

    2: ¿Qué? ¿Que **hayan construido** la catedral?   they've **built**

*Señorita, ¿quién construyó
la catedral?*

*¡Si no me llevan a las
jirafas, voy a vomitar!*

*Realmente, señorita, ¿ésta
no es la Excursión 3?*

	1:	No. Que tú **hayas dicho tal** cosa.	have said such a
	2:	¿Que yo haya dicho . . . qué? ¿Cuándo?	
30	1:	¡Inocente! **¡Inocentón!**	You innocent thing!
	Adela:	Y la Plaza Mayor, con tantos edificios **antiguos** . . .	old
	La vieja:	Perdone, señorita. ¿Quién construyó la catedral?	
	● 2 (furioso):	¡Qué va! ¡Yo no soy ningún inocentón!	
	1:	¡Ajá! Entonces lo confiesas.	
35	2:	¿Qué? Yo no confieso nada.	
	1:	¿Ah, no? Tú lo dijiste, "Yo no soy ningún . . ."	
	Adela:	¡Por favor! . . . Ahora, a la izquierda, el Metro Municipal. Y en la otra esquina, . . .	
	La niña:	Mira, mamá. Voy a saltar **por** la ventana.	through
40	Hermano menor:	Yo también. Voy a saltar . . .	
	Adela:	¡¡Cuidado!! . . . Y la Biblioteca . . . No, el Museo Nacional.	
	2 (gritando):	**¡Basta!** Ahora lo entiendo todo.	**That's enough!**
	1:	¿Qué entiendes? ¿Exactamente qué entiendes?	
45	2:	Si tú no lo sabes, no te lo voy a contar.	
	Adela:	Y la Avenida de Megijamejo. Perdonen. El barrio de Gemijamejo. No, . . .	
	El hombre:	Señorita, ¿cuándo llegamos al cabaret?	
	Ella:	Toni, te amo tanto como a mi propia vida.	
50	Él:	Evita, te amo más que a mi vida. Tú eres la **única** . . .	only one
	La niña:	¡Si no me llevan a las jirafas, voy a vomitar!	
	Hermano menor:	Yo también. Si no me llevan a las jirafas, . . .	
	La vieja:	Perdone, pero, ¿cómo se escribe "Gemojamijo"?	
55	El hombre:	Realmente, señorita, ¿ésta no es la Excursión Número 3?	

232

Vamos a conversar

A. 1. ¿A qué hora comienza nuestro cuento?
   2. ¿Dónde estamos? ¿Quién es la guía? ¿La recuerdas de otro cuento?
   3. ¿Qué parte de la ciudad va a visitar esta excursión?
   4. ¿Qué deseaba ver el hombre en el fondo?
   5. ¿Quiénes son algunas de las otras personas en la excursión?
   6. ¿A dónde quieren ir los dos niños? ¿Cuántos años de edad crees que tienen? Cuando tú eras pequeño (pequeña), ¿te fascinaba también el Jardín Zoológico?
   7. ¿Qué quiere la niña que su papá le compre? ¿Y qué quiere su hermanito también? La verdad, ¿has pedido tú alguna vez una cosa ridícula a tus padres?
   8. ¿Quiénes están sentados en el frente del bus? En tu opinión, ¿son dos hombres? ¿un hombre y una mujer? ¿dos mujeres? ¿Son jóvenes, viejos o de edad mediana?
   9. De todas estas personas, ¿quién parece tener más interés en la excursión?
   10. De todas estas personas, ¿quién te parece a ti la más interesante?

B. 1. ¿Por qué se pone furioso uno de los individuos del frente? ¿Qué relación crees que hay entre estas dos personas?
   2. ¿Qué señala (points out) Adela a la izquierda?
   3. ¿Qué dice la niña que va a hacer? ¿y su hermanito?
   4. ¿A qué avenida llegamos ahora?
   5. ¿Cómo sabemos que Adela se ha puesto muy nerviosa?
   6. ¿Qué le pregunta ahora el hombre del fondo? ¿Por qué piensas que está en esta excursión?
   7. ¿De qué hablan todavía los dos enamorados? ¿Puedes repetir algunas de sus palabras?
   8. ¿Qué va a hacer la niña si no la llevan a las jirafas? ¿y su hermano menor? Francamente, ¿eras tú así? ¿Era así tu hermano o hermana menor?
   9. ¿Qué quiere saber ahora la vieja? ¿Y qué pregunta otra vez el hombre?
   10. ¿Has tomado tú alguna vez una excursión como ésta? ¿Te interesa conocer ciudades nuevas? ¿Qué partes de la ciudad te gusta más ver?

JUEGOS DE PALABRAS

guía   **¡Bienvenidos!**   **excursión**   ¿Hacen Uds. excursiones?
guide   Welcome!   tour   ¿Conoce Ud. a un(a) guía?

¡Bienvenidos . . .   al **jardín** botánico!   al _____ zoológico!   a nuestra _____!
garden

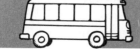  

el **fondo**   el **frente**   ¿Dónde están?   al _____   al _____
back   front

escoger   ¿Qué han escogido?   unos _____   una cosa **única**
(escojo)   only one; unique
to choose

construir   ¿Qué estan construyendo?   _____   _____   _____
(construyo)
to build

antiguo   ¿Son antiguos   Estos _____   Esta _____   Este _____
old, antique   o modernos?   son _____.   es _____.   es _____.

¡Basta!
That's enough!

OBSERVACIONES

24. "I hope they have gone!" — the present perfect subjunctive

¿RECUERDAS?

He ido.	I have gone.
¿Has ido ya?	Have you gone already?
Ud. ha ido, ¿verdad?	You have gone, haven't you?
Nosotros hemos ido también.	We have gone, too.
Sólo ellos no han ido.	Only *they* haven't gone.

This is the present perfect tense of **ir** — the present indicative of **haber** + **ido**. Now what happens when we express our emotions about it? Vamos a ver . . .

A. The present subjunctive of **haber**
As if you didn't know, the present subjunctive of **haber** is:

haya	hayamos
hayas	
haya	hayan

Yes, this is the one that rhymes exactly with **ir** — **vaya**.

We have already used **haber** by itself in the impersonal "There is . . ., There are . . ."

Hay mucha gente hoy.	There's a good crowd today.
¡Ojalá que haya mucha gente!	Oh, if only there's a good crowd!
Hay más de cien personas.	There are more than 100 people.
¡Espero que haya más de mil!	I hope there are more than 1000!

235

B. Haya (hayas, etc.) + a past participle gives us the present perfect subjunctive. We use it whenever we express emotion about what *has happened.*

Elsa ha estado enferma.	Elsa has been sick.
—Siento que haya estado enferma.	I'm sorry that she has been sick.
—Tememos que haya estado enferma.	We're afraid that she has been sick.
—No me sorprende que haya estado enferma.	It doesn't surprise me that she has been sick.
Han vuelto.	They have come back.
—Me alegro de que hayan vuelto.	I'm glad that they have come back.
—No me gusta que hayan vuelto.	I don't like that they've come back.
—¿Te molesta que hayan vuelto?	Does it bother you that they have come back?

Vamos a practicar

A. *Cambia:*

1. ¡Ojalá que no hayan muerto!
¡_____! (pelear)
Espero que Uds. ____.
No nos gusta ____.

2. Siento que haya sufrido tanto.
____ tú ____.
_____. (trabajar)
____ ellos ____.

3. Nos sorprende que lo hayas dicho.
_____. (hacer)
Me molesta ____.
Se alegra de que ____.

4. Esperamos que se hayan casado.
Tememos ____.
_____. (atreverse)
¡Ojalá que no ____!

B. *Esta vez completa con las palabras indicadas.*

Por ejemplo:

Lo han escogido. (Me alegro de que . . .)
Me alegro de que lo hayan escogido.

1. Ha limpiado la cocina. (Me gusta que . . .)
2. No se ha olvidado. (¡Ojalá que . . .!)
3. Ha resultado bien la función. (Esperamos que . . .)
4. ¡Has dicho una cosa tan mala! (Me sorprende que . . .)
5. Hemos roto la lámpara. (No le gusta que . . .)
6. Lo han cubierto. (Espero que . . .)
7. No se han apagado las luces. (¡Ojalá que . . .!)
8. No le he escrito nunca. (Le molesta que . . .)

B. 1. Me gusta que haya limpiado la cocina. 2. ¡Ojalá que no se haya olvidado! 3. Esperamos que haya resultado bien la función. 4. Me sorprende que hayas dicho una cosa tan mala. 5. No le gusta que hayamos roto la lámpara. 6. Espero que lo hayan cubierto. 7. ¡Ojalá que no se hayan apagado las luces! 8. Le molesta que no le haya escrito nunca.

REPASO RÁPIDO

1. The present subjunctive of **haber** is: **haya, hayas, haya, hayamos, hayan.**

2. The present perfect subjunctive is made up of **haya, hayas,** etc. + a past participle. It is used when we express our feelings about what *has happened*:

   Espero que hayas ganado.   I hope that you have won.
   Sienten que no hayamos ido.   They're sorry that we haven't gone.

Ejercicios

(You can check your answers in the back of the book.)

A. *Mira las ilustraciones y después úsalas para formar frases completas. (Recuerda: Tenemos que usar siempre el presente perfecto del subjuntivo.)*

1. ¡Ojalá que el niño   haya _____!   se _____!   se _____!

2. Nos alegramos de que Uds.   _____   _____   lo _____.

3. No es justo que tú   _____ tanto.   lo _____.   _____

B. *Finalmente, termina de tu propia manera, usando siempre* **haya**, *etc.*

1. Me alegro mucho de que . . .
2. ¿Te sorprende que yo . . .?
3. No les gusta que nosotros . . .
4. ¡Ojalá que todo el mundo . . .!

PANORAMA
PUEBLOS Y CIUDADES

1 Paredes blancas, techos (roofs) rojos, y casas pequeñas tostándose al sol. Un típico pueblo español brilla (shines) a la luz del mediodía. Casares, en la provincia de Málaga.

2 Buenos Aires, con sus anchas avenidas y hermosos parques y jardines y museos. Y sus elegantes casas de apartamentos y oficinas y bibliotecas y museos. "El París del Nuevo Mundo".

3 Vendedores de frutas en una esquina de Lima, Perú. En realidad, Lima es tres ciudades en una — la ciudad colonial de los conquistadores españoles, la ciudad nueva de edificios altos y magníficas mansiones, y la ciudad de los indios pobres que vienen del campo a buscar en la capital una vida mejor.

4 Saliendo del Metro en las Ramblas, una de las avenidas más famosas de Barcelona, "el corazón de Cataluña". Barcelona, un gran centro industrial y comercial, con su propio puerto de mar (seaport), es la más internacional, la menos "típica" de todas las ciudades españolas. En efecto, ¡los barceloneses aman tanto a su "patria chica" (little homeland) que casi la consideran una nación aparte!

5 Un barrio atestado de gente en Cartagena, Colombia. Letreros, ruido, calor, y calles estrechas (narrow) que sintieron los pasos (footsteps) de los conquistadores.

6 Indios caminando a la sombra de un viejo arco (arch) español. Dos mundos juntos, dos culturas unidas en la Plaza Mayor de Quillacollo, Bolivia.

Lección Nueve

¿De qué es? what's it made of?

madera wood

piedra Stone

CEMENTO cement

acero steel

vidrio glass

plástico plastic

ladrillos bricks

Dinos . . .

1. ¿Es de madera o de ladrillos tu casa? ¿Tiene piedra también? ¿Tiene mucho vidrio? ¿De qué es esta escuela? . . . A propósito, ¿cómo completas la frase: "Si uno vive en una casa de . . ., no debe tirar (throw) . . ."?

2. ¿De qué es la silla en que estás sentado (sentada)? ¿Es de tela el asiento? ¿Es de cuero? ¿Es de plástico? ¿Es de nilón o poliestro? ¿De qué son las sillas de tu cocina? ¿y de tu sala?

3. ¿Qué pesa más, el acero o el aluminio? ¿el plástico o el vidrio? ¿Qué metales usan mayormente en un avión? ¿en un coche? ¿Qué metales se usan más con los diamantes?

4. ¿Qué usan Uds. para calentar (heat) su casa — el carbón, el petróleo, el gas o la electricidad? ¿Tienen Uds. un sistema de energía solar? ¿Lo has visto funcionar alguna vez? ¿Has visto alguna vez un coche eléctrico?

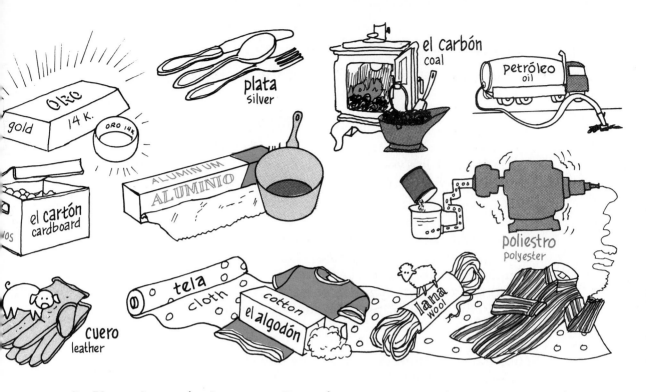

5. Ahora dinos rápidamente: ¿De qué son estas cosas? . . . una alfombra . . . un jersey . . . un suéter . . . una camisa o una blusa . . . un vestido de verano . . . un traje de invierno . . . un espejo . . . una mesa . . . un par de zapatos . . . un paraguas . . . una bombilla . . . un mantel . . . una olla . . . una jarra . . . una bicicleta . . . un boleto . . . un frasco de perfume . . . un frasco de champú . . . una toalla . . . una navaja . . . una caja . . . un periódico y una revista . . . unos calcetines . . . una cartera . . . un letrero . . . un . . . ¡Caramba, no más! A propósito, ¿cuáles de estas cosas vienen de árboles?

¡Adivina qué es! (Guess what it is!)

Mira bien por un momento todas las cosas que hay en tu clase — los muebles, las paredes y las cosas que hay en ellas, el cielo raso, las lámparas, la ropa de tus amigos . . . Ahora escoge en tu imaginación una cosa y dinos: "La cosa en que pienso es de . . ." (Dinos solamente de qué es.) . . . Ahora tus amigos van a tratar de adivinar. "¿Es más grande que mi mano?" "¿Es tan pequeña como una hormiga?" "¿Es verde . . . azul . . . amarillo . . .?" "¿Es una cosa única o hay muchas iguales?" . . . Por supuesto, la persona que lo adivina tiene el derecho de continuar. ¿Quién va a ganar, eh?

OBSERVACIONES

25. "Where will I go?" — the future tense (singular)

A. We've talked about future things many times. But instead of saying: "I will . . .," we've said, "I'm going to . . ." Or we've simply used the present tense, with the idea that something is going to happen at any moment now. Well, all this is perfectly correct. But Spanish, just like English, has a real future tense as well.

B. Notice that the future tense has only one set of endings for all three conjugations. And we add them onto the *whole infinitive*, not just to the stem! Por ejemplo:

¿Hablará Ud. . . .?   —Sí, hablaré . . .

(Vamos a ser un poco más formales por el momento, ¿está bien?)
Díganos . . .

1. ¿Hablará Ud. con sus abuelos hoy? (Will you speak . . .?)

   —Sí, hablaré . . . (Yes, I'll speak . . .)
   —No, no . . .

2. ¿Hablará con sus vecinos?
3. ¿Irá al cine esta tarde? (Will you go . . .?)

   —Sí, iré . . .
   —No, . . .

4. ¿Irá a alguna tienda?
5. ¿Volverá temprano o tarde a casa?

   —Volveré . . .

6. ¿A qué hora comerá esta tarde?

   —Comeré a la(s) . . .

7. ¿Leerá después el periódico (o una revista)?
8. ¿Mirará la televisión?
9. ¿Qué programas verá?
10. ¿A qué hora se acostará?

    —Me acostaré a . . .

Ahora, volviendo a nuestra manera informal, contestemos otra vez:

¿Comerás . . .?   —Sí, comeré . . .

1. ¿Comerás con tu familia esta noche?
2. ¿Ayudarás a preparar la comida?
3. ¿Cocinarás algo especial?
4. ¿Lavarás después los platos?
5. ¿Llamarás por teléfono a alguien?
6. ¿Jugarás un poco con tus hermanos?
7. ¿Escribirás tus lecciones para mañana?
8. ¿Te bañarás esta noche, o mañana por la mañana?
9. ¿Irás temprano a la cama?
10. ¿Te dormirás inmediatamente?
11. ¿A qué hora te despertarás mañana?

¿Lloverá mañana?   —Sí, lloverá . . .

1. En tu opinión, ¿lloverá mañana?
2. ¿Nevará?
3. ¿Brillará el sol?
4. ¿En qué meses lloverá más este año?
5. ¿En qué meses nevará más?
6. Si haces una cosa mala, ¿te perdonará tu padre?
7. ¿Te castigará tu madre?
8. Si necesitas algo, ¿te ayudará tu familia?
9. Si no entiendes algo en la escuela, ¿quién te lo explicará?

(Basta, ¿verdad?)

En otras palabras:

Here are the normal singular forms of the future tense:

	hablar	comer	vivir
(yo)	hablaré (I will speak)	comeré	viviré
(tú)	hablarás	comerás	vivirás
(Ud., él, ella)	hablará	comerá	vivirá

Práctica

A. *Indica las formas correctas del futuro:*

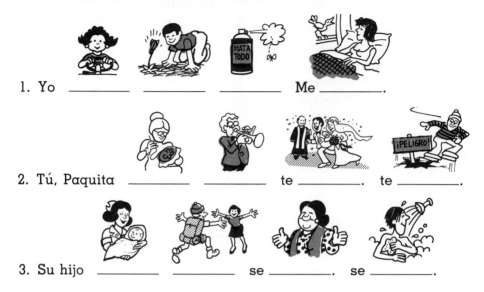

1. Yo _____   _____   _____   Me _____.

2. Tú, Paquita _____   _____   te _____.   te _____.

3. Su hijo _____   _____   se _____.   se _____.

B. *Cambia ahora al futuro.*

Por ejemplo:

Voy a caminar . . .   <u>Caminaré.</u>

¿Te vas a olvidar? . . .   <u>¿Te olvidarás?</u>

El jefe me lo va a dar . . .   <u>El jefe me lo dará.</u>

1. Mañana *voy a ensayar.*   2. Ahora lo *voy a sacar.*   3. ¿No lo *vas a romper?*   4. ¿Cuándo me *vas a pagar?*   5. Mañana seguramente *va a llover.*   —¡Qué va! *Va a nevar.*   6. Ese radio tuyo nunca *va a funcionar.*   7. ¿Mario nunca se *va a vestir?*   8. Ud. lo *va a cocinar,* ¿verdad?   9. Por supuesto, se *va a cuidar,* ¿eh?   10. ¿Quién se *va a atrever?*

C. *Contesta esta vez escogiendo la alternativa más lógica:*

1. Si un ladrón ha robado mi cartera, ¿iré a los bomberos o a la policía? (Ud. . . .)   2. Si quiero perder peso, ¿tomaré mi café con crema y azúcar o negro? ¿Comeré lechuga con tomate o maíz con mantequilla?   3. Si quieres saber las noticias cada día, ¿leerás un periódico o una revista? (Yo . . .)   4. Si te gusta ver árboles y pájaros, ¿caminarás en el parque o visitarás una biblioteca?   5. Si quieres ver mejor en el teatro, ¿te sentarás al fondo o al frente?   6. Si uno tiene prisa para llegar a

B. 1. ensayaré   2. sacaré   3. romperás   4. pagarás   5. lloverá; nevará   6. funcionará   7. vestirá   8. cocinará   9. cuidará   10. atreverá

C. 1. Ud. irá a la policía.   2. Ud. tomará café negro.; Ud. comerá lechuga con tomate.   3. Leeré
un periódico.   4. Caminaré en el parque.   5. Me sentaré al frente.   6. Volará.   7. Tomará el

Europa, ¿irá por mar o volará?   7. Si uno quiere subir al último
piso de un edificio grande, ¿tomará el ascensor o la escalera?
8. Si Marta se casa con Miguel, ¿qué será la madre de Miguel —
su suegra o su cuñada?   9. Si está haciendo mucho frío, ¿llevará
Ud. un abrigo de lana o pantalones cortos y una camisa de
algodón?   10. Si su lámpara no se enciende de repente,
¿comprará Ud. otro inmediatamente o le cambiará primero la
bombilla?   11. Si Ud. está cansado (cansada) de contestar tantas
preguntas, ¿continuará este ejercicio o pasará al próximo?

¡Muy bien!

ascensor.   8. Será su suegra.   9. Llevaré un abrigo de lana.   10. Le cambiaré primero la
bombilla.   11. Pasaré al próximo.

26. "What will we do?" — the future tense (plural)

(¡Ay, qué cosa más fácil!)

Conteste otra vez, ¿está bien?

¿Irán Uds. . . .?   —Sí, iremos . . .

1. ¿Irán Uds. a más clases hoy?
   (Will you-all go . . .?)

—Sí, iremos . . . (Yes, we'll
   go . . .)
—No, . . .

2. ¿Irán Uds. al laboratorio después?

3. ¿Terminarán Uds. esta lección hoy?

—Sí, terminaremos . . .
—No, . . .

4. ¿La olvidarán mañana? (¡Ojalá que
   no!)

5. Si alguien necesita su ayuda, ¿se
   la darán?

—Sí, se la . . .

6. Si yo necesito un poco de dinero,
   ¿me lo prestarán?

7. Si les ruego que estudien más, ¿me
   lo prometerán?

8. Si hay mucho peligro en hacer algo,
   ¿se atreverán?

—Sí, nos . . .
—No, . . .

¿Te llamarán . . .?   —Sí, me llamarán . . .

1. ¿Te llamarán hoy algunos amigos?

2. ¿Te invitarán a algún lugar?

3. ¿Te mandarán a alguna parte tus
   padres?

245

4. Si tienes algún problema, ¿te ayudarán?

5. Si no entiendes algo, ¿te lo explicarán?

6. Si deseas algo para tu cuarto, ¿te lo comprarán?

7. Si te prometen algo, ¿siempre te lo darán?

8. Si los invitamos a una función en el colegio, ¿asistirán?

9. Si tú haces una cosa muy mala, ¿ellos sufrirán?

10. Si tú eres feliz, ¿se alegrarán?

En otras palabras:
Here are the plural forms of the future tense:

	hablar		comer	vivir
(nosotros, as)	hablaremos (we will speak)		comeremos	viviremos
(ellos, ellas, Uds.)	hablarán		comerán	vivirán

Práctica

A. *Cambia según el verbo nuevo:*

1. ¿Caminaremos? (andar, seguir, confesar)
2. Nos sentaremos allí. (divertirnos, bañarnos, quedarnos)
3. Se lo dejaremos todo. (traer, llenar, cubrir)
4. Lo usarán mañana. (acabar, comenzar, ver)
5. ¿Las servirán Uds.? (repetir, encender, apagar)
6. ¿Se acercarán ahora? (callarse, despertarse, abrazarse)

B. *Haz plurales las palabras indicadas.*

Por ejemplo: Yo se lo ofreceré.   <u>Nosotros se lo ofreceremos.</u>
¿Tú te atreverás?   <u>¿Uds. se atreverán?</u>
¿Quién lo recibirá?   <u>¿Quiénes los recibirán?</u>

1. *El pescado* olerá muy mal.   2. *Esa planta* no crecerá.   3. ¿Por qué no *la* repetirá *Ud.*?   4. ¿*Tú* nos mentirás?   5. ¿*Se* reirá de mí?   6. No *lo* molestaré más.   7. Se *la* pediré mañana.   8. Ya no seré su enemigo.   9. *Me* vestiré en dos minutos. (¡Cuidado!) 10. ¿*Le* gustará este asiento?   11. Seguramente, *les* gustará esa excursión.   12. ¿*Se* alegrará *Ud.* de verla?

C. Ahora, ¿cómo relacionas los Grupos 1 y 2?

1	2
a. Dicen que mañana será un día muy hermoso.	_f_ Eso les costará una fortuna.
b. ¿Dónde cogeremos el autobús?	_d_ La visita a la ciudad antigua.
c. ¿Cómo recordarás tantas cosas?	_b_ Hay una parada en la esquina.
d. ¿Qué excursión escogerán Uds.?	_c_ Las aprenderé de memoria.
e. Estoy segura de que no se atreverán.	_a_ Al contrario. Acabo de oír en la radio que lloverá.
f. Construirán una casa grande de piedra y de vidrio.	_h_ ¡Qué va! El alcalde jamás la permitirá.
g. Iremos a Italia y Portugal.	_e_ ¿Por qué no? Ellos no tienen miedo de nada.
h. Los bomberos declararán una huelga.	_g_ Entonces, ¿cuánto tiempo pasarán en Europa?

REPASO RÁPIDO

Here are the usual forms of the future tense:

	hablar	comer	vivir
(yo)	hablaré	comeré	viviré
(tú)	hablarás	comerás	vivirás
(él, ella, Ud.)	hablará	comerá	vivirá
(nosotros, as)	hablaremos	comeremos	viviremos
(ellos, ellas, Uds.)	hablarán	comerán	vivirán

Ejercicio

(You can check your answers in the back of the book.)
Completa usando la forma correcta del futuro:

1. ¿El televisor? Yo lo _____. (arreglar)
2. ¿Los papeles principales? David y yo los _____. (ensayar)
3. ¿La tela verde? Si quieren, el dependiente se la _____. (traer)
4. ¿En ese barrio? ¡No! Allí mi esposa y yo no _____. (vivir)
5. ¡Cuidado con aquellos vasos! —¡Qué va! Yo no los _____. (romper)
6. ¿Me prometes que no _____? (olvidarte) —Claro. Yo no _____. (olvidarme)
7. ¡Ojalá que nadie lo vea! —Está bien. Nadie _____. (fijarse)
8. ¿Quiénes _____? (ir) —Mucha gente. Pero Riqui y tú _____ los primeros. (ser)

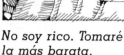
No soy rico. Tomaré
la más barata.

Habrá gas y electricidad . . .
con la fortuna de 50 pesos.

CUENTO MADAMA LOLA

Estamos en un cuarto **oscuro**. Un hombre nervioso está   dark
parado en la puerta. Las **cortinas** del fondo se abren, y   standing; curtains
Madama Lola entra.

Madama (misteriosamente):   Siéntese, señor.

5 Sr.:   Gracias, Madama. Yo soy Edgar Gómez. Tengo **cita** para   an appointment
las tres.

Madama: Lo sé. Los **espíritus** me lo han comunicado.   spirits

Sr.:   ¡Qué cosa! . . . Dígame, Madama, ¿cómo viviré mi vida?
¿Qué me pasará?

10 Madama: Depende, señor. ¿Qué fortuna escogerá?

Sr.:   No soy un hombre rico. Tomaré la **más barata**.   cheapest
(**Le entrega** 20 pesos.)   He **hands** her

Madama: Bueno, Ud. decidirá . . . (Una música **extraña**   strange
comienza.) Cierre los ojos, Edgar Gómez. En un minuto

15   los abrirá. Y el Espejo Mágico **le dirá lo que** el futuro   will tell you **what**
traerá.

Sr.:   ¡Qué maravilla! ¡Qué suerte! ¡Ojalá . . .!

Madama: Mire, Edgar. Ésta será su casa. (Sobre el espejo
grande ha **aparecido** una casa vieja y rota.)   appeared

20 Sr.:   Pero, ¿tan pequeña? ¿Tan fea? Por lo menos, ¿será
de ladrillos? ¿Será de madera?

Madama: No. Las paredes serán de plástico, y las ventanas,
de celofán.

Sr.:   Y . . . y mi esposa, ¿dónde estará?

25 Madama: En la cocina, haciendo el **fuego** con un poco de   fire
carbón.

Sr.:   ¡Por Dios! ¿Tan pobres seremos? ¿**No habrá** gas ni   Won't there be
electricidad? ¿**No tendremos calefacción**?   Won't we have heat?

Si escoge Ud. la fortuna de cien pesos . . .

Un poco costoso, pero . . . con el dinero que yo haré . . .

Ahora díganos, Madama . . . ¿Qué maravillas nos pasarán?

Madama: No, señor. Sólo con la fortuna de 50 pesos, no con
30   la fortuna más barata.
(Edgar saca 30 pesos del bolsillo y se los da.)
Sr.:   Rápido, Madama Lola. **Muéstremela.**   Show it to me.

● (Oímos una música más **alegre**, y aparece en el espejo una   joyful
casa **preciosa** de vidrio y de piedra.)   lovely
35 Sr.:   Bueno. Así será mejor.
Madama: Ahora en un momento, Sr. Gómez, su esposa
saldrá. Y detrás de ella, sus hijos **vendrán.**   will come out; will come
Sr.:   ¡Qué bien! . . . Pero dígame, ¿ésa será ella — con ese
vestido viejo de algodón? ¿Y así andarán mis hijos, con
40   zapatos de cartón? Mire, Madama, yo no pido telas finas.
Yo no pido oro ni plata. Pero por lo menos, ¿**no podrán**   won't they be able
tener un abrigo de lana?
Madama: Claro, si escoge Ud. la fortuna de cien pesos.
Con ésa, **aun** botas de cuero tendrán.   even
45 (Diez minutos más tarde, Edgar sale del cuarto oscuro. Un
joven se acerca a él.)
Joven: Perdone, señor, pero ¿cómo le fue?
Sr.:   Un poco **costoso**, pero ¿qué importa — con el dinero   expensive
que **yo haré?**   I will make
50 (El joven sonríe y entra en el cuarto.)
Joven: Buenas tardes, Madama Lola. Yo soy Cuco López.
(Le entrega un **montón de monedas.**) Tomaré la fortuna   pile of **coins**
de cien pesos.
Madama: Fantástico. Ahora cierre los ojos. En un . . .
55 Joven: Espere, Madama. Mis **socios querrán** ver esto también. partners will want
(Abre la puerta y unos 20 jóvenes entran.)
Ahora díganos, Madama Lola, ¿qué **será de** nuestras   will become of
vidas? ¿Qué **maravillas** nos pasarán?   wonderful things

249

Vamos a conversar

A. 1. ¿Cómo es el cuarto de Madama Lola? ¿Qué hay al fondo? ¿Has visto tú alguna vez un cuarto como ése?

2. ¿Quién entra? ¿Para qué hora tiene cita el nuevo cliente? A propósito, ¿recuerdas a esta persona de *Hola, Amigos*?

3. ¿Qué quiere Edgar que Madama Lola le diga?

4. Según Madama, ¿de qué dependerá? ¿Tienen el mismo precio todas sus "fortunas"?

5. ¿Qué fortuna tomará Edgar? ¿Cuánto cuesta?

6. ¿Qué cosa revelará su futuro?

7. Cuando Edgar abre los ojos, ¿qué ve en el espejo mágico? Según eso, ¿será de ladrillos su casa futura? ¿Será de madera? ¿De qué serán las paredes? ¿De qué serán las ventanas?

8. ¿Dónde estará su esposa? ¿Qué estará haciendo?

9. ¿Habrá gas y electricidad en esa casa? ¿Por qué no?

10. ¿Qué saca Edgar del bolsillo? ¿Qué le dice a Madama Lola? En tu opinión, ¿es Edgar un hombre inteligente o tonto?

B. 1. Cuando Edgar paga los treinta pesos más, ¿qué música oye?

2. ¿Qué casa aparece ahora en el espejo mágico?

3. En un momento, ¿quién saldrá de esa casa? ¿Quiénes vendrán después?

4. ¿Cómo estará vestida su esposa?

5. ¿Cómo andarán sus hijos?

6. ¿Qué clase de abrigo quiere Edgar que tengan por lo menos?

7. ¿Qué cosas están incluidas (included) con la fortuna de cien pesos?

8. Cuando Edgar sale del cuarto, ¿está triste o contento? ¿Ha gastado mucho o poco dinero? ¿Quién se acerca a él?

9. ¿Cuánto dinero le entrega Cuco a Madama Lola? ¿Para cuántas personas será esa fortuna? Un poco de matemáticas: ¿Cuánto le costará a cada una?

10. ¿Has ido tú alguna vez a una adivina (fortune teller)? En tu opinión, ¿hay personas con talentos sobrenaturales (supernatural)? ¿Crees tú en ellas? ¿Creen en ellas tus padres?

JUEGOS DE PALABRAS

A. *Ayúdanos a llenar los blancos.*

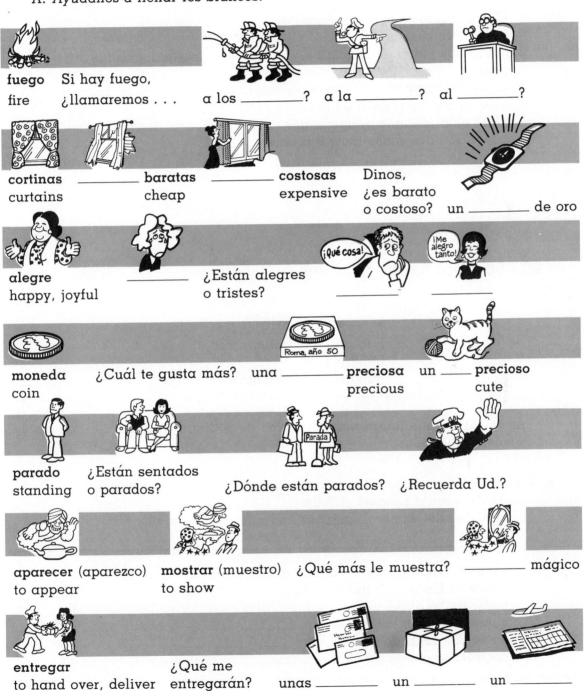

fuego Si hay fuego,
fire ¿llamaremos . . .   a los _____?   a la _____?   al _____?

cortinas _____   **baratas** _____   **costosas** Dinos,
curtains   cheap   expensive ¿es barato
                                                o costoso?   un _____ de oro

alegre _____   ¿Están alegres
happy, joyful   o tristes?   _____

moneda ¿Cuál te gusta más?   una _____   **preciosa** un _____ **precioso**
coin   precious   cute

parado ¿Están sentados   ¿Dónde están parados?   ¿Recuerda Ud.?
standing o parados?

aparecer (aparezco)   **mostrar** (muestro)   ¿Qué más le muestra?   _____ mágico
to appear   to show

entregar ¿Qué me   unas _____   un _____   un _____
to hand over, deliver entregarán?

251

B. Pequeños pero importantes:

aun   even, until   **lo que**   what (*Not* "What?"!)

Ahora completa, por favor:

1. Este perfume es costoso. Aquél es ____ más costoso.
   —¡____ yo sé eso!
2. ____ ellos piden es imposible.   —____ los otros pidieron fue
   peor.
3. ¿Qué me cuenta? ¿____ en el ascensor está prohibido fumar?
   —Sí, señor, en todo el edificio.
4. ¿Has oído ____ me prometieron?   —Sí. Pero ____ dicen y ____
   hacen son dos cosas muy diferentes.

                                                        ¡Y ya!

OBSERVACIONES

27. Special future patterns

¿RECUERDAS?

hablaré	hablaremos
hablarás	
hablará	hablarán

As you know, the future normally adds its endings onto the
whole infinitive.

A. A few infinitives suffered some wear and tear over the centuries.
   And this is what became of them.
   (Notice that the same all-purpose endings still remain!)

---

saber (to know): sabré, sabrás, sabrá, sabremos, sabrán
haber (to have . . .): habré, ____, ____, ____, ____
poder (to be able): podré, ____, ____, ____, ____
querer (to want; love): querré, ____, ____, ____, ____
hacer (to make; do): haré, ____, ____, ____, ____
decir (to say; tell): diré, ____, ____, ____, ____

B. With a few others, an extra **d** sound crept in.

---

venir (to come): vendré, vendrás, vendrá, vendremos, vendrán

tener (to have): tendré, _____, _____, _____, _____

poner (to put): pondré, _____, _____, _____, _____

salir (to go out): saldré, _____, _____, _____, _____

valer (to be worth): valdré, _____, _____, _____, _____

Vamos a practicar

A. *Cambia según las indicaciones:*

1. Saldré temprano.
   Los otros _____.
   _____. (venir)
   ¿Tú _____?

2. Lola lo hará.
   _____. (decir)
   _____. (tener)
   Lola y yo _____.

3. ¿Podrán hacerlo?
   _____. (querer)
   _____. (saber)
   ¿(Yo) _____?

4. ¿Qué haremos?
   ¿_____? (decirle)
   ¿_____ Uds.?
   ¿_____ (tú)?

B. *Esta vez completa usando el futuro del mismo verbo.*

   Por ejemplo: ¡Ojalá que *vengan*! —Sí, sí, vendrán.

1. ¡Ojalá que *tengamos* tiempo! —Sí, sí, lo _____.
2. Siento que no *hayan venido*. —Tenga paciencia. Pronto _____.
3. Espero que no se *pongan* nerviosos. —¡Qué va! No se _____ nerviosos.
4. Espero que *salgas* bien en tu examen. —Gracias. Creo que sí _____ bien.
5. Siento que se *haya puesto* mal de salud. —Sí, pero pronto se _____ mejor.
6. Espero que *valga* tanto dinero. —¡Cómo no! _____ más.
7. ¡Ojalá que no *hagan* nada malo! —¡Qué va! Jamás _____ nada malo.
8. ¡Ojalá que no *sepan* la verdad! —¿Qué importa? La _____ algún día.
9. Espero que *podamos* entenderla. —No habrá problema. Uds. la _____.
10. ¡Ojalá que nadie se lo *diga*! —Seguramente, alguien se lo _____.

B. 1. tendremos   2. vendrán   3. pondrán   4. saldré   5. pondrá   6. Valdrá   7. harán   8. sabrán   9. podrán entender   10. dirá

253

C. *Finalmente, lee en voz alta este diálogo, y contesta las preguntas:*
Ahora, ¿me prometerán una cosa?   (free response)
—¿Qué?
—Que comerán bien y que no harán mucho ruido. Y que se
acostarán temprano y que . . .
—Pero ésas son muchas cosas, no sólo una.
—No importa. Nosotros vendremos en dos o tres horas, y querremos
encontrarlos en la cama.
—Bueno. ¿Y qué nos traerán? . . . ¿Tendrán algo para nosotros? . . .
¿Qué nos traerán?

1. ¿Quiénes están hablando aquí?
2. ¿Qué tendrán que prometer los chicos?
3. ¿A qué hora crees que volverán los padres?
4. ¿A dónde crees que irán?
5. ¿Crees que les traerán algo? Por ejemplo, ¿qué les podrán traer?
6. En tu opinión, ¿es justo dejar solos en casa a los niños? ¿Lo
han hecho a veces tus padres? ¿Y cuando tú eras pequeño(a)?

REPASO RÁPIDO

A few verbs have irregular future forms. But the endings always
remain the same as the ones for any other verb.

saber: sabré, sabrás . . .	**venir:** vendré, vendrás . . .
haber: habré	**tener:** tendré
poder: podré	**poner:** pondré
querer: querré	**salir:** saldré
hacer: haré	**valer:** valdré
decir: diré	

Ejercicio

(You can check your answers in the back of the book.)
Completa usando el futuro del verbo correcto:

1. No sé si yo _____ suficiente dinero. (tener, haber) (¡Cuidado!)
2. ¿Las _____ Uds. en esta jarra o en la otra? (poner, poder)
3. ¿A qué hora _____ (tú) del colegio? (salir, saber)
4. ¿Quién _____ lo que ha pasado? (subir, saber)
5. ¿Me _____ Ud. un gran favor? (hacer, haber)
6. ¿Qué les _____ Adela y yo? (decir, venir)
7. Tú _____ primero y yo _____ después, ¿verdad? (valer, venir)

PANORAMA
HECHO A MANO

1 Hilando (spinning) lana a mano. Cuzco, Perú . . . No hay duda. La industria moderna ha llegado al mundo hispánico, y ha crecido mucho la producción "en masa". Pero el hispano siente todavía un profundo deseo de trabajar con las manos, de crear una obra (work) de arte, no sólo un objeto práctico, funcional.

2 Madrid. Continuando una tradición que data de tiempos antiguos, un artesano (craftsman) hace hermosas figuras en el cuero. Desde tiempos medievales, España ha sido famosa por sus magníficos artículos de cuero estampado (tooled).

3 Los indios de Huancayo, Perú, crean sus propias obras de arte talladas en calabazas (carved on gourds). Según evidencia científica, esta técnica decorativa tiene por lo menos 3000 años de edad, ¡y las calabazas eran usadas para hacer platos, tazas y otras cosas 13,000 años antes de Jesucristo!

4 Mientras tanto una joven ecuatoriana hace sus bordados (embroidery) multicolores en un fino paño de seda (silk cloth).

5 "¡Cuidado con ese martillo!" Un artesano de Taxco, México, crea delicados objetos de plata . . . Los indios mexicanos y peruanos sabían labrar (to work) metales preciosos como el oro y la plata, aun antes del descubrimiento de América por Cristóbal Colón.

6 Valencia, España. Pintando a mano platos, tazas y jarras de cerámica exquisita . . . España también tiene fama por sus hermosas figuras de porcelana. (Posiblemente, ¿tiene Ud. una en su casa?)

7 Flores y pájaros de oro sobre una base de metal negro — un ejemplo lindo del arte "damasquinado" (Damascene) de Toledo, España. (¿De dónde viene la palabra "damasquinado"? ¡De Damasco, Siria, por supuesto!)

257

Lección Diez

¿Cómo lo describiremos?

dulce
sweet

AZÚCAR

peligroso
dangerous

extraño
strange

nube 9

aburrido
bored, boring

débil
weak

fuerte
strong

Dinos . . .

1. ¿Has estado alguna vez en una situación peligrosa? ¿Has hecho alguna vez una cosa peligrosa? En tu opinión, ¿cuáles son las ocupaciones más peligrosas? ¿Te interesan a ti? ¿Hay algún miembro de tu familia en una de esas profesiones?

2. En tu opinión, ¿es aburrida la vida sin peligro? ¿O es más interesante? ¿Buscas tú a veces el peligro? ¿Te gustan las carreras (races) de coches? ¿Te gusta manejar muy rápidamente? ¿Te gusta andar en motocicleta? ¿Te gusta la corrida de toros (bullfight)?

3. ¿Conoces a una persona realmente extraña? ¿O por lo menos, bastante extraña? Generalmente, ¿quiénes son más interesantes — las personas un poco extrañas o las personas muy normales? ¿Te gusta la música extraña? ¿la ropa extraña? ¿y la comida?

4. Hablando de comida, ¿te gustan mucho los dulces? ¿Comes demasiados dulces? ¿Comes bastantes vegetales? ¿Y bastante fruta fresca? ¿Prefieres un desayuno frío o caliente? ¿y el almuerzo? ¿y la comida? ¿Te gusta tener a veces el estómago completamente vacío? ¿Te gusta tenerlo completamente lleno?

5. Volviendo a otras cosas, dinos: En tu opinión, ¿quién es la persona más fuerte de tu familia (fuerte de carácter, no sólo de cuerpo)? ¿Quién es la persona más débil? ¿la persona más linda? ¿la más alta? ¿la más flaca? ¿Quién tiene siempre el cuarto más limpio? ¿y el más sucio?

Visita al psiquiatra

Primero, vamos a escribir en papelitos separados los adjetivos siguientes y los pondremos en una caja de cartón.

flaco, sencillo, barato, costoso, feliz, triste, extraño, precioso, débil, fuerte, limpio, sucio, tonto, loco, aburrido, peligroso

Ahora pon tú por lo menos ocho adjetivos adicionales . . . Y comencemos. Imagínate que has ido a consultar a un psiquiatra famoso. El único problema es que tienes la memoria un poco débil. Y así, la caja tendrá que ayudarte cada vez con alguna palabra. Por ejemplo:

Tú: Doctor, tengo un problema muy *(saca una palabra de la caja)*. ¿Puede Ud. ayudarme?

Dr.: ¡Cómo no! ¿Quiere Ud. comenzar desde el principio?

Tú: Muy bien. Yo soy de una familia *(saca otra palabra)*. Mi padre es una persona _____. Mi madre es aun más _____ que él. Mi hermana mayor es _____. Y mis hermanos son tan _____ como ella.

Dr.: ¡No me diga! Continúe Ud.

Tú: Tengo dos primos que son bastante _____, un tío que es bastante _____, y una tía que es demasiado _____. ¡Es terrible, terrible!

Dr.: Sí, me lo imagino. Pero dígame algo ahora de Ud.

Tú: ¿De mí? Pues yo soy _____ y _____ y _____ y _____.

Dr.: ¡Qué lata! ¿Nada más?

Tú: No, doctor. Ahora le ruego que Ud. me diga lo que piensa de mí.

Dr.: Francamente, amigo (amiga), no hay más adjetivos para describirlo (describirla). Buena suerte, y adiós . . . Cien pesos, por favor.

OBSERVACIONES

28. "Where would I go?" — the conditional tense (singular)

¿RECUERDAS?

Iré mañana.	I will go tomorrow.
Te prometo que iré.	I promise you that I'll go.

The future tense tells what *will* be, what *is going to happen*, as of now (the present).

A. What is the conditional tense?

It is a tense that tells what *would* be, what *was going to happen*, as of *then* (some time in the past).

Present⟶ Future
Prometo que **iré**.   I promise (now) that I will go.

Past⟶ Conditional
Prometí que **iría**.   I promised (then) that I would go.

It also tells what *would happen* if . . .

    ¿Qué contestaría Ud.?   What would you answer (if they asked)?
    ¿Quién lo creería?   Who would believe it (if he heard it)?

B. Just like the future tense, it has only one set of endings, and
   those are normally added to the *whole* infinitive. Por ejemplo:

¿Hablaría Ud. . . .? —Sí, hablaría . . .

(Sólo para empezar, vamos a ser muy formales.)

1. ¿Hablaría Ud. español o francés con   —Hablaría . . .
   un mexicano? (Would you speak . . .?)   (I would speak . . .)
2. ¿Qué hablaría con un brasileño —
   español o portugués?
3. ¿Qué lengua hablaría Ud. en
   Tokio — chino o japonés?

Imagínese que había fuego en su casa . . .
4. ¿A quién llamaría — a la policía o
   a los bomberos?   —Llamaría a . . .
5. ¿Trataría de apagarlo Ud. solo (sola)? —Sí, . . . yo solo (sola).
   (Would you try to . . .?)   —No, . . .
6. ¿Pedirá ayuda a sus vecinos?

Imagínese que había un ladrón en su
casa . . .
7. ¿A quién llamaría — a los bomberos
   o a la policía?
8. ¿Trataría de cogerlo Ud. solo (sola)? —Sí, . . . yo solo (sola).
                                 —No, . . .
9. ¿Le entregaría todo su dinero?

¿Tú hablarías . . .? —Sí, hablaría . . .

Imagínate que era la medianoche y que estabas solo (sola) en una
estación de metro. De repente, una persona un poco "extraña" se
acercaba y quería sentarse contigo. Dinos . . .

1. ¿Hablarías con él (o con ella)?   —Sí, hablaría . . .
   (Would you speak . . .?)   —No, . . .
2. ¿Tratarías de conocerlo (conocerla)
   un poco más?
3. ¿Cambiarías tu asiento?
4. ¿Buscarías un teléfono para llamar
   a la policía?
5. ¿Temerías algún peligro?
6. ¿Irías a otra estación?

Imagínate que era la medianoche y que estabas solo (sola) en una parada de autobús. De repente, una persona muy bien vestida se acercaba y quería hablar contigo. Dinos . . . ¿cómo contestarías ahora estas mismas preguntas?

¿Tu amigo te llamaría . . .?	—Sí, me llamaría . . .

1. ¿Dijo tu mejor amigo (amiga) que te llamaría hoy?

—Sí, mi mejor amigo dijo . . .
—No, . . .

2. ¿Dijo que te vería esta tarde?
3. ¿Dijo que iría contigo al cine?
4. ¿Dijo tu madre que trabajaría hoy?
5. ¿Dijo que visitaría a una parienta o amiga suya?
6. ¿Dijo que iría hoy a un almacén?
7. ¿Prometió que te traería algo?
8. ¿Te gustaría a ti trabajar en vez de estudiar? (Would you like . . .?)

—Sí, me gustaría . . .
—No, no me gustaría . . .

9. ¿Te gustaría no trabajar nunca?

En otras palabras:
Here are the regular singular forms of the conditional tense:

	hablar	comer	vivir
(yo)	hablaría (I would speak)	comería	viviría
(tú)	hablarías	comerías	vivirías
(él, ella, Ud.)	hablaría	comería	viviría

Práctica

A. *Indica las formas correctas del condicional:*

1. Yo: _____   _____   _____   Me _____.

2. ¿Tú . . .? _____   _____   ¿Te_____?   ¿Te_____?

3. ¿Ud. . . .? _____   _____   ¿Se_____?   ¿Se_____?

A. 1. entregaría, mostraría, escogería, acercaría   2. tendrías miedo, (te) caerías, fijarías, callarías
3. construiría, pelearía, divertiría, alegraría

B. *Cambia ahora al condicional:*

1. Yo no lo *cambiaré* por nada.   2. ¿Te *quedarás* toda la semana?
3. ¿Qué *pensará* el jefe?   4. Jamás se los *daré*.   5. ¿Lo *creerás*?
6. El pescado *olerá* mal.   7. ¿Mi cuñada *mentirá*?   8. ¿No se
parará el tráfico?   9. ¿Te *cuidarás* mucho?   10. Ella no *aparecerá* aquí.

C. *Cambia según el modelo.*

Por ejemplo:

Dice que no fumará más. (Dijo . . .)   Dijo que no fumaría más.

1. Dice que me lo prestará. (Dijo . . .)   2. ¿Prometes que la
ayudarás? (¿Prometiste . . .?)   3. Creo que lloverá. (Creía . . .)
4. Pienso que Elena será la única. (Pensaba . . .)   5. Parece que
el médico lo salvará. (Parecía . . .)   6. ¿A qué hora dice que
volverá?   7. ¿Crees que se reirá de ti? (Creías . . .)   8. Jura que
nos pagará. (Juró . . .)   ¡Y ya!

29. "What would we do?" — the conditional tense (plural)

(Realmente, ¡esto es demasiado fácil!)

Conversemos otra vez.

¿Lo permitirían Uds.?   —Sí, lo permitiríamos . . .

Imagínense Uds. que había en su clase una persona que nunca
estudiaba. Y cuando llegaban los exámenes, siempre copiaba de
sus vecinos. Aparentemente, su profesor(a) no lo sabía y le daba
muy buenas notas (grades).

Ahora díganos . . .

1. ¿Lo permitirían Uds.?   —Sí, lo permitiríamos . . .
   (Would you-all permit it?)   (Yes, we would . . .)
2. ¿Ayudarían Uds. a esa persona a
   copiar?
3. ¿Cubrirían sus papeles durante el
   examen?
4. ¿Informarían Uds. al maestro
   (a la maestra)?
5. ¿Le hablarían Uds. en privado?
6. ¿Serían Uds. amigos suyos?
7. ¿Invitarían a esa persona a sus
   fiestas?
8. ¿Le prestarían dinero?
9. ¿Respetarían mucho a esa persona?

Práctica C. 1. Dijo que me lo prestaría.   2. ¿Prometiste que la ayudarías?   3. Creía que llovería.
4. Pensaba que Elena sería la única.   5. Parecía que el médico lo salvaría.   6. ¿A qué hora dijo
que volvería?   7. ¿Creías que se reiría de ti?   8. Juró que nos pagaría.

263

¿Lo permitirían tus padres?   —Sí, mis padres . . .

Imagínate ahora que tenías unos amigos que no les gustaban a tus padres. Pero tú estabas loco (loca) por ellos. Querías salir siempre con ellos. Querías invitarlos frecuentemente a tu casa.

Ahora bien, dinos . . .

1. ¿Lo permitirían tus padres?
2. ¿Los recibirían tus padres cortésmente?
3. ¿Les ofrecerían comida?
4. ¿Los invitarían a quedarse a dormir?
5. ¿Te permitirían salir mucho con ellos?
6. ¿Tratarían de castigarte de alguna manera?
7. ¿Te quitarían parte de tu dinero?
8. ¿Se reirían de ti y te criticarían?
9. Por fin, ¿los aceptarían?

(La verdad, ¿ha pasado esto alguna vez en tu casa?)

Otra vez, a practicar

A. *Cambia según el verbo nuevo:*

1. ¿A ese hombre? No, jamás lo *perdonaríamos.* (escoger, aceptar, creer)
2. ¡Qué lata! Nosotros no *nos olvidaríamos.* (reírnos, atrevernos, callarnos)
3. ¡Qué va! Esos planes *resultarían* mal. (funcionar, acabar, estar)
4. ¿Marielena y José? Decidieron que *volverían* en junio. (casarse, irse, visitarnos)

B. *Esta vez cambia todas las palabras indicadas:*

1. ¿No *prometiste* que *te acostarías* temprano?
   ¿_____ Uds. que se _____ a la medianoche?
2. Aquel *día yo* no *creía* que *vería* el sol.
   _____ noche nosotros _____ que _____ la luna.
3. *Pía y Octavio* eran *primos.* ¿Por qué no se *abrazarían?*
   _____ yo _____ novios. ¿Por qué no nos _____?
4. *Alicia* dijo que *cubriría la mesa* con otro *mantel.*
   Los dueños _____ que _____ las ventanas _____ cortinas.
5. ¿*Tú* pensabas que *nos reiríamos* de *tí?*
   Los pobres _____ que Ud. _____ de ellos.

B. 1. ¿No prometieron; acostarían   2. Aquella; creíamos; veríamos   3. Pía y; éramos; nos abrazaríamos   4. dijeron; cubrirían; con otras   5. pensaban; se reiría

REPASO RÁPIDO

1. The conditional tense tells what *would happen* (if . . .) or what *was going to happen*.

2. It has only one set of endings, and those are normally added onto the whole infinitive.

	hablar	comer	vivir
(yo)	hablaría	comería	viviría
(tú)	hablarías	comerías	vivirías
(él, ella, Ud.)	hablaría	comería	viviría
(nosotros, as)	hablaríamos	comeríamos	viviríamos
(ellos, ellas, Uds.)	hablarían	comerían	vivirían

Ejercicios

(You can check your answers in the back of the book.)

A. *Completa usando el condicional del verbo más lógico:*

1. ¡No lo creo! El jefe nunca ＿＿＿ al enemigo nuestros secretos. (entregar, recibir)

2. Es verdad que hizo mal. Pero seguramente sus propios padres la ＿＿＿. (conocer, perdonar)

3. No nos gusta mucho el barrio. Nosotros no ＿＿＿ aquí una casa tan costosa. (mostrar, construir)

4. Lo siento, señor, pero ya no se puede arreglar este coche. Yo le ＿＿＿ un coche nuevo. (recomendar, servir)

5. ¡No me digas! ¿Tú ＿＿＿ a hacer una cosa tan peligrosa? (atreverte, fijarte)

B. *Expresa en español:*

1. Lola says that his future life will appear on the magic mirror.
   Lola dice que su vida futura ＿＿＿ en el ＿＿＿ mágico.

   Lola said that his future life would appear on that mirror.
   Lola dijo ＿＿＿＿＿＿.

2. Would his children wear only a cotton shirt and cardboard shoes?
   ¿Sus hijos ＿＿＿ sólo una camisa de ＿＿＿ y zapatos de ＿＿＿?

   Would his children live in an old wooden house with paper windows?
   ¿Sus hijos ＿＿＿ una casa vieja de ＿＿＿ con ＿＿＿?

¿Nico? . . . Toño . . .
Mis padres han salido.

Pero . . . Me dio pena
dejar a Toño y Chita.

¿Cuco? . . . Nico . . . ¿te
gustaría ir a una fiesta?

CUENTO ANIVERSARIO

Apartamento 4B. Toño Romero está al teléfono.

Toño: ¿Nico? . . . Habla Toño . . . Óyeme, ¿**podrías** venir   would you be able
    a mi casa? . . . Mis padres han salido y Chita y yo
    estamos solos. ¡Qué aburrido! . . . Chita, mi hermana.

5   . . . Sí, la **fea** flaca. Espera . . . ¡Chita! ¡Chi-ta! ¿A qué   ugly
    hora dijeron que volverían mamá y papá?

Chita: ¿Por qué quieres saberlo?

Toño: **Porque sí**, nada más.   Just because

Chita: Entonces no te lo diré.

10 Toño: Chita, ¿sabes? Algún día me gustaría darte un . . .

Chita: ¿Ah, sí? Se lo contaré a mamá.

Toño: (otra vez al teléfono) ¿Nico? . . . Óyeme. Llama a los
    otros chicos y diles . . .

◆━◆◆━◆

Sr. Romero: **¡Qué delicia**, Sarita! Tú y yo solos. Como en   What a pleasure
15   nuestra primera **cita**. ¿Recuerdas este restaurante?   date

Sra.: Claro, Bernardo. Todo está fantástico. Pero, ¿sabes?
    Me dio pena dejar a Toño y Chita.   I felt bad about

Sr.: Ah, Sarita, no seas así. No son pequeños ya.

Sra.: Es verdad. Pero . . .

20 Sr.: Dijeron que verían un poco la televisión y que irían
    a la cama. Nada más.

Sra.: ¡Pobres! ¡Ojalá que ellos **disfruten** también!   have fun

Sr.: **No te preocupes**. Disfrutarán. Disfrutarán.   Don't **worry**.

◆━◆◆━◆

Nico (al teléfono): ¿Cuco? . . . Nico aquí. Óyeme, ¿te
25   gustaría ir a una fiesta? . . . **Ahora mismo** . . . Pues llama   right now
    a los otros y diles . . .

Era mamá . . . ¡Dios mío! ¡La alfombra está tan sucia!

¿Oyes, Pablo?
¡Otra vez!

● (Media hora más tarde. El 4B está lleno de chicos. Bailan,
ríen, juegan, comen, cantan, gritan, saltan, corren.)

Toño: Por favor, no hagan demasiado ruido. Por la menor
30   cosa, los vecinos **se quejarían.**   would **complain**
(Oímos las voces de diferentes chicos.)

1:   ¡Miren! Yo puedo **tocar** el cielo raso. ¡Ayyyyyyyyy!   touch
2:   Chalo, ¿no te dije que era peligrosa esa silla?
3:   ¡Uf! ¿Quién **echó sal a** la limonada?   threw salt into
35 4:   ¿No te gusta? Antes estaba demasiado dulce.
5:   ¿Tú crees que soy débil? Soy más fuerte que tú.
6:   ¡Qué va! ¿Tú podrías levantar esta mesa **redonda**?   round
5:   **Por supuesto.** Con una mano la podría levantar, ¡con   Of course
        todos los platos encima!
40 6:   No te creo.
5:   Pues, ¿quieres ver? ¿Cuánto me **apostarías**?   would you **bet**
Chita: ¡Toño, mira! ¡La **pecera** está vacía!   fish bowl
Toño: Chisss. ¡El teléfono! ¡Silencio! . . . ¿Sí? . . . Sí,
        mamá . . . Bien, mamá . . . Bueno, adiós, mamá . . . Chita,
45   **era** mamá.   it was
Chita: Lo sé. ¿Qué dijo?
Toño: Que en quince minutos ella y papá **vendrían** y que   would come
        saldríamos todos juntos. Que su aniversario no sería   we would go out
        nada sin nosotros.
50 Chita: ¿Sabes? Mamá es un poco extraña.
Toño: ¿Un poco? ¡Bastante! . . . Escuchen, chicos. La fiesta
        se acabó. En diez minutos todo tiene que estar limpio.   is over
        Cuco, **en seguida,** quita los vasos y las servilletas. Roque, right away
        echa la basura. Felipe, . . . ¡Dios mío! ¡La alfombra está   throw out the
55   tan sucia!   garbage
Chita: No es nada, Toño. Aquí tengo la aspiradora.
Toño: ¿Sabes, Chita? Algún día serás casi linda.

267

(Apartamento 3B. Sofía Alas despierta a su esposo.)

Sra. A.: ¿Oyes, Pablo? ¡Otra vez!

60 Sr. A.: ¿Qué?

Sra. A.: Arriba. Están limpiando las alfombras.

Sr. A.: ¿A estas horas?

Sra. A.: ¡A estas horas! . . . Riqui . . . ¡Ri-qui!

Riqui (**medio** dormido): ¿Sí, mamá?   half

65 Sra. A.: Saca tu trompeta, hijo. ¿No quieres tocarnos una
canción?

Vamos a conversar

A. 1. ¿Qué familia ocupa el apartamento 4B? ¿La recuerdas de otro
cuento? ¿Qué hace siempre por la noche la señora Romero?

2. ¿Quién está al teléfono ahora? ¿Con quién habla?

3. ¿Qué le pregunta Toño a Nico? A propósito, ¿en qué otro
cuento apareció Nico?

4. ¿Por qué están solos esta noche Toño y Chita? En tu opinión,
¿existe una relación buena o mala entre ellos? ¿Eran así
tú y tus hermanos?

5. Mientras tanto, ¿dónde están sus padres? ¿Por qué tiene una
importancia especial para ellos ese lugar?

6. En tu opinión, ¿son Bernardo y Sarita una pareja muy feliz?
¿Cuántos años crees que están casados?

7. ¿Se siente muy alegre en este momento Sarita? ¿Qué le dio
pena? ¿Es muy natural eso? ¿Es así también tu mamá?

8. Según Bernardo, ¿qué prometieron los niños?

9. ¿Qué espera su mamá? ¿Se preocupa por ellos también su padre?

10. Volviendo otra vez a la casa de apartamentos, ¿quién habla
ahora por teléfono? ¿Qué le pregunta a Cuco? ¿Qué quiere
que Cuco haga?

B. 1. ¿Cómo está el apartamento 4B media hora más tarde? ¿Qué
hacen los niños? A propósito, ¿cuántos años de edad crees
que tienen?

2. ¿Por qué no quiere Toño que hagan demasiado ruido?

3. ¿Qué trata de tocar Chalo? En tu opinión, ¿por qué grita
"Ayyyyyyy"?

4. ¿Por qué echó alguien sal a la limonada?

5. ¿Qué piensa el niño #5 que podrá levantar? ¿Y con qué cosas
encima levantaría la mesa?

6. ¿En qué se fija de repente Chita?

7. ¿Qué suena en ese momento? ¿Quién está llamando? ¿Qué
han decidido Sara y Bernardo?

8. ¿Qué anuncia Toño a sus amigos? ¿Qué tienen que hacer las diferentes personas? ¿Qué ofrece hacer Chita?
9. ¿Qué hace ahora la señora Alas en el apartamento 3B? ¿A quién llama? ¿Qué quiere que Riqui haga?
10. Ahora usa la imaginación y dinos: ¿Qué pasará después en el apartamento 2B? ¿Recuerdas quiénes viven allí? ¿Qué harán los otros vecinos? ¿Qué dirán los señores Romero?

JUEGOS DE PALABRAS

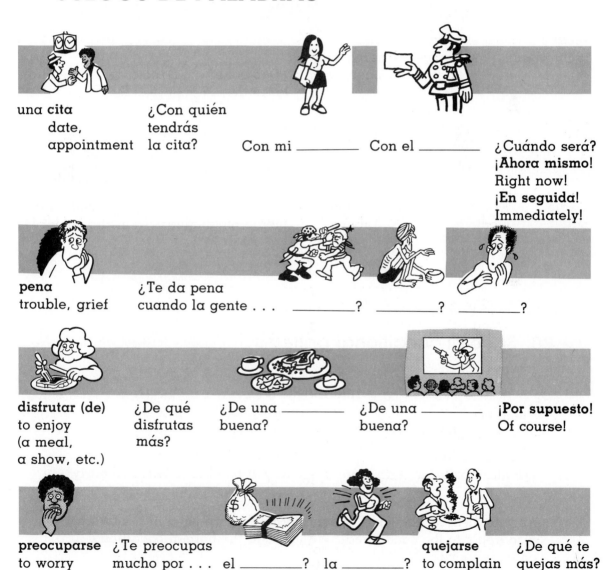

una cita
date,
appointment

¿Con quién
tendrás
la cita?

Con mi _____

Con el _____

¿Cuándo será?
¡Ahora mismo!
Right now!
¡En seguida!
Immediately!

pena
trouble, grief

¿Te da pena
cuando la gente . . .

_____?

_____?

_____?

disfrutar (de)
to enjoy
(a meal,
a show, etc.)

¿De qué
disfrutas
más?

¿De una _____
buena?

¿De una _____
buena?

¡Por supuesto!
Of course!

preocuparse
to worry

¿Te preocupas
mucho por . . .

el _____?

la _____?

quejarse
to complain

¿De qué te
quejas más?

269

apostar
(apuesto)
to bet

¿Cuánto me
apuestas?

_____ dólares

_____ ¿Cuántas
monedas?

echar
to throw out

basura
garbage

¿Dónde
echaremos
la basura?

¿Debajo de
la _____?

¿Debajo de
_____?

¡Dios mío!

medio
half

Es medio blanco,
medio _____.

redondo
round

Es medio _____,
medio rectangular.

¿Está medio lleno
o medio vacío?

OBSERVACIONES

30. Special conditional patterns

¿RECUERDAS?	
¿Vendrás?	Will you come?
—No, no tendré tiempo.	No, I won't have time.
Saldremos a la una.	We'll leave at one.
—¿Podrán salir tan temprano?	Will you be able to leave so early?

As you guessed, the same special forms that we used in the future
also apply to the conditional. We just add the normal conditional
endings, ¡y ya!

Completa, ¿está bien?

A. The short infinitive group

---

    saber (to know): sabría, sabrías, sabría, sabríamos, sabrían
    haber (to have . . .): habría, _____, _____, _____, _____
    poder (to be able): podría, _____, _____, _____, _____
    querer (to want; love): querría, _____, _____, _____, _____
    hacer (to make; do): haría, _____, _____, _____, _____
    decir (to say, tell): diría, _____, _____, _____, _____

B. The d group

---

    venir (to come): vendría, _____, _____, _____, _____
    tener (to have): _____, _____, _____, _____, _____
    poner (to put): _____, _____, _____, _____, _____
    salir (to go out, leave): _____, _____, _____, _____, _____
    valer (to be worth): _____, _____, _____, _____, _____

Vamos a practicar

A. *Cambia según las palabras nuevas:*

  1. No sé qué haré.
     _____ sabía _____.
     (Nosotros) _____.
     _____. (decir)

  2. No valdría tanto dinero.
     _____. (tener)
     Ellos _____.
     _____. (querer)

  3. ¿Hay bastante gente?
     ¿Habrá _____?
     ¿Habría _____?
     ¿_____ personas?

  4. Yo los pondría aquí.
     ¿Tú _____ allí?
     ¿Dónde _____ Uds.?
     Nosotros _____ al otro lado.

1. No sabía qué haría. No sabíamos qué haríamos. No sabíamos qué diríamos.   2. No tendría tanto dinero. Ellos no tendrían tanto dinero. Ellos no querrían tanto dinero.   3. ¿Habrá bastante gente? ¿Habría bastante gente? ¿Habrían bastantes personas?   4. ¿Tú los pondrías allí? ¿Dónde los pondrían Uds.? Nosotros los pondríamos al otro lado.

B. Problemas, Problemas (free choice, free response)

¿Cómo los solucionarías? Lee bien estos problemas y dinos cuáles te parecen las mejores soluciones. (Si puedes, dinos también por qué.)

1. Los vecinos que viven en el apartamento de abajo siempre hacen mucho ruido. Son gente buena y simpática, pero parece que se acuestan muy tarde todas las noches. Escuchan el radio, ponen discos, etc. Y cuando les hablamos, nos piden mil perdones y dicen que no lo harán más. Pero a la noche siguiente, pasa la misma cosa. ¿Qué recomiendas que hagamos?

   a. Yo les diría que la próxima vez llamaría a la policía.
   b. Yo haría la misma cosa en mi propio apartamento y no les dejaría dormir una noche entera.
   c. Yo me quejaría al dueño de la casa.
   d. Yo buscaría otro apartamento en el mismo edificio o en otro lugar.
   e. Yo . . . (¿Qué otras ideas tendrías tú?)

2. Estoy desesperado (desesperada). Necesito trabajar y no encuentro trabajo en ninguna parte. ¿Por qué? Porque no tengo experiencia. Porque acabo de llegar a este pueblo y no conozco a nadie aquí. Y sobre todo porque estuve en la cárcel y no tengo recomendaciones. Estoy seguro (segura) de que podría hacer muy bien el trabajo. Yo sería diligente y puntual y lo haría todo con el mayor cuidado. Pero sin experiencia y sin recomendaciones, temo que nadie me quiera emplear. ¿Qué me recomiendan Uds. que haga?

   a. En su lugar, nosotros explicaríamos la situación y pediríamos un período de "prueba" (trial).
   b. Haríamos nuestras propias "recomendaciones" y mentiríamos sobre nuestra experiencia.
   c. Ofreceríamos trabajar gratis por un mes, y después tal vez nos darían el trabajo.
   d. Les diríamos que aceptaríamos mucho menos salario que otras personas y que trabajaríamos muy fuerte.
   e. Escribiríamos a nuestros antiguos amigos y les pediríamos ayuda.
   f. Hablaríamos con el ministro de alguna iglesia o de algún templo.
   g. Nosotros . . . (¿Qué más le recomendarías tú?)

REPASO RÁPIDO

The conditional, just like the future, has a few special forms:

saber: sabría, sabrías . . .	**hacer:** haría	**poner:** pondría
haber: habría	**decir:** diría	**salir:** saldría
poder: podría	**venir:** vendría, vendrías . . .	**valer:** valdría
querer: querría	**tener:** tendría	

Ejercicios

(You can check your answers in the back of the book.)

A. *Completa usando el condicional del verbo correcto:*

1. ¿Lana? ¿Algodón? ¿Nilón? ¿Quién _____ la diferencia? (saber, salir)
2. Por supuesto, un reloj de oro _____ más que un reloj de plata. (valer, venir)
3. Sin trabajo y sin dinero, ¿qué _____ Neli y yo? (hacer, haber)
4. Yo, en tu lugar, _____ de la oficina ahora mismo. (salir, sentir)
5. Por suerte, no saben lo que pasó. —¡Dios mío! ¿Qué _____? (decir, poder)
6. ¿No te dije que (tú) no _____ bastante tiempo? (tener, querer)
7. El médico prometió que _____ en seguida, y todavía no ha llegado. (poner, venir) —Pues llamémoslo otra vez.

B. *Ahora completa los diálogos siguientes, usando las ilustraciones y el condicional:*

1. Yo / ponerme / abrigo de —¡Qué va! Hace demasiado calor.

2. La guía / saber / dónde está la —Claro. Ahora siento que no se lo hayamos preguntado.

3. ¿Hacer / huelga / los ? —No lo creo.

4. Seguramente / haber / cerca de aquí. —Y si no, la Casa de Correos no estaría lejos.

5. ¿Qué / hacer / tú / con toda esa ? —La echaría en una grande.

PANORAMA
LA MÚSICA HISPANA

1   Carnaval en Caracoto, Perú . . . Los instrumentos que tocan estos músicos peruanos son los mismos que usaron sus antepasados (ancestors) hace mil años. Son hechos de maderas y cañas (reeds) locales, y algunos utilizan huesos y conchas (bones and shells) de animales.

2   Banda de flautas y tambores (flutes and drums) en la Feria de Sevilla . . . La música de Andalucía refleja los ritmos y melodías gitanos (gypsy) y norteafricanos tanto como los tradicionales españoles. "Morenita mía . . ."

3   Una "tuna", vestida al estilo antiguo, canta sus viejas canciones en un restaurante de Segovia, España. Originalmente, las tunas eran grupos de estudiantes universitarios que cantaban en las calles de su ciudad.

4 Mambo, salsa y cha-cha-chá. Una banda de "marimba" llena de festividad una tarde tropical en la playa de Esmeraldas, Ecuador . . . Como ya hemos visto en nuestro propio país, la música latina, con sus ritmos nativos y afro-cubanos, ha tenido una tremenda influencia sobre la música popular del mundo entero. ¿Vamos a bailar?

5 Fábrica de guitarras en México, D.F. . . . ¿Sabía Ud. que la guitarra española es una descendiente de la citara (citar) de la India oriental? Claro está, la guitarra moderna ha tenido muchas modificaciones, y cada una tiene su sonido individual.

6 "A ver, ¿qué discos compraré?" Caracas, Venezuela . . . No, no es nada extraño. En esta época de discos y cintas magnéticas y televisión por satélite, los grupos musicales que son populares en un país frecuentemente son populares en otros también. (Dígame, ¿esta persona podría ser Ud.?)

275

Repaso, Lecciones 7–10

I. Repaso General

A. The past participle (given, written, spoken, etc.) (**Observaciones 19**)

Normally, the past participle changes the infinitive endings as follows: hablar: **hablado**   comer: **comido**   vivir: **vivido**

Special forms:

abierto	open	**dicho**	said, told
cubierto	covered	**hecho**	made, done
muerto	dead	**visto**	seen
vuelto	returned	**escrito**	written
puesto	put, turned on	**roto**	broken

B. The verb **haber** "to have (done something)" (**20** and **24**)

Present indicative: he, has, ha, hemos, han
Present subjunctive: haya, hayas, haya, hayamos, hayan

C. The present perfect tenses (**21** and **24**)

Perfect (also called compound) tenses are made up of **haber** + a past participle. The present perfect (indicative) uses the present indicative of **haber**. The present perfect subjunctive uses the present subjunctive of **haber**.

Present perfect	*Present perfect subjunctive*
he ido (I have gone)	haya ido
has ido	hayas ido
ha ido	haya ido
hemos ido	hayamos ido
han ido	hayan ido

Since there are four sources of structure drills (the lesson itself, the back of the book, the workbook, and the tapes) no additional drills are given in the **Repasos**.

What do these tenses mean? The present perfect tells what *has* happened. The present perfect subjunctive tells not only what has happened, but reflects our emotions about it.

Han ido.		They have gone.
Espero que		I hope they have gone.
Temo que		I'm afraid they have gone.
Ojalá que	HAYAN IDO.	Oh, if only they have gone.
Siento que		I'm sorry that they have gone.
Me alegro de que		I'm glad that they have gone.

D. Equal comparisons: "as much . . . as, as . . . as" (22 and 23)

1. **Tan . . . como** means "as (good, strong, etc.) as . . ."

   Soy tan fuerte como tú.   I'm as strong as you.

2. **Tanto . . . como** means "as much . . . as." **Tantos(as) . . . como** means "as many . . . as."

Él no sabe tanto como Ud.	He doesn't know as much as you.
Tiene tantos enemigos como amigos.	He has as many enemies as friends.
Nadie tiene tanta paciencia como mi mamá.	No one has as much patience as my Mom.

E. The future tense: "I will go," etc. (25, 26, and 27)

The future normally adds its endings onto the whole infinitive. There is only one set of endings.

hablar	**comer**	**vivir**
hablaré	comeré	viviré
hablarás	comerás	vivirás
hablará	comerá	vivirá
hablaremos	comeremos	viviremos
hablarán	comerán	vivirán

A few verbs have slightly irregular forms:

Shortened infinitive forms	*The* **d** *forms*
saber: sabré, sabrás, etc.	venir: vendré, vendrás, etc.
haber: habré	tener: tendré
poder: podré	poner: pondré
querer: querré	salir: saldré
hacer: haré	valer: valdré
decir: diré	

F. The conditional tense: "I would go (if . . .)" (**28, 29,** and **30**)

The conditional tense tells what would happen (if . . .) or what was going to happen. Just like the future tense, it has only one set of endings, which are normally attached to the infinitive.

hablar	comer	vivir
hablaría	comería	viviría
hablarías	comerías	vivirías
hablaría	comería	viviría
hablaríamos	comeríamos	viviríamos
hablarían	comerían	vivirían

The same verbs that are irregular in the future are irregular in the conditional.

saber: sabría, sabrías, etc.   venir: vendría, vendrías, etc.
haber: habría   tener: tendría
poder: podría   poner: pondría
querer: querría   salir: saldría
hacer: haría   valer: valdría
decir: diría

II. Vocabulario Activo

abrazarse to hug (one another), **7**
aburrido bored, boring, **10**
acero steel, **9**
ahora mismo right now, **10**
alcalde mayor, **7**
alegre joyful, happy, **9**
el **algodón** cotton, **9**
antiguo old; former, **8**
aparecer (aparezco) to appear, turn up, **9**
apostar (apuesto) to bet, **10**
atestado crowded, **8**
atreverse a to dare to, **7**
aun even, **9**
avenida avenue, **8**
barato cheap, **9**

barrio neighborhood, **8**
¡Basta! Enough! **8**
bastante enough; quite (a bit), **9**
basura garbage, **10**
bienvenido welcome, **8**
biblioteca library, **8**
bombero fireman, **7**
caliente warm, hot, **10**
callarse to hush up, keep quiet, **7**
el **carbón** coal, **9**
la **cárcel** jail, **7**
el **cartón** cardboard, **9**
la **catedral** cathedral, **8**
cita date, appointment, **10**
la **ciudad** city, **8**
construir (construyo) to build, **8**

cortina curtain, 9
costoso expensive, costly, 9
crecer (crezco) to grow, 7
cuero leather, 9
débil weak, 10
demasiado too much; *pl.* too
  many, 10
disfrutar to enjoy, 10
dulce sweet, 10
echar to throw, throw away, 10
edificio building, 8
Ejército Army, 7
en seguida right away,
  immediately, 10
en vez de instead of, 7
entregar to hand over, deliver, 9
escoger (escojo) to choose, 8
esquina (street) corner, 8
la excursión tour, 8
extraño strange, 10
fábrica factory, 8
fijarse en to notice, 7
flaco skinny, 10
fondo rear, back, 8
el frente front, 8
frío cold, 10
fuego fire, 9
fuerte strong, 10
Fuerza Aérea Air Force, 7
la gente people, 8
guerra war, 7
guía guide, 8
huelga strike, 7
el jardín garden, 8; – zoológico zoo, 8
ladrillo brick, 9
lana wool, 9
letrero sign, 8
lindo pretty, beautiful, 10
lo que what (not as a question!), 9
llenar to fill, 7
madera wood, 9
Marina Navy, 7
medio half, 10

metro subway, 8
mientras tanto meanwhile, 7
moneda coin, 9
mostrar (muestro) to show, 9
mundo world, 7
museo museum, 8
noticias news, 7
oficina office, 8
oro gold, 9
el país country (nation), 7
parado standing, 9
pareja couple, 7
el parque park, 8
peligro danger, 7
peligroso dangerous, 10
pena trouble, grief, 10
perdonar to pardon, forgive, 7
periódico newspaper, 7
petróleo oil, 9
piedra stone, 9
plata silver, 9
policía *f.* Police force;
  m. policeman, 7
por supuesto of course, 10
precioso precious; cute, adorable,
  lovely, 9
preocuparse (de or por) to worry
  (about), 10
pueblo town; (a) people, 7
quejarse de to compain about, 10
redondo round, 10
revista magazine, 7
rosado pink, 7
la salud health, 7
sencillo simple, 7
sucio dirty, 10
tan as, so; – . . . como as . . . as, 8
tanto as much, so much; *pl.* as (so)
  many; – . . . como as much
  (many) . . . as, 8
tela cloth, 9
único *adj.* only; unique, 8
vacío empty, 10
vidrio glass (substance), 9

Juegos de Palabras

A. *¿Cuántas palabras sabes tú relacionadas con las cosas siguientes?*
1. la construcción de una casa o de un edificio   (free response)
2. la energía
3. la ropa
4. adornos y joyas (jewelry)
5. la vida en la ciudad

B. *¿En qué piensas primero cuando oyes estas palabras?*   (free response)
biblioteca . . . alcalde . . . policía . . . bombero . . . ejército . . .
periódico . . . revista . . . marina . . . fuerza aérea . . . cárcel . . .
mundo . . . peligro . . . excursión . . . fábrica . . .

C. *¿Puedes encontrar en el Grupo 2 un sinónimo para cada palabra
o expresión del Grupo 1?*
1: país, océano, entero, callarse, bastante, entregar, aparecer, gente,
en vez de, noticias, disfrutar, ahora mismo, extraño, antiguo, por
supuesto
2: guardar silencio, suficiente, nación, dar, presentarse, divertirse,
en seguida, en lugar de, mar, completo, personas, nuevas,
¡Claro!, curioso, viejo

D. *Esta vez, ¿puedes encontrar lo opuesto de cada palabra?*
1: parado, fuerte, flaco, vacío, sucio, caliente, medio, fondo
2: débil, frío, todo, atestado, frente, sentado, limpio, gordo

E. *Aquí tenemos algunas palabras. ¿Cómo las dividirías tú entre:*
Palabras Agradables   y   Palabras Desagradables
(Pleasant Words)   (Unpleasant Words)
_____   _____

_____   _____

dulce, peligroso, fuerte, débil, guapo, feo, sucio, aburrido, limpio,
lindo, bastante, demasiado, reírse de, pelear, matar, salvar,
sonreír, ayudar, besar, abrazarse, robar, sufrir, molestar, paz,
romper, arreglar, sencillo, difícil, fácil, golpear, ¡Qué lata!,
¡Qué demonios!, ¡Me encanta!, ¡Qué maravilla!

F. Anagramas

Aquí tenemos dos frases relacionadas con nuestros cuentos.
El único problema es que las letras están completamente
confundidas. ¿Cómo las arreglas tú?

1. IENVBDISOEN A AL CXRIUSOEN MNOURE SDO

2. ¡LE RRROET DOAROS ES ESAT ACCAEODNR!

G. Mensajes Secretos

Esta vez vamos a ver si puedes entender nuestros mensajes
secretos. Cada letra que ves aquí representa en realidad otra
letra del alfabeto.

Por ejemplo, en el primer mensaje, A = E, H = J.

AF APGAHD IBJCLD FA NCOB PE QEREOD

Ahora, en nuestro segundo mensaje, A = O, D = S.

¿ABCD? CEFGH IJLMJGHLA DMD GINALOPGD AFPG RCS.
—¿G CEFGE TAPGE?

C. país - nación, océano - mar, entero - completo, callarse - guardar silencio, bastante - suficiente, entregar - dar, aparecer - presentarse, gente - personas, en vez de - en lugar de, noticias - nuevas, disfrutar - divertirse, ahora mismo - en seguida, extraño - curioso, antiguo - viejo, por supuesto - ¡Claro!

D. parado - sentado, fuerte - débil, flaco - gordo, vacío - atestado, sucio - limpio, caliente - frío, medio - todo, fondo - frente

E. **Agradables:** dulce, fuerte, guapo, limpio, lindo, bastante, salvar, sonreír, ayudar, besar, abrazarse, paz, arreglar, sencillo, fácil, ¡Me encanta!, ¡Qué maravilla!
Desagradables: peligroso, débil, feo, sucio, aburrido, demasiado, reírse de, pelear, matar, robar, sufrir, molestar, romper, difícil, golpear, ¡Qué lata!, ¡Qué demonios!

F. 1. Bienvenidos a la Excursión Número Dos.   2. ¡El terror rosado se está acercando!

G. 1. El espejo mágico le dirá el futuro.   2. ¿Oyes? Están limpiando sus alfombras otra vez.
—¿A estas horas?

Appendices

SUPPLEMENTARY EXERCISES FOR EACH GRAMMAR POINT

Note: The dark numbers refer to the numbered grammar points in the text.

LECCIÓN 1

Answers #1   1. dando   2. empezando   3. pensando   4. cosiendo   5. leyendo
6. durmiendo   7. vistiendo   8. oyendo

1 *Siga el modelo (Follow the model):*

Ejemplo: hablar   hablando

1. dar _____   3. pensar _____   5. leer _____   7. vestir _____
2. empezar _____   4. coser _____   6. dormir _____   8. oír _____

2A *Escriba respuestas a las siguientes preguntas, usando el verbo entre paréntesis (Write answers to the following questions, using the verb in parentheses):*

Answers #2A
1. mirando   2. estudiando
3. escribiendo
4. durmiendo   5. caminando
6. preparando

1. ¿Qué estás haciendo tú? Estoy _____ (mirar) la televisión.
2. ¿Qué estamos haciendo ahora? Estamos _____ (estudiar) español.
3. ¿Qué están haciendo los muchachos? Están _____. (escribir)
4. ¿Qué está haciendo el niño? Está _____. (dormir)
5. ¿Qué estaban haciendo los muchachos? Estaban _____ (caminar) a la escuela.
6. ¿Qué estaba haciendo tu mamá? Estaba _____ (preparar) el desayuno.

2B *Cambie según el ejemplo (Change according to the model):*

Ejemplo: Ella está hablando *español.*   Ella está hablándolo.

1. Arturo está practicando *los verbos.* _____.
2. ¿Estás preparando *tus lecciones?* ¿_____?
3. Yo estoy escribiendo *la carta.* _____.
4. Estamos sirviendo *la comida.* _____.
5. Están repitiendo *la expresión.* _____.
6. Clarita está leyendo *el libro.* _____.

Answers #2B   1. Arturo está practicándolos.
2. ¿Estás preparadolos?
3. Yo estoy escribiéndola.
4. Estamos sirviéndola.
5. Están repitiéndola.
6. Está leyéndolo.

3 *Escriba otra vez la frase usando la forma correcta del verbo* **seguir** *(Write the sentence again using the correct form of the verb* **seguir**):

Ejemplo: Ella *está* hablando en la clase. (seguir)   Ella sigue hablando en la clase.

1. El niño *está* golpeando la mesa. (seguir) _____.
2. Rogelio y Dorotea *están* estudiando. (seguir) _____.
3. ¿Por qué *estás* invitándolos? (seguir) ¿_____?
4. *Estuvimos* durmiendo en el sofá. (seguir) _____.
5. El ladrón *estuvo* corriendo. (seguir) _____.
6. Yo *estuve* oyendo el radio. (seguir) _____.

Answers #3   1. sigue   2. siguen   3. sigues   4. Seguimos   5. siguió   6. seguí

283

LECCIÓN 2

4 *Escriba los mandatos de cada verbo (Write commands for each verb):*

Ejemplo: Usted estudia español.   Estudie Ud. español.

1. Usted levanta la mano izquierda. ____.
2. Usted contesta la pregunta. ____.
3. Usted toca el violón. ____.
4. Usted mueve los muebles. ____.
5. Ustedes cierran la ventana. ____.

6. Ustedes dirigen la clase. ____.
7. Ustedes cogen al ladrón. ____.
8. Ustedes conducen los coches. ____.
9. Ustedes salen ahora. ____.
10. Ustedes traen las tijeras. ____.

5A *Cambie según el modelo (Change according to the model):*

Ejemplo: Escriba *la carta*, Pepe.   Escríbala, Pepe.

1. Corte *la flor*, Marisa. ____.
2. Termine *la comida*, Gloria. ____.
3. Sirva *el desayuno*, Lupita. ____.
4. Marque *el número*, Riqui. ____.

5. Apague *la luz*, Marisa. ____.
6. Mándeme *el dinero*, Francisco. ____.
7. Cántenos *la canción*, David. ____.
8. Dígale *el cuento*, Lupita. ____.

5B Ejemplo: No ponga Ud. *las llaves* allí.   No las ponga Ud. allí.

1. No repita Ud. *las palabras*. ____.
2. No encienda Ud. *la luz*. ____.
3. No muevan Uds. *los paquetes*. ____.
4. No sirva Ud. *el tocino* ahora. ____.

5. No cierren Uds. *el paraguas*. ____.
6. No coja Ud. *el bus*. ____.
7. No le digan Uds. *los cuentos*. ____.
8. No me ofrezca Ud. *los huevos*. ____.

5. No lo cierren Uds.   6. No lo coja Ud.   7. No se los digan Uds.   8. No me los ofrezca Ud.

6A *Cambie según el modelo:*

Ejemplo: Vamos a *hablar*.   Hablemos.

1. Vamos a *descansar*. ____.
2. Vamos a *cortar* la cuerda. ____.

3. Vamos a *sufrir* un examen. ____.
4. Vamos a *cogerlos*. ____.

6B *Responda a las siguientes preguntas con mandatos afirmativos (Answer the following questions with affirmative commands):*

Ejemplo: ¿Le hablamos?   Sí, hablémosle.

1. ¿Lo empezamos? ____.
2. ¿Lo confesamos? ____.
3. ¿La cantamos? ____.

4. ¿La rompemos? ____.
5. ¿Las hacemos? ____.
6. ¿Los ofrecemos? ____.

6C *Cambie las respuestas de 6B a mandatos negativos (Change the answers in 6B to negative commands):*

Ejemplo: Sí, hablémosle.   No, no le hablemos.

1. ____.   5. ____.
2. ____.   6. ____.
3. ____.
4. ____.

Answers #6B   1. Sí, empecémoslo   2. Sí, confesémoslo   3. Sí, cantémosla   4. Sí, rompámosla
5. Sí, hagámoslas   6. Sí, ofrezcámoslos
Answers #6C   1. No, no lo empecemos   2. No, no lo confesemos   3. No, no la cantemos
4. No, no la rompamos   5. No, no las hagamos   6. No, no los ofrezcamos

Answers #8   1. corte/corten   2. prometa/prometan   3. escriba/escriban   4. cierre/cierren
5. encienda/enciendan   6. marque/marquen   7. saque/saquen   8. apague/apaguen   9. vuelva/ vuelvan
10. empiece/empiecen

LECCIÓN 3

8 *Cambie al presente de subjuntivo (Change to the present subjunctive):*

Ejemplo: guardar   guarde Ud.   guarden Uds.

1. cortar   _____ Ud.   _____ Uds.
2. prometer   _____ Ud.   _____ Uds.
3. escribir   _____ Ud.   _____ Uds.
4. cerrar   _____ Ud.   _____ Uds.
5. encender   _____ Ud.   _____ Uds.
6. marcar   _____ Ud.   _____ Uds.
7. sacar   _____ Ud.   _____ Uds.
8. apagar   _____ Ud.   _____ Uds.
9. volver   _____ Ud.   _____ Uds.
10. empezar   _____ Ud.   _____ Uds.

9 *Complete con el presente de subjuntivo:*

Answers #9   1. corte   2. estudie   3. cierre
4. vuelva   5. practique   6. apague
7. comience   8. traiga   9. diga   10. coja

Ejemplo: Quiero que Ud. <u>abra</u> (abrir) la ventana.

1. Pepe quiere que Ud. _____ (cortar) la flor.
2. Recomendamos que Ud. _____ (estudiar) mucho.
3. Quiere que Ud. _____ (cerrar) la puerta.
4. Lupita prefiere que Ud. _____ (volver) temprano.
5. Quiero que Ud. _____ (practicar) la lección.
6. Le ruego que _____ (apagar) la luz.
7. El jefe quiere que Ud. _____ (comenzar) el programa.
8. Gloria recomienda que Ud. _____ (traer) el impermeable.
9. Quiero que me _____ (decir) Ud. el cuento.
10. Marisa quiere que Ud. _____ (coger) el tranvía ahora.

LECCIÓN 4

10 *Comience cada una de las siguientes oraciones con la expresión* **Quiero que**
(Begin each of the following sentences with the expression **Quiero que***):*
Ejemplo: Gloria come los fideos.   Quiero que Gloria coma los fideos.

1. Pepe dice la verdad. _____.
2. Ana tiene prisa. _____.
3. Francisco conoce al director. _____.
4. Lupita hace el jugo de naranja. _____.
5. Pepe y Carmen destruyen los exámenes. _____.
6. Gregorio es un caballero. _____.
7. Los alumnos saben las respuestas. _____.
8. Cuqui va a México este verano. _____.

11 *Dé la forma correcta en el presente de subjuntivo del verbo entre paréntesis (Give the
correct present subjunctive form of the verb in parentheses):*

1. Quiero que los niños _____ (dormir) bien.
2. Pepe quiere que nosotros _____ (pedir) las hamburguesas.
3. Mamá me pide que no _____ (mentir).
4. Lupita no quiere que su mamá le _____ (servir) el desayuno.
5. No queremos que los muchachos _____ (morir) de hambre.
6. Rosa quiere que Ud. _____ (sentir) compasión.

12 *Pepe and Rosa are planning a party. Complete each sentence of the dialog with the present subjunctive of the verb in parentheses:*

Pepe: Espero que todo el mundo _____ (venir) a la fiesta.
Rosa: Ojalá que Lupita no _____ (ir).
Pepe: ¿Por qué?
Rosa: Temo que ella _____ (hablar) mucho.
Pepe: Me alegro de que mis padres _____ (volver) esta noche.
Rosa: Espero que ellos no _____ (querer) ayudarnos con la fiesta.
Pepe: No me gusta que tú _____ (hablar) así.
Rosa: Temo que tú no me _____ (entender).
Pepe: Te entiendo bien.
Rosa: ¡Caramba!

LECCIÓN 5

13A *Complete, usando el verbo correcto (Complete, using the correct verb):*

Ejemplo: El niño <u>levanta</u> (levantar, levantarse) la mano.

1. Yo _____ (levantar, levantarse) temprano por la mañana.
2. El caballero _____ (sentar, sentarse) a la dama.
3. Pepe _____ (sentar, sentarse) en una silla.
4. Mamá _____ (bañar, bañarse) al niño.
5. Nosotros _____ (bañar, bañarse) con agua caliente.
6. Lupita _____ (acostar, acostarse) a las once de la noche.
7. Yo _____ (acostar, acostarse) a los niños.
8. Gloria _____ (vestir, vestirse) a la niña.
9. Ellos _____ (vestir, vestirse) rápidamente.
10. Yo _____ (acercar, acercarse) a la maestra.

13B *Traduzca al español (Translate into Spanish, using the verbs in parentheses):*

1. He puts on his suit. (ponerse) _____.
2. The child falls asleep rapidly. (dormirse) _____.
3. Are you going away? (irse) ¿_____?
4. The jar fell down. (caerse) _____.
5. Are they getting married soon? (casarse) ¿_____?

Answers #13B   1. Se pone su(el) traje.
2. El niño(la niña) se duerme rápidamente.
3. ¿Se va Ud.? (¿Te vas?)
4. La jarra se cayó.   5. ¿Se casan pronto?

14 *Escriba las respuestas usando las palabras en paréntesis (Write the answers using the words in parentheses):*

Ejemplo: ¿ Se habla español aquí? (No. Inglés)   <u>No. Se habla inglés aquí.</u>

1. ¿Se estudia mucho en este colegio? (Sí) _____.
2. ¿Dónde se puede descansar? (aquí) _____.
3. ¿Se sale temprano o tarde? (temprano) _____.
4. ¿Se come bien aquí? (No. Muy mal) _____.
5. ¿Se sirve tostada aquí? (No) _____.
6. ¿Dónde se coge al autobús? (en la parada) _____.

15 *Escriba dos respuestas negativas para cada pregunta (Write two negative answers
for each question):*

Ejemplo: ¿Alguien nos llama?   —Nadie nos llama.,   —No nos llama nadie.

1. ¿Algo va a pasar? ____.
2. ¿Tiene Ud. alguna cosa en la mano? ____.
3. ¿Alguien le prestó a Ud. dinero? ____.

4. ¿Alguna vez va a resultar bien? ____.
5. ¿Fue Ud. alguna vez al cine? ____.

LECCIÓN 6

16A *Escriba mandatos informales con* **tú**. *Después diga la frase en voz alta con mucha
expresión (Write informal commands with* **tú**. *Then say the phrase out loud with lots of
expression):*

Ejemplo: Pepe abre la puerta.   Pepe, abre la puerta.

1. Marisa habla español. ____.
2. Riqui manda la carta. ____.
3. Gregorio repite la frase. ____.
4. David levanta la mano. ____.

5. Mi hijo coge el tranvía. ____.
6. Pepito se viste ahora. ____.
7. Cuqui me presta dinero. ____.
8. Graciela se despierta temprano. ____.

16B *Cambie el mandato de* **Ud.** *a un mandato de* **tú**. *(Change the formal command to
an informal command):*

Ejemplo: Venga a mi casa.   Ven a mi casa.

1. Diga la verdad. ____.
2. Salga rápidamente. ____.
3. Ponga el peine en el baño. ____.

4. Hágame una ensalada, por favor. ____.
5. Sea un(a) buen(a) alumno(a). ____.
6. Vaya a la playa. ____.

17 *Conteste según el modelo (Answer according to the model. You will need to use the
negative* **tú** *command and change the nouns to pronouns):*

Ejemplo: ¿Enciendo la luz?   —No, no la enciendas.

1. ¿Corto *la flor?* ____.
2. ¿Gasto *el dinero?* ____.
3. ¿Cierro *la ventana?* ____.
4. ¿Muevo *los muebles?* ____.

5. ¿Me pongo *el traje?* ____.
6. ¿Marco *el número?* ____.
7. ¿Doy *el reloj* a Pepe? ____.
8. ¿Ofrezco *el paraguas* a Graciela? ____.

18 *Cambia los mandatos afirmativos a mandatos negativos, y vice versa. No olvides el
acento, si es necesario (Change the affirmative commands to negative commands, and vice
versa. Don't forget the accent, if it's necessary):*

Ejemplo: Estudie Ud. ahora.   No estudie ahora.
         No digas tú la verdad.   Di la verdad.

1. Compra el boleto. ____.
2. No me dé la postal. ____.
3. No lo pongas. ____.
4. Quítame el gato. ____.
5. Vaya al teatro. ____.

6. No le ofrezcas el dinero. ____.
7. Siéntense Uds. ____.
8. No me lo pongas. ____.
9. Guárdalo en el bolsillo. ____.
10. No se despierte temprano. ____.

287

LECCIÓN 7

19A *Escribe en español:*

1. the opened book _____
2. the punished child _____
3. the broken chair _____
4. the stolen glove _____
5. the lost keys _____
6. the married men _____

19B *Da el participio pasado del verbo en paréntesis (Give the past participle of the verb in parentheses):*

Answers #19B   1. La revista está terminada   2. El cuaderno está cerrado
3. La carta está escrita   4. La ensalada está hecha
5. La toalla está puesta   6. El frasco está roto

Ejemplo: La ventana está <u>abierta</u> (abrir)
1. La revista está _____ (terminar)
2. El cuaderno está _____ (cerrar)
3. La carta está _____ (escribir)
4. La ensalada está _____ (hacer)
5. La toalla está _____ (poner) en el baño.
6. El frasco está _____ (romper)

Answers #20   1. ¿Hay un perro en su (tu) casa?   2. ¿Cuántas personas hay en su (tu) familia?
3. ¿Hay un gato en la clase ahora?   4. ¿Había una ventana abierta en el cuarto?
5. ¿Cuántos coches había en su (tu) familia?
6. ¿Había un bombero en su (tu) esuela?

20 *Di en español:*

1. Is there a dog in your house? ¿_____?
2. How many people are there in your family? ¿_____?
3. Is there a cat in the classroom now? ¿_____?
4. Was there an open window in the room? ¿_____?
5. How many cars were there in your family? ¿_____?
6. Was there a fireman in your school? ¿_____?

21 *Reescribe las siguientes frases y cambia el verbo indicado al presente perfecto (Rewrite the following sentences and change the indicated verb to the present perfect):*

Ejemplo: Yo no *como* en este café.   <u>(Yo) No he comido en este café.</u>

1. Cuqui *mata* la mosca. _____.
2. Todo *sale* bien. _____.
3. Los niños *pelean* mucho. _____.
4. David *cierra* la ventana. _____.
5. Marisa la *ve* en la clase. _____.
6. Los alumnos *escriben* en el cuaderno. _____.
7. Las *pongo* en los sobres. _____.
8. *Hacemos* el desayuno. _____.
9. ¿Lo *coges* aquí? ¿_____?
10. Francisco *va* a la playa. _____.

LECCIÓN 8

22 *Escribe comparaciones iguales (equal comparisons) con las dos frases:*

Ejemplo: Marisa es simpática. Gloria es simpática también.
<u>Marisa es tan simpática como Gloria.</u>

1. Lupita está pálida. Gloria está pálida también. _____.
2. Esta clase es fácil. Esa clase es fácil también. _____.
3. Yo estoy cansado. Pepe está cansado también. _____.
4. Nosotros hablamos rápidamente. Ellos hablan rápidamente también. _____.
5. David es gordo. Francisco es gordo también. _____.
6. Mi casa es limpia. Tu casa es limpia también. _____.

Answers #22   1. Lupita está tan pálida como Gloria.   2. Este clase es tan fácil como esa clase.
3. Yo estoy tan cansado como Pepe.   4. Nosotros hablamos tan rápidamente como ellos.
5. David es tan gordo como Francisco.   6. Mi casa es tan limpia como tu casa.

23 *Haz frases completas usando* **tanto(a, os, as) . . . como:**

Ejemplo: Marisa/tiene/amigas/Rosa.   Marisa tiene tantas amigas como Rosa.

1. David/estudia/tú _____.
2. Lupita/gasta/dinero/Gregorio _____.
3. Nuestra ciudad/construye/edificios/otras ciudades _____.
4. Ayer/vimos/catedrales/hoy _____.
5. Hay/periódicos/en esta biblioteca/en la otra biblioteca _____.
6. Lupita/sonríe/Rosa _____.

24 *Cambia el verbo indicado al presente perfecto de subjuntivo (Change the indicated
verb to the present perfect subjunctive):*

Ejemplo: Espero que él no *gaste* todo el dinero.
          Espero que él no *haya gastado* todo el dinero.

1. Siento que los muchachos *peleen* tanto. _____.
2. Me alegro de que no *vayan* a la cárcel. _____.
3. Ojalá que los ladrones no *roben* más. _____.
4. Nos molesta que *abran* tanto la ventana. _____.
5. ¿Te sorprende que ella *escriba* una carta al testigo? ¿_____?
6. Se alegran de que no *vean* más guerras. _____.
7. Esperamos que los niños no *se despierten* temprano. _____.

LECCIÓN 9

25A *Completa con la forma correcta del futuro:*

Ejemplo: Pepe <u>estudiará</u> (estudiar) mañana.

1. Gloria _____ (escribir) las lecciones.
2. Yo _____ (mandar) la carta más tarde.
3. Gregorio _____ (asistir) al colegio en el otoño.
4. Ud. _____ (ir) a la catedral este domingo.
5. ¿Tú _____ (construir) el edificio con ladrillos?
6. Riqui _____ (quedarse) en casa mañana.

25B *Contesta las siguientes preguntas usando el tiempo futuro (Answer the following
questions using the future tense):*

1. ¿Viajarás a México este verano? _____.
2. ¿Descansará Ud. después de clase? _____.
3. ¿Necesitarás mucho dinero? _____.
4. ¿Quién de tu familia se afeitará mañana? _____.
5. ¿Te vas a duchar mañana? _____.
6. ¿Qué vas a hacer esta noche? _____.

26 *Da el futuro del verbo en paréntesis (Give the future of the verb in parentheses):*

Ejemplo: (estudiar)   <u>Ellos estudiarán español.</u>

1. (terminar) Nosotros _____ las lecciones mañana.
2. (vivir) Ellos _____ en México el próximo año.
3. (ir) Cuqui y David _____ a la fiesta.
4. (construir) Ellos _____ el museo en el parque.
5. (bañarse) Nosotros _____ mañana.
6. (callarse) Cuqui y yo _____ en la biblioteca.

27 *Cambia los verbos indicados al futuro* *(Change the indicated verbs to the future):*

Ejemplo: *Voy* al museo.   <u>*Iré* al museo.</u>

1. ¿Quién *sabe* la verdad? ¿_____?
2. No *puedo* estudiar esta noche. _____.
3. Cuqui *hace* una excursión la próxima semana. _____.
4. Les *decimos* el cuento mañana. _____.
5. ¿*Vienes* a la oficina hoy? ¿_____?
6. *Ponen* el mantel sobre la mesa. _____.
7. *Salgo* de la fábrica a las cinco. _____.

LECCIÓN 10

28 *Cambia al condicional (Change to the conditional):*

Ejemplo: Iré   <u>Iría</u>

1. vivirá, prometeré, ofrecerás _____
2. castigará, sorprenderás, llenaré _____
3. me peinaré, te acercarás, se abrazará _____

29 *Escribe la forma apropiada del condicional:*

1. Creía que ellas _____ (ir) a la fiesta.
2. Dijo que los muchachos no me _____ (escribir) más.
3. Les dije que nosotros las _____. (ayudar)
4. Creíamos que los niños _____ (vestirse) rápidamente.
5. Uds. prometieron que los niños no _____ (quejarse).
6. Escogí la ciudad donde nosotros _____ (construir) la casa.

30 *Da el condicional del verbo en paréntesis (Give the conditional of the verb in parentheses):*

1. ¿_____ (poder) Ud. decirme el nombre de su ciudad?
2. Con tiempo y dinero, ¿qué _____ (hacer) Ud.?
3. Si hace sol hoy, ¿_____ (salir) tú de la casa?
4. ¿_____ (tener) tú y yo muchos o pocos años en el año 2000?
5. ¿Me _____ (decir) Ud. siempre la verdad?
6. ¿_____ (saber) ellos el nombre de todos los países hispanos?

ANSWERS TO REPASOS RÁPIDOS

LECCIÓN 1

I. 1. Mis amigos están llegando ahora.   2. Estoy buscando mis anteojos.   3. (. . .), ¿está Ud. / estás usando esas tijeras?   4. (. . .), ¿está lloviendo?   5. Estoy . . . (free response)

II. **A** 1. No, sigo mirando la televisión.   2. No, seguimos descansando.   3. No, (la abuela) sigue cosiendo.   4. No, seguimos cantando.

B 1. La señora Romero sigue / siguió (free response) durante la noche.   2. ¿Por qué sigue Ud. / sigues / siguió Ud. / seguiste molestándonos?   3. El dueño sigue / siguió pidiéndonos más dinero por (free response).   4. Si Uds. siguen (free response), vamos a (free response).

LECCIÓN 2

I. **A** 1. ¡Cierre la ventana!   2. ¡Vístase!   3. ¡Limpie la alfombra!   4. ¡Muevan los muebles! 5. ¡No golpee en el cielo raso!

B 1. (. . .), páseme su cuaderno, por favor.   2. (. . .), dígame la hora, por favor. 3. (. . .), levanten la mano derecha.   4. Por favor, Sr. (Sra., Srta. . . .), no nos dé (un) examen mañana.   5. (. . .), no me molesten, ¿oyen?

II. 1. Vamos a ayudarla.   Vamos a dárselo / dársela.   2. Vamos a levantarnos.   Vamos a acostarnos.   3. Comámoslo / Comámosla ahora.   Terminémoslo / Terminémosla más tarde. 4. No lo / la hagamos hoy.   No lo / la pongamos aquí.

LECCIÓN 3

I. Ud.:   jure, confiese, golpee, moleste
Uds.:   rompan, saquen, viajen, corten
Lisa y yo: llamemos, encendamos, apaguemos, lleguemos

II. **A** 1. Mosca, quiero que Ud. destruya . . .   2. Te digo siempre que limpies . . . 3. Mamá dice que apaguemos . . .   4. ¿Por qué no pide Ud. al dueño que se lo quite? 5. Recomendamos que Uds. vuelen . . .

B 1. Bárbara, quiero que trabaje Ud. / trabajes conmigo esta tarde.   2. (. . .), le / te ruego que me explique Ud. / me expliques la lección.   3. (. . .), (les) recomiendo que visiten México este verano.   4. Nelson, le / te pedimos que cante / cantes para la clase. 5. (. . .), le ruego que no nos dé (un) examen esta semana.

LECCIÓN 4

I. 1. Yo quiero que vayas al cine con (free response).   2. Papá no quiere, etc. que durmamos (free response).   3. ¿Qué quiere / recomienda / prefiere, etc. Ud. que (yo) escuche (free response)?   4. ¿Tú deseas / quieres, etc. que (nosotros) sirvamos (free response)?   5. La Mosca Biónica prefiere / dice, etc. que destruya / destruyamos / destruyas a (free response).

II. **A** (all free response)

B 1. Me alegro de que (free response) hoy.   2. Me molesta que (free response).   3. Me sorprende que esto no sea muy difícil.   4. ¡Ojalá que (free response) pronto!

LECCIÓN 5

I. **A** 1. Paquita, ¿por qué no te quitas ese sombrero?   ¿por qué no te pones estos zapatos? ¿por qué te olvidas de tu bolsa?   2. Por favor, ¡no se duerma Ud.!   ¡no se caiga!   ¡no se vaya Ud.!

B 1. ¿Por dónde se entra?   2. ¿Se toma el tren aquí?   3. ¿Cómo se sabe todo eso? 4. ¿Se aprende mucho en esta clase?   5. Si se trabaja, se gana dinero.

II. 1. No quiero que me digas nada.   2. Espero que (ellos / ellas) nos visiten alguna tarde. 3. Créame / Créeme, ¡no hay nadie como él!   4. ¿No tiene Ud. / tienes ningún amigo español?   5. ¿No la visitó Ud. / visitaste nunca en casa?   ¿No la visitó Ud. / visitaste alguna vez en casa?

LECCIÓN 6

I. **A** 1. descansa, viaja, vuela, ríete   2. cose, corre, póntelo, quítatelo   3. fumes, limpies, golpees, acerques   4. pagues, robes, destruyas, (te) caigas

B 1. (. . .), espérame después de la clase.   2. (. . .), préstame (free response).   3. (. . .), cuídate esta tarde.   4. (. . .), no vengas tarde mañana.   5. (. . .), por favor, no hagas mucho ruido.

II. 1. Démelo.   Dénselo.   No se lo den.   2. No mientas.   No mientan.   ¡No mintamos! 3. Vaya al cine.   ¡Váyase (Ud.)!   ¡No se vayan (Uds.)!

LECCIÓN 7

I. **A** 1. dormido   2. casados   3. escrita   4. peinada   5. sentados   6. salvado

B 1. una comedia bien hecha / un drama bien hecho   una función mal hecha   un vestido mal cosido   2. algunos platos rotos   los platos lavados   el dinero robado

II. **A** 1. El pobre ha muerto.   2. ¿Has abierto el paquete?   3. Los han cubierto aquí. 4. No le he escrito nunca.   5. Nosotros no hemos visto nada.   6. ¿Las han salvado?

B 1. El gazpacho ha llenado ya las (free response).   —(free response)   2. Mientras tanto, (free response) ha estado en mucho peligro. (free response)   3. El (La) (free response) ha llamado a (free response).   —¿Por qué? ¿Qué ha pasado?   4. Miriam y yo hemos cubierto (free response) con un(a) (free response) verde.   —(free response)   5. ¿Tú has escrito todas las (free response)?   —¡Ay, no! Me he olvidado.

LECCIÓN 8

I. **A** 1. ¿Has comprado tantos sellos como necesitas?   2. ¿Pagaste tanto dinero como pedían?   3. Vendían tantas revistas como periódicos.   4. No está tan gordo ahora como antes.   5. Las tiendas no estaban tan atestadas como temíamos.   6. No están tan enamorados como dicen.

B 1. Hay tantas motocicletas (motos) como coches en el camino.   2. Había tantas bibliotecas como museos in esa ciudad.   3. ¿Había tantas paradas de autobús como estaciones de metro?   4. Soy tan feliz.   —Y nosotros somos tan felices como Ud. (tú).   5. ¿Por qué está Ud. (estás) tan cansado(a)?   —Porque he trabajado tanto hoy.

II. **A** 1. ¡Ojalá que el niño haya nacido! se haya dormido! se haya divertido!   2. Nos alegramos de que Uds. hayan venido. hayan llamado. lo hayan escogido.   3. No es justo que tú hayas pagado tanto. lo hayas destruído. hayas golpeado a (. . .).

B 1. Me alegro mucho de que (free response).   2. ¿Te sorprende que yo haya (free response)?
3. No les gusta que nosotros hayamos (free response).   4. ¡Ojalá que todo el mundo haya (free response)!

LECCIÓN 9

I. 1. ¿El televisor? Yo lo arreglaré.   2. ¿Los papeles principales? David y yo los ensayaremos.
3. ¿La tela verde? Si quieren, el dependiente se la traerá.   4. ¿En ese barrio? ¡No! Allí mi esposa y yo no viviremos.   5. ¡Cuidado con aquellos vasos!   —¡Qué va! Yo no los romperé.
6. ¿Me prometes que no te olvidarás?   —Claro. Yo no me olvidaré.   7. ¡Ojalá que nadie lo vea!   —Está bien. Nadie se fijará.   8. ¿Quiénes irán?   —Mucha gente. Pero Riqui y tú serán los primeros.

II. 1. No sé si yo tendré suficiente dinero.   2. ¿Las pondrán Uds. en esta jarra o en la otra?
3. ¿A qué hora saldrás (tú) del colegio?   4. ¿Quién sabrá lo que ha pasado?   5. ¿Me hará Ud. un gran favor?   6. ¿Qué les diremos Adela y yo?   7. Tú vendrás primero y yo vendré después, ¿verdad?

LECCIÓN 10

I. **A** 1. ¡No lo creo! El jefe nunca entregaría al enemigo nuestros secretos.   2. Es verdad que hizo mal. Pero seguramente sus propios padres la perdonarían.   3. No nos gusta mucho el barrio. Nosotros no construiríamos aquí una casa tan costosa.   4. Lo siento, señor, pero ya no se puede arreglar este coche. Yo le recomendaría un coche nuevo.
5. ¡No me digas! ¿Tú te atreverías a hacer una cosa tan peligrosa?

B 1. Lola dice que su vida futura aparecerá en el espejo mágico.   Lola dijo que su vida futura aparecería en ese espejo.   2. ¿Sus hijos llevarían sólo una camisa de algodón y zapatos de cartón?   ¿Sus hijos vivirían en una casa vieja de madera con ventanas de papel?

II. **A** 1. ¿Lana? ¿Algodón? ¿Nilón? ¿Quién sabría la diferencia?   2. Por supuesto, un reloj de oro valdría más que un reloj de plata.   3. Sin trabajo y sin dinero, ¿qué haríamos Neli y yo?   4. Yo, en tu lugar, saldría de la oficina ahora mismo.   5. Por suerte, no saben lo que pasó.   —¡Dios mío! ¿Qué diría?   6. ¿No te dije que (tú) no tendrías bastante tiempo?   7. El médico prometió que vendría en seguida, y todavía no ha llegado.

B 1. Yo me pondría un abrigo de cuero.   2. La guía sabría dónde está la iglesia (catedral).
3. ¿Harían huelga los bomberos?   4. Seguramente habría un buzón cerca de aquí.
5. ¿Qué harías tú con toda esa basura?   —La echaría en una canasta grande.

TABLE OF PRONOUNS

Person		Subject		Object of Preposition	Reflexive Object of Preposition
Singular					
1		yo	I	(para) mí* (for) me	(para) mí* (for) myself
2		tú	you	(para) ti* (for) you	(para) ti* (for) yourself
3		él	he	él him	
		ella	she	ella her	
		usted (Ud.)	you	usted (Ud.) you	sí* himself, herself, yourself, itself
Plural					
1		nosotros	we	nosotros us	nosotros ourselves
3		ellos	they	ellos them	
		ellas	they (f.)	ellas them	
		ustedes (Uds.)	you	ustedes (Uds.) you	sí* themselves, yourselves

* After the preposition **con, mí, ti,** and **sí** become **-migo, -tigo, -sigo.**

Person		Direct Object of Verb		Indirect Object of Verb		Reflexive	
Singular							
1		me	me	me	to me	me	(to) myself
2		te	you	te	to you	te	(to) yourself
3		la	her, it	le	to him, to her, to you, to it	se	(to) himself, herself, yourself, itself
		le, lo	him, it				
		le, lo, la	you (Ud.)				
Plural							
1		nos	us	nos	to us	nos	(to) ourselves
3		las, les	them	les	to them, to you	se	(to) themselves, yourselves
		las	them				
		los, les, las	you (Uds.)				

VERBS

REGULAR VERBS

Infinitive

hablar to speak	comer to eat	vivir to live

Present Participle

hablando speaking	comiendo eating	viviendo living

Past Participle

hablado spoken	comido eaten	vivido lived

Present Tense

I speak, am speaking	I eat, am eating	I live, am living
hablo	como	vivo
hablas	comes	vives
habla	come	vive
hablamos	comemos	vivimos
hablan	comen	viven

Imperfect

I was speaking, used to speak	I was eating, used to eat	I was living, used to live
hablaba	comía	vivía
hablabas	comías	vivías
hablaba	comía	vivía
hablábamos	comíamos	vivíamos
hablaban	comían	vivían

Preterite

I spoke, did speak	I ate, did eat	I lived, did live
hablé	comí	viví
hablaste	comiste	viviste
habló	comió	vivió
hablamos	comimos	vivimos
hablaron	comieron	vivieron

Future

I shall (will) speak	I shall (will) eat	I shall (will) live
hablaré	comeré	viviré
hablarás	comerás	vivirás
hablará	comerá	vivirá
hablaremos	comeremos	viviremos
hablarán	comerán	vivirán

Conditional

I should (would) speak	I should (would) eat	I should (would) live
hablaría	comería	viviría
hablarías	comerías	vivirías
hablaría	comería	viviría
hablaríamos	comeríamos	viviríamos
hablarían	comerían	vivirían

Present Subjunctive

(that) I (may) speak	(that) I (may) eat	(that) I (may) live
hable	coma	viva
hables	comas	vivas
hable	coma	viva
hablemos	comamos	vivamos
hablen	coman	vivan

Chart of Direct Commands

	Affirmative	Negative
tú	3rd person singular present indicative: habla, come, vive	Present Subjunctive: no hables, no comas, no vivas
Ud. Uds.	Present Subjunctive: hable(n), coma(n), viva(n)	Present Subjunctive: no hable(n), no coma(n), no viva(n)
nosotros	Present Subjunctive: hablemos, comamos, vivamos or *Vamos a* + infinitive	Present Subjunctive: no hablemos, no comamos, no vivamos

Present Perfect Tense

I have spoken	I have eaten	I have lived
he hablado	he comido	he vivido
has hablado	has comido	has vivido
ha hablado	ha comido	ha vivido
hemos hablado	hemos comido	hemos vivido
han hablado	han comido	han vivido

Present Perfect Subjunctive

(that) I (may) have spoken	(that) I (may) have eaten	(that) I (may) have lived
haya hablado	haya comido	haya vivido
hayas hablado	hayas comido	hayas vivido
haya hablado	haya comido	haya vivido
hayamos hablado	hayamos comido	hayamos vivido
hayan hablado	hayan comido	hayan vivido

STEM-CHANGING VERBS

1. The **-ar** and **-er** Stem-Changing Verbs

Pattern of the Present Tense

⟶ e>ie o>ue
⟶ e>ie o>ue
⟶ e>ie o>ue
⟵
⟶ e>ie o>ue

pensar	**perder**	**contar**	**mover**
pienso	pierdo	cuento	muevo
piensas	pierdes	cuentas	mueves
piensa	pierde	cuenta	mueve
pensamos	perdemos	contamos	movemos
piensan	pierden	cuentan	mueven

The present subjunctive follows exactly the same pattern, except that **-a** endings change to **-e, -e** endings to **-a**. Other common **verbs** of this type are:

acostarse	encontrar	rogar
comenzar	entender	sentar(se)
costar	jugar	sonar
despertar(se)	llover	soñar
empezar	mostrar	volver
encender	recordar	

2. The -**ir** Stem-Changing Verbs

Type I: Those whose stressed **e** changes to **ie**, whose stressed **o** changes to **ue**. Common verbs of this type are:

consentir	mentir	preferir
dormir	morir	sentir

Type II: Those whose stressed **e** changes to **i**. Common verbs of this type are:

pedir	repetir	servir
(son)reír	seguir	vestir(se)

A. The Present Indicative of -**ir** Stem-Changing Verbs

The pattern is exactly the same as that of all other stem-changing verbs.

Type I (e → ie, o → ue)		Type II (e → i)
sentir	**dormir**	**pedir**
siento	duermo	pido
sientes	duermes	pides
siente	duerme	pide
sentimos	dormimos	pedimos
sienten	duermen	piden

B. The Present Subjunctive of -**ir** Stem-Changing Verbs

Notice that here we have a new change in the **nosotros** form as well.

sienta	duerma	pida
sientas	duermas	pidas
sienta	duerma	pida
sintamos	durmamos	pidamos
sientan	duerman	pidan

C. The Preterite of -**ir** Stem-Changing Verbs

Notice the change in the 3rd person: **e → i, o → u.**

sentí	dormí	pedí
sentiste	dormiste	pediste
sintió	durmió	pidió
sentimos	dormimos	pedimos
sintieron	durmieron	pidieron

Remember: The preterite of -**ar** and -**er** verbs has no stem change.

SPELLING-CHANGING VERBS

1. Verbs ending in **-car** change **c** to **qu** before **e**.

   sacar *to take out*

   Preterite: saqué, sacaste, sacó, etc.
   Present Subjunctive: saque, saques, saque, saquemos, saquen

2. Verbs ending in **-gar** change **g** to **gu** before **e**.

   pagar *to pay*

   Preterite: pagué, pagaste, pagó, etc.
   Present Subjunctive: pague, pagues, pague, paguemos, paguen

3. Verbs ending in **-zar** change **z** to **c** before **e**.

   gozar *to enjoy*

   Preterite: gocé, gozaste, gozó, etc.
   Present Subjunctive: goce, goces, goce, gocemos, gocen

4. Verbs ending in **-ger** or **-gir** change **g** to **j** before **o** and **a**.

   coger *to catch*
   Present Indicative: cojo, coges, coge, etc.
   Present Subjunctive: coja, cojas, coja, cojamos, cojan

   dirigir *to direct*
   Present Indicative: dirijo, diriges, dirige, etc.
   Present Subjunctive: dirija, dirijas, dirija, dirijamos, dirijan

5. Verbs ending in **-guir** change **gu** to **g** before **o** and **a**.

   seguir *to follow*
   Present Indicative: sigo, sigues, sigue, etc.
   Present Subjunctive: siga, sigas, siga, sigamos, sigan

6. Verbs ending in **-eer** change unstressed **i** to **y** between vowels.

   leer *to read*
   Preterite: leí, leíste, leyó, leímos, leyeron
   Participles: Present, leyendo; Past, leído

IRREGULAR VERBS

NOTE: Only the tenses containing irregular forms are given. The conjugation of verbs ending in **-ducir** may be found under **conducir**; those ending in a vowel +**cer** or +**cir** are found under **conocer**.

andar   to walk, go
Preterite: anduve, anduviste, anduvo, anduvimos, anduvieron

caer   to fall
Present Indicative: caigo, caes, cae, caemos, caen
Preterite: caí, caíste, cayó, caímos, cayeron
Present Subjunctive: caiga, caigas, caiga, caigamos, caigan
Present Participle: cayendo
Past Participle: caído

conducir   to conduct (similarly, all verbs ending in **-ducir**)
Present Indicative: conduzco, conduces, conduce, conducimos, conducen
Preterite: conduje, condujiste, condujo, condujimos, condujeron
Present Subjunctive: conduzca, conduzcas, conduzca, conduzcamos, conduzcan

conocer   to know (similarly, most verbs ending in a vowel +**cer** and +**cir**)
Present Indicative: conozco, conoces, conoce, etc.
Present Subjunctive: conozca, conozcas, conozca, conozcamos, conozcan

creer   (see **leer**)

dar   to give
Present Indicative: doy, das, da, damos, dan
Preterite: di, diste, dio, dimos, dieron
Present Subjunctive: dé, des, dé, demos, den

decir   to say, tell
Present Indicative: digo, dices, dice, decimos, dicen
Preterite: dije, dijiste, dijo, dijimos, dijeron
Future: diré, dirás, dirá, diremos, dirán
Conditional: diría, dirías, diría, diríamos, dirían
Present Subjunctive: diga, digas, diga, digamos, digan
Present Participle: diciendo
Past Participle: dicho
Imperative: di

estar   to be

Present Indicative: estoy, estás, está, estamos, están
Preterite: estuve, estuviste, estuvo, estuvimos, estuvieron
Present Subjunctive: esté, estés, esté, estemos, estén
Imperative: está

haber   to have

Present Indicative: he, has, ha, hemos, han
Preterite: hube, hubiste, hubo, hubimos, hubieron
Future: habré, habrás, habrá, habremos, habrán
Conditional: habría, habrías, habría, habríamos, habrían
Present Subjunctive: haya, hayas, haya, hayamos, hayan

hacer   to do, make

Present Indicative: hago, haces, hace, hacemos, hacen
Preterite: hice, hiciste, hizo, hicimos, hicieron
Future: haré, harás, hará, haremos, harán
Conditional: haría, harías, haría, haríamos, harían
Present Subjunctive: haga, hagas, haga, hagamos, hagan
Past Participle: hecho
Imperative: haz

ir   to go

Present Indicative: voy, vas, va, vamos, van
Imperfect Indicative: iba, ibas, iba, íbamos, iban
Preterite: fui, fuiste, fue, fuimos, fueron
Present Subjunctive: vaya, vayas, vaya, vayamos, vayan
Present Participle: yendo
Imperative: ve

oír   to hear

Present Indicative: oigo, oyes, oye, oímos, oyen
Preterite: oí, oíste, oyó, oímos, oyeron
Present Subjunctive: oiga, oigas, oiga, oigamos, oigan
Present Participle: oyendo
Past Participle: oído
Imperative: oye

oler   to smell

Present Indicative: huelo, hueles, huele, olemos, huelen
Present Subjunctive: huela, huelas, huela, olamos, huelan
Imperative: huele

poder to be able

Present Indicative: puedo, puedes, puede, podemos, pueden
Preterite: pude, pudiste, pudo, pudimos, pudieron
Future: podré, podrás, podrá, podremos, podrán
Conditional: podría, podrías, podría, podríamos, podrían
Present Subjunctive: pueda, puedas, pueda, podamos, puedan
Present Participle: pudiendo

poner to put, place

Present Indicative: pongo, pones, pone, ponemos, ponen
Preterite: puse, pusiste, puso, pusimos, pusieron
Future: pondré, pondrás, pondrá, pondremos, pondrán
Conditional: pondría, pondrías, pondría, pondríamos, pondrían
Past Participle: puesto
Imperative: pon

querer to wish

Present Indicative: quiero, quieres, quiere, queremos, quieren
Preterite: quise, quisiste, quiso, quisimos, quisieron
Future: querré, querrás, querrá, querremos, querrán
Conditional: querría, querrías, querría, querríamos, querrían
Present Subjunctive: quiera, quieras, quiera, queramos, quieran

reír to laugh

Present Indicative: río, ríes, ríe, reímos, ríen
Preterite: reí, reíste, rió, reímos, rieron
Present Participle: riendo

saber to know

Present Indicative: sé, sabes, sabe, sabemos, saben
Preterite: supe, supiste, supo, supimos, supieron
Future: sabré, sabrás, sabrá, sabremos, sabrán
Conditional: sabría, sabrías, sabría, sabríamos, sabrían
Present Subjunctive: sepa, sepas, sepa, sepamos, sepan

salir to go out, leave

Present Indicative: salgo, sales, sale, salimos, salen
Future: saldré, saldrás, saldrá, saldremos, saldrán
Conditional: saldría, saldrías, saldría, saldríamos, saldrían
Present Subjunctive: salga, salgas, salga, salgamos, salgan
Imperative: sal

ser   to be

Present Indicative: soy, eres, es, somos, son
Imperfect Indicative: era, eras, era, éramos, eran
Preterite: fui, fuiste, fue, fuimos, fueron
Present Subjunctive: sea, seas, sea, seamos, sean
Imperative: sé

tener   to have

Present Indicative: tengo, tienes, tiene, tenemos, tienen
Preterite: tuve, tuviste, tuvo, tuvimos, tuvieron
Future: tendré, tendrás, tendrá, tendremos, tendrán
Conditional: tendría, tendrías, tendría, tendríamos, tendrían
Present Subjunctive: tenga, tengas, tenga, tengamos, tengan
Imperative: ten

traer   to bring

Present Indicative: traigo, traes, trae, traemos, traen
Preterite: traje, trajiste, trajo, trajimos, trajeron
Present Subjunctive: traiga, traigas, traiga, traigamos, traigan
Present Participle: trayendo
Past Participle: traído

valer   to be worth

Present Indicative: valgo, vales, vale, valemos, valen
Future: valdré, valdrás, valdrá, valdremos, valdrán
Conditional: valdría, valdrías, valdría, valdríamos, valdrían
Present Subjunctive: valga, valgas, valga, valgamos, valgan
Imperative: val(e)

venir   to come

Present Indicative: vengo, vienes, viene, venimos, vienen
Preterite: vine, viniste, vino, vinimos, vinieron
Future: vendré, vendrás, vendrá, vendremos, vendrán
Conditional: vendría, vendrías, vendría, vendríamos, vendrían
Present Subjunctive: venga, vengas, venga, vengamos, vengan
Present Participle: viniendo
Imperative: ven

ver   to see

Present Indicative: veo, ves, ve, vemos, ven
Imperfect Indicative: veía, veías, veía, veíamos, veían
Present Subjunctive: vea, veas, vea, veamos, vean
Past Participle: visto

VOCABULARIOS

The Spanish-English vocabulary has all words you may want to look up, either for their meaning or their gender.

In addition to including active vocabulary for both Books 1 and 2, the English-Spanish vocabulary offers a handy assortment of extra words to fill your conversation needs. It may not have every one you want, but chances are you'll find most. Try it and you'll see.

Now here are some special notes:

1. Active vocabulary for both books is shown in color.

2. These are the abbreviations that we use:

adj.	adjective	n.	noun
adv.	adverb	pl.	plural
conj.	conjunction	prep.	preposition
f.	feminine	pron.	pronoun
infin.	infinitive	sing.	singular
m.	masculine	v.	verb

3. For pronouns, see the Table of Pronouns on page 294, and for possessives, see pages 28–29. Gender is shown for all nouns, except masculine nouns that end in –o, feminine nouns that end in –a, and nouns referring to male or female beings. Irregular verbs are marked with an asterisk: *tener, *venir, and their full conjugation appears in the Verb Appendix. Stem-changing verbs have the change indicated in parentheses: cerrar (ie), contar (ue), pedir (i). Verbs like conocer have (zco) in parentheses, and those ending in –eer follow the pattern of creer. Spelling-changing verbs show the affected consonant in italics: coger, sacar.

ESPAÑOL–INGLÉS

a   to; –las dos   at 2 o'clock; –propósito   by the way; –veces   at times

abajo   down, below; downstairs

abeja   bee

abierto adj.   open

abogada, abogado   lawyer

abrazar(se)   to hug (each other)

abrelatas m. sing.   can opener

abrigo   overcoat

abrir   to open

abuela   grandmother

abuelo   grandfather; pl. grandparents

aburrido   bored; boring

acabar   to finish; –de + infin.   to have just (done something)

aceptar   to accept

acercarse a   to approach

acero   steel

acondicionador m.   (air) conditioner

acostarse (ue)   to go to bed

actividad f.   activity

actuar (actúo)   to act

adelante   forward, onward; Come in!   besides

adivina   fortune teller

adivinar   to guess

adjetivo   adjective

¿adónde? ¿a dónde?   (to) where?

adorno   decoration, adornment

aeropuerto   airport
afeitadora   (electric) razor
afeitar(se)   to shave
afiliado   affiliated, connected
afinar   to tune
agradable   pleasant
agua f. (But: **el agua**)   water
aguja   needle
ahogarse   to drown
ahora   now; –**bien**   well, now; –**mismo**   right now
aire m.   air; **al** –**libre**   in the open air; –**acondicionado** air conditioning
al (contraction)   to the; –**entrar**   upon entering; –**principio**   at first
alba   dawn
albóndiga   meatball
álbum m.   album
alcalde   mayor
alcoba   bedroom
alegrarse **(de)**   to be happy; Me alegro   I'm glad
alegre   happy, joyful
alegría   joy
alemán, alemana   German
alfombra   rug
algo   something
algodón m.   cotton
alguien   someone
algún, alguna, algunos, algunas   some; several
alguna vez   ever
alimento(s)   food
almacén m.   store; department store
almorzar (ue)   to have lunch
almuerzo   lunch
altavoz m.   loudspeaker
alto   high; tall; loud (as a voice); upper
aluminio   aluminum
alumna, alumno   pupil
Allá voy.   There I go.

allí   there
amar   to love
amarillo   yellow
amor m.   love
anaranjado   orange-colored
*andar   to walk; go (about); run (as a car)
andino   Andean, of the Andes
anoche   last night
anteojos m. pl.   eyeglasses
antes adv.   before(hand), earlier; –de prep.   before
antiguo   old, ancient
anunciar   to announce
anuncio (comercial) advertisement
año   year; tener . . . años de edad   to be . . . years old; ¿Cuántos –s tienes?   How old are you?
apagar   to turn off, shut off
aparato   appliance
aparecer (zco)   to appear, turn up
aplausos m. pl.   applause
apostar (ue)   to bet
aprender   to learn
aptitud f.   aptitude, ability
aquí   here
árbol m.   tree
arena   sand
armario   closet
arreglar   to arrange; fix
arriba   up; above; upstairs
arroz m.   rice
artículo   article; –**de vestir** article of clothing
asado   a roast; roasted
asar   to roast; bake
ascensor m.   elevator
así   so; like this; así, así so-so
asiento   seat
asistir a   to attend (a class, etc.)
asociar   to associate, relate

aspiradora   vacuum cleaner
astro   star
astuto   sly, shrewd
atestado   crowded
atleta   athlete
*atraer   to attract
atrás   backwards
atreverse a   to dare to
auditorio   audience; auditorium
aun   even
autobús m.   bus
avanzado   advanced
avenida   avenue
avión m.   airplane
ayer   yesterday; –por la mañana   yesterday morning
ayuda   help
ayudar   to help
azúcar m.   sugar
azul   blue

bailar   to dance
baile m.   dance
bajar   to go down; lower; –de   get off (a car, train)
bajo   low, short (in height)
balcón m.   balcony
banco   bank
banda   band
bandera   flag
banquillo   bench
bañar(se)   to bathe
baño   bath; bathroom
barato   cheap
barco   ship
barrio   neighborhood
Basta   That's enough
bastante   enough; quite; rather
basura   garbage
bata   robe, housecoat
batata   sweet potato
beber   to drink
bebida   (a) drink

besar   to kiss
beso   kiss
biblioteca   library
bicicleta   bicycle
bien *adv.*   well; **Está bien**
   All right
bienvenido   welcome
blanco   white; *n.* blank
blusa   blouse
boca   mouth
boda   wedding
boletín *m.*   bulletin
boleto   ticket (Span. Am.)
bolsa   purse
bolsillo   pocket
bombero   fireman
bombilla   (electric) bulb
bonito   pretty
bota   boot
botella   bottle
botón *m.*   button
brazo   arm
breve   short, brief
brillar   to shine
brocha   paint brush
buen, bueno   good
buey *m.*   ox
burro   donkey
buscar   to look for
butaca   orchestra seat
   (theater)
buzón *m.*   mail box

caballero   gentleman
caballo   horse
cabeza   head
cada   each, every
*caer   to fall; **-se**   fall down
café *m.*   coffee; café
caja   box
calcetín *m.*   sock
calefacción *f.*   heat(ing)
calendario   calendar
calentar (ie)   to heat
caliente   hot; warm

calma   calm; **Con–**   Take it
   easy!
calor *m.*   heat, warmth;
   tener–   to be (feel) warm;
   hacer–   to be warm (out)
callarse   to hush up
calle *f.*   street
cama   bed
cambiar   to change
caminar   to walk
camino   road; way
camión *m.*   truck; bus
   (Mexico)
camisa   shirt
campaña   campaign
campesino   country person
campo   country (opposite of
   city)
canasta   basket
canción *f.*   song
cansado   tired
cantante   singer
cantar   to sing
capital *f.*   capital (city)
cara   face
carácter *m.*   character
¡Caramba!   Well, I'll be . . .!
carbón *m.*   coal
cárcel *f.*   jail
Caribe *m.*   Caribbean
carne *f.*   meat
carnicería   butcher shop
carrera   race; career
carta   letter
cartel *m.*   poster, sign
cartera   wallet
cartero   mailman
cartón *m.*   cardboard; carton
casa   house; en–   at home;
   ir a–   to go home
casado   married
casarse (con)   to marry
casi   almost
castigar   to punish
catedral *f.*   cathedral
catorce   14

celoso   jealous
centro   center; downtown
cepillo   brush;–dental
   toothbrush
cerca *adv.*   near(by);–de
   prep.   near, close to
cereal *m.*   cereal
cerebro   brain
cerrado   closed
cerrar (ie)   to close
cielo   sky;–raso   ceiling
cien, ciento   one hundred
ciencia   science
cierto   (a) certain
cincuenta   50
cine *m.*   movies; movie
   house
cinta   tape
cita   date, appointment
ciudad *f.*   city
claro   clear; light; ¡Claro!
   Of course!
clase *f.*   class; classroom;
   kind, type
clavo   nail (metal)
cliente   customer
clima *m.*   climate; weather
cocina   kitchen
cocinar   to cook
coche *m.*   car
coger   to catch
colegio   school; high school
colmo   (the) limit!
comedia   play; comedy
comedor *m.*   dining room
comenzar **(ie)**   to begin
comer   to eat
comida   meal; dinner; food
comisaría   police station
como   like; as
¿Cómo?   How?, What (did
   you say)?; ¿–se llama?
   What's your name?; ¡**Cómo
   no!**   Of course!
cómoda   chest (of drawers)
compañero   companion, pal

compañía company

compasión f. pity, compassion

*__componer__ to compose; fix

comprar to buy

comprender to understand

computadora computer

común common

comunicar to communicate

con with

concentrarse to concentrate

condimento spice

*conducir to conduct, lead

confesar (ie) to confess

confianza confidence, trust

confundir to confuse

conmigo with me

conocer (zco) to know (a person or place); be acquainted with

consentir (ie) to consent

construir (uyo) to build

contar (ue) to count; tell

*__contener__ to contain

contento pleased, satisfied, content(ed)

contestación f. answer

contestar to answer

contigo with you (my pal)

continuar (úo) to continue

contra against

contraespía counterspy

convencer to convince

copiar to copy

corazón m. heart

corbata tie

cordón m. cord

correo mail; Casa del or de Correos Post Office

correr to run

corrida de toros bullfight

cortar to cut

corte f. court

cortés polite, courteous

cortina curtain

corto short (in length)

cosa thing

coser to sew

costar (ue) to cost

costoso costly, expensive

costumbre f. custom

crecer (zco) to grow

*creer to think, believe

crema cream; –dental **tooth paste**

criada maid

crisis f. crisis

criticar to criticize

crucigrama m. crossword puzzle

cruzar to cross

cuaderno notebook

¿Cuál(es)? Which (ones)?, What . . .?

cuando when; ¿Cuándo? When?

¿Cuánto? How much?; pl. How many?

cuarenta 40

cuarto quarter; room

cubierto de covered by or with

cubrir to cover

cuchara spoon

cucharita teaspoon

cuchillo knife

cuento story

cuerda cord, rope

cuero leather

cuerpo body

¡Cuidado! Watch out!

cuidarse to take care

culebra snake

cumpleaños m. sing. birthday

cuñada, cuñado sister-in-law, brother-in-law

curso course

champú m. shampoo

chica, chico girl, boy

¡Chist! Shhh! Cool it!

dama lady

*dar to give

de of; from; also used for possession; –nuevo again; –repente suddenly; ¿–verdad? really?

debajo de under, below

deber to owe; should, ought to

débil weak

*decir to say; tell

decorado set (theater)

dedo finger; toe

dejar to leave (behind); let, allow; –de to stop (doing something); –en paz to leave (someone) alone

del (contraction) of the, from the

delante de in front of

delgado slim

delicia delight

demasiado too much; pl. too many

dentro adv. inside; –de prep. inside of, within

depender de to depend on

dependiente salesperson

deporte m. sport

derecho right; a la derecha on the right

desayuno breakfast

descansar to rest

descubrir to discover

desde from; since

desear to want, wish, desire

deseo (a) wish, desire

desesperado desperate

desodorante m. deodorant

despacio slow(ly)

despertar(se) (ie) to wake up

después adv. after(wards), then, later; –de prep. after

destruir (uyo) to destroy

detrás *adv.* behind; –de in back of, behind

devolver (ue) to return, give back

día *m.* day; Buenos –s Good morning; **todos los –s** every day

diario diary; daily

dicho (*past part.* of **decir**) said

diente *m.* tooth

difícil hard, difficult

dinero money

Dios God; ¡–mío! **My goodness!**

dirección *f.* address; direction

dirigir to direct; lead

disco record

disfrutar (de) to enjoy

disparar to shoot

*distraer to distract

divertirse (ie) to have a good time, enjoy onself

doce 12

domingo Sunday

donde where; ¿Dónde? Where?

dormir (ue) to sleep; –se to fall asleep

drama *m.* play, drama

ducha shower

ducharse to take a shower

dueña, dueño owner

dulce sweet

durante during

echar to throw (out)

edad *f.* age

edificio building

efecto effect; **en–** in fact

egoísta selfish (person)

ejemplo: por– for example

ejercicio exercise

ejército army

empezar (ie) to begin

en in; on; at; –casa at home

enamorado (de) in love (with)

encender (ie) to turn on

encima *adv.* on top; above; –de *prep.* on top of, over

encogerse to shrink

encontrar (ue) to find; meet

enchufe *m.* socket; plug

enemigo enemy

enfadarse to get angry

enfermo sick

ensalada salad

ensayar to rehearse

enseñar to teach

entender (ie) to understand

entero entire, whole

entonces then

entrada entrance

entrar (a or en) to enter, go in

entre between; among

entregar to hand over

*entretener to entertain

entrevista interview

entrevistar to interview

entusiasmo enthusiasm

envolver (ue) to involve; wrap

equipo team

escalera stairway; –automática escalator

escena scene; stage

escoger to choose

escribir to write

escrito (*past part.* of **escribir**) written

escritor(a) writer

escuchar to listen (to)

escuela school

ese, **esa** *adj.* that (near you); esos, esas those; ése, ésa, etc. *pron.* that one, those

eso that (in general); **por –** therefore

espalda shoulder; back

espejo mirror

esperar to wait for; hope; expect

espíritu *m.* spirit

esposa, esposo wife, husband

esquina (street) corner

estación *f.* station; season

estado state; **los Estados Unidos** the United States

*estar to be (in a place, condition or position); to be "in" (at home)

este, esta *adj.* this; estos, estas these; éste, ésta, etc. *pron.* this one, these

este *m.* East

estilo style

esto this (in general)

estómago stomach

estrella star

estudiante student

estudiar to study

estufa stove

examen *m.* (*pl.* **exámenes**) exam

excursión *f.* trip, tour

explicar to explain

extranjero foreign(er)

extrañar to miss (someone)

extraño strange

fábrica factory

fácil easy

falda skirt

familia family

fantasma *m.* ghost

farmacia drugstore

favor *m.* favor; a –de in favor of; por– please

fecha date (of the month)

felicidad *f.* happiness

feliz (*pl.* felices) happy

feo ugly

fideos *m. pl.* spaghetti

fiesta   party; holiday
fijarse (en)   to notice
fila   row
fin m.   end; en–   in short, anyway; por–   finally, at last; –de semana   weekend
flaco   skinny
flor f.   flower
fondo   back; bottom
foto f.   photo
francés, francesa   French
frasco   small bottle
frase f.   sentence; phrase
frente m.   front
fresco   cool; fresh; Hace–   It's cool out
frijol m.   bean
frío   cold; tener mucho–   to be (feel) very cold; hacer–   to be cold (out)
frito   fried
fruta   fruit
fuego   fire
fuente f.   fountain
fuera adv.   outside; –de prep.   outside of
fuerte   strong
fuerza   force; strength;   Fuerza Aérea   Air Force
fumar   to smoke
función f.   show; performance
funcionar   to work, run (a machine)

ganar   to win; earn; gain
ganga   bargain
garage m.   garage
gas m.   gas
gastar   to spend (money)
gato   cat
gaucho   Argentine cowboy
genio   genius
gente f. sing.   people
golpe m.   bang, hit, slam

golpear   to bang, hit
gordo   fat
gracioso   funny
gran (before a sing. noun)   great
grande   large; big; great
gratis   free of charge
gris   gray
gritar   to shout
grito   (a) shout
guante m.   glove
guapo   good-looking
guardar   to keep
guerra   war
guía   guide
gustar: –le (una cosa a una persona)   to like (something)
gusto   pleasure, taste;   Mucho–   Pleased to meet you; Con mucho–   I'd be glad to

*haber (a helping verb)   to have (done something)
había   there was, there were
habitante   inhabitant
hablar   to speak, talk
hace (with a verb in the past)   ago; –una hora   an hour ago
*hacer   to make; do; –calor   to be warm or hot (out); –fresco   to be cool; –frío   to be cold (out); –sol   to be sunny; –una pregunta   to ask a question; –mucho viento   to be very windy
hacia   toward
hacienda   ranch; estate
Haga . . .   Make . . ., Do . . .
hambre f.   (But: **el hambre**) hunger; tener mucha–   to be very hungry
hamburguesa   hamburger

hasta prep.   until; up to; –luego, –pronto   so long; –la próxima vez   till next time
hay   there is, there are
hecho (past part. of **hacer**)   done, made
helado(s)   ice cream
hermana, hermano   sister, brother
hermoso   beautiful
hierba   grass
hija, hijo   daughter, son
hilo   thread
hoja   leaf
hombre   man
hora   hour; time; ¿Qué –es?   What time is it?; ¿A qué –?   At what time?
hormiga   ant
hoy   today
huelga   strike
huelo (see **oler**)
huevo   egg

identificar(se)   to identify
idioma m.   language
iglesia   church
igual   equal; same
impermeable m.   raincoat
*imponer   to impose
importar   to matter, be important; to import; No importa   It doesn't matter
incluir (uyo)   to include
individuo   (an) individual
Inglaterra   England
inglés, inglesa   English (person)
interés m.   interest
interesar   to interest
interrogar   to question
interrumpir   to interrupt
invierno   winter
invitado   guest
*ir   to go

irlandés, irlandesa Irish (person)

izquierdo left; a la izquierda on the left

jabón *m.* soap
jalea jelly
jamás never; not . . . ever
jamón *m.* ham
jardín *m.* garden; **–zoológico** zoo
jarra jar
jefe chief, boss
jersey *m.* T-shirt
jirafa giraffe
joven (*pl.* jóvenes) young; young person
joya jewel
juego game
jueves Thursday
juez judge
ju*g*ar (ue) to play (a game); **–al béisbol** to play baseball
jugo juice; **–de naranja** orange juice
junto(s) together; junto a *prep.* next to
jurar to swear
justo just, fair

kilo (a little over 2 pounds)
kilómetro kilometer (about ⅝ of a mile)

labio lip
lado side
ladrillo brick
ladrón, ladrona thief
lámpara lamp
lana wool
lanzar to throw; launch
lápiz *m.* (*pl.* lápices) pencil
largo long (*not* large!)

lástima pity; **¡Qué –!** What a pity!
lata can; tin
lavaplatos (eléctrico) *m. sing.* dishwasher
lavar to wash
leche *f.* milk
lechuga lettuce
*leer to read
lejos *adv.* far away; **–de** *prep.* far from
lengua language; tongue
león lion
letra letter (of the alphabet)
letrero sign
levantar to raise, lift; **–se** to get up
levis *m. pl.* jeans
libre free
limonada lemonade
limpiar to clean
limpio clean
lindo beautiful
línea line
lista list
listo ready; smart
lo que what
loco crazy
luego then; hasta– so long
lugar *m.* place
luna moon
lunes Monday
luz *f.* (*pl.* luces) light

llamada call; **–telefónica** phone call
llamar to call; **–se** to be named
llave *f.* key
llegar (a) to arrive (in or at)
llenar to fill
lleno de full of, filled with
llevar to carry; take; wear
llorar to cry
llover (ue) to rain

madera wood
maestra, maestro teacher
maíz *m.* corn
mal *adv.* badly; *adj.* (*before a m. sing. noun*) bad
malo *adj.* bad; unwell
mandar to send; order
manejar to drive
manera manner, way
maníes *m. pl.* peanuts
mano *f.* hand
mantel *m.* tablecloth
mantequilla butter
manzana apple
mañana tomorrow; *f.* morning; **por la–** in the morning
mapa *m.* map
máquina machine; **–de lavar** washing machine
mar *m.* sea
maravilla marvelous thing
maravilloso marvelous, wonderful
marca brand
marcar to dial a number; mark
marina navy
martes Tuesday
martillo hammer
más more; most; **–que** (de *before a number*) more than; **¿Qué –?** What else?
matar to kill
mayonesa mayonnaise
mayor older; larger; greater; oldest; largest; greatest; **la –parte** the greater part, most
mecánico mechanic, repairman
mediano average
medianoche *f.* midnight
médico doctor; medical
medio middle; half
mediodía *m.* midday, noon

¡Me encanta! I love it!
mejor better, best
menor younger; smaller; youngest; smallest
menos less; least; minus; por lo— at least
mensaje m. message
mentir (ie) to lie
mercado market
mes m. month
mesa table; desk
mesita de noche night table
meter to put (into)
método method
metro subway
miedo fear; tener— to be afraid
miel f. honey
miembro member
mientras while; —tanto meanwhile
miércoles Wednesday
mil (pl. miles) thousand
millón m. million
mío mine, of mine
mirar to look at; watch
mismo same
molestar to annoy, bother
molesto annoyed; annoying
moneda coin
montaña mountain; **las Montañas Rocosas** the Rockies
monte m. hill; mountain
moreno dark-haired
morir (ue) to die
mosca (a) fly
mostrar (ue) to show
motocicleta motorcycle
mover(se) (ue) to move
muchacha, muchacho girl, boy
mucho much; pl. many
muebles m. pl. furniture
muerto dead
mujer woman; wife
multiplicar(se) to multiply

mundo world
museo museum
muy very

nacer (zco) to be born
nada nothing; (not) anything; De— You're welcome
nadie nobody, no one; (not) anyone
naranja orange
nariz nose
naturaleza nature
navaja razor
Navidad f. Christmas
necesitar to need
negocio(s) business
negro black
nevar (ie) to snow
nevera refrigerator
ni . . . ni neither . . . nor
nieta, nieto grandchild
ningún, ninguno no, none
niña, niño girl, boy
noche f. night; evening; de— at night
nombrar to name
nombre m. name; noun
norte m. North
nota grade; note
noticias f. pl. news
novecientos 900
noventa 90
novia, novio sweetheart
nuevas f. pl. news
nuevo new; de— again
número number; size
nunca never

o or; o . . . o either . . . or
obstinado stubborn, obstinate
*obtener to obtain, get
ocupado busy
ocupar to occupy

ocurrir to happen
ochenta 80
odiar to hate
oeste m. West
oficina office
ofrecer (zco) to offer
*oír to hear
¡Ojalá! Oh, if only . . .!
ojo eye
¡Olé! Hooray!
*oler (huelo) to smell
olvidar(se de) to forget (about)
olla pot
once eleven
opuesto: lo— the opposite
oración f. sentence; prayer
orden f. order, command; m. orderliness; order (in turn)
oreja (outer) ear
origen m. origin
oro gold
orquesta orchestra
otoño fall, autumn
otro other, another; otra vez again

paciencia patience
padre father; pl. parents
pagar to pay
página page
país m. country, nation
pájaro bird
palabra word
pálido pale
pampa Argentina prairie
pan m. bread
panqueque m. pancake
pantalones m. pl. pants
pantalla screen; shade
pantera panther
papa potato; papas fritas French fries
papel m. paper; role
paquete m. package

par *m.* pair

para for; in order to; intended for; by (a certain time or date)

parada stop

paraguas *m. sing.* umbrella

parar(se) to stop; to stand up; parado standing

pardo brown

parecer (zco) to seem

pared *f.* wall

pareja couple

pariente relative

parque *m.* park

parte *f.* part; place; **en todas –s** everywhere

partido game; political party

pasado past; last; la semana pasada last week

pasaje *m.* fare (travel)

pasajero passenger

pasar to pass; happen; go; **Pase Ud.** Come in.

pasillo hallway; aisle

paso step

patria country, homeland

patrón, patrona boss

paz *f.* peace; **Déjeme en –** Leave me alone

pecho chest (body)

pedir **(i)** to ask for; order

peinar(se) to comb (one's hair)

peine *m.* comb

pelear to fight

película movie; film

peligro danger

peligroso dangerous

pelo hair

pena pain; sorrow

pensar (ie) to think; **–en** think about; **–de** think of, have an opinion of

peor worse, worst

pequeño small

perder (ie) to lose; **–se** get lost

Perdón Pardon me

perdonar to forgive

perfume *m.* perfume

periódico newspaper

permitir to permit, allow

pero but

perro dog

persona (*always f.*) person

pesado heavy; boring

pesar to weigh

pescado fish

peso weight; (unit of money, Span. Am.)

petróleo oil

pie *m.* foot

piedra stone

pierna leg

pijama pajama

pimienta pepper

piña pineapple

piso floor; story (house)

pizarra blackboard

planear to plan

planeta *m.* planet

plata silver

plato plate; dish (food)

playa beach

plaza town square

pluma pen

pobre poor

poco little (in amount); *pl.* few

*poder to be able, can

poema *m.* poem

poesía poetry

policía *m.* policeman; *f.* (the) police

poliestro polyester

política politics

pollo chicken

*poner to put; **–se** become

por by; for; by means of; for the sake of; during; through; **–la mañana** in the morning

¿Por qué? Why?

porque because

posarse to land, alight

postal *f.* post card

postre *m.* dessert

practicar to practice

práctico practical

precio price

precioso cute; precious

preferir (ie) to prefer

pregunta question; **hacer una–** ask a question

preguntar to ask

premio prize

preocuparse to worry

presentar to present; introduce

prestar to lend; **– atención** pay attention

prima, primo cousin

primavera spring

primer(o) first

principio beginning; **al–** at first

prisa hurry; tener mucha– to be in a big hurry

problema *m.* problem

*producir to produce

profesor(a) teacher

programa *m.* program

prometer to promise

pronto soon; hasta– so long

propietario owner

propio (one's) own

propósito: a– by the way

próspero prosperous, rich

próximo next

prueba proof; test

psiquiatra psychiatrist

público public; audience

pueblo town; (a) people

puerta door; gate

puerto (sea) port

pues well, then

pulgada inch

pulido polished

punto point
puntual punctual, on time

que who, that, which; than;
  lo– what
¿Qué? What? Which?;
  ¿–tal? How goes it?;
  ¡Qué . . .! What a . . .!;
  ¡– bien! How great!;
  ¡– cosa! What a thing!;
  ¡– demonios! What the
  devil!; **¡– lata!** What a
  mess!; **¡– maravilla!**
  Fantastic!; **¡– rico!** How
  great!; **¡– va!** Go on!
quedar to be left; **–se** to
  remain, stay
quejarse to complain
*querer** to want; like, love
  (a person)
querido dear
queso cheese
quien(es) who; whom
¿Quién(es)? Who?
quince 15
quinientos 500
quitar to take away

radio m. or f. radio
rana frog
raza race (of people)
razón f. reason; **tener–** to
  be right
realidad f. reality; **en–**
  really
recibir to receive
reciente recent
recomendar (ie) to
  recommend
recordar (ue) to remember
redondo round
regalo present, gift
reír(se de) (río) to laugh (at)
relacionar to relate
reloj m. watch; clock
remedio remedy; choice

repaso review
repente: de– suddenly
repetir (i) to repeat
respeto respect, admiration
resultar to turn out, result
reunido(s) gathered
  together
revelar to reveal
revista magazine
rey king
rico rich; delicious; "great"
río river
robar to rob, steal
robo robbery
rociar (ío) to spray
rogar (ue) to beg
rojo red
romper to break
ropa clothes, clothing
rosado pink
rosbif m. roast beef
roto broken
rubio blond
rueda wheel
ruido noise

sábado Saturday
*saber** to know (a fact);
  know how to
sacar to take out
saco (suit) jacket; bag
sal f. salt
sala living room
salchicha sausage,
  frankfurter
salida exit
*salir** to go out, leave; come
  out; turn out
salsa sauce
saltar to jump; **– a la comba**
  jump rope
salud f. health
salvar to save (a life)
San(to) Saint; holy
sastre m. tailor
sed f. thirst; **tener mucha –**
  to be very thirsty

seguida: en– immediately
seguir (i) to continue; follow
según according to
segundo second
seguro sure; safe
sello stamp
semana week
sencillo simple
sentado seated, sitting
sentarse (ie) to sit down
sentir (ie) to feel; regret, be
  sorry
*ser** to be (someone or
  something); to be
  (characteristically)
serio serious; **en–**
  seriously
serpiente f. snake
servilleta napkin
servir (i) to serve; be
  suitable
sesenta 60
setecientos 700
setenta 70
si if; whether
sí (after a prep.) himself,
  herself, etc.
siempre always
siesta afternoon break; nap
siglo century
siguiente following; next
silla chair
simpático nice
sin without
sobrar to be left over
sobre on, upon; above;
  about (concerning); m.
  envelope
sobrina, sobrino niece,
  nephew
sociedad f. society
socio partner
sofá m. sofa
sol m. sun; **Hace mucho –**
  It's very sunny
solamente only
soldado soldier

solo   alone

sólo   only

sombrero   hat

sonar (ue)   to sound; ring

sonido   sound

sonreír (sonrío)   to smile

soñar con (ue)   to dream (of)

sopa   soup

sorprender   to surprise

sorpresa   surprise

subir   to go up; raise; –a get on (bus, etc.)

subterráneo   underground

sucio   dirty

sud m.   South

suegra, suegro   mother-in-law, father-in-law

sueño   dream; tener– to be sleepy

suerte f.   luck

sufrir   to suffer

*suponer   to suppose

supuesto: por –   of course

sur m.   south

suyo   (of) his, hers, yours, theirs

taco   (a Mexican fried corn meal and meat patty)

tal   such; –vez   maybe

talentoso   talented

tamal m.   a Mexican corn bread and meat pie

también   also, too

tan   so, as; –. . . como as . . . as

tanto   so much, as much; pl. so many, as many; –. . . como   as many . . . as

tarde   afternoon; early evening; adv. late

taza   cup

té m.   tea

teatro   theater

techo   roof

tela   cloth

telefonista   telephone operator

teléfono   telephone

televisor m.   TV set

telón m.   (theater) curtain

tema m.   theme, topic

temer   to fear, be afraid of

temprano   early

tenedor m.   fork

*tener   to have; –. . . años (de edad)   to be . . . years old; –calor, frío   to be (feel) cold, warm; –hambre, sed to be hungry, thirsty; –miedo   to be afraid; –prisa   to be in a hurry; –que + infin.   to have to; –razón   to be right; –sueño to be sleepy

terminación f.   ending

terminar   to finish, end

tesoro   treasure

testiga, testigo   witness

tía   aunt

tiempo   time; period of time; weather; ¿Qué – hace? How's the weather?

tienda   store

tierra   earth; land

tijeras f. pl.   scissors

timbre m.   doorbell

tío   uncle

tipo   type; kind; "guy"

tisú m.   tissue

título   title

tiza   chalk

toalla   towel

tocadiscos m. sing.   record player

tocar   to touch; play (an instrument)

tocino   bacon

todavía   still; –no   not yet

todo   everything; all; adj. all, every; –el mundo everybody; –s los días every day

tomar   to take; eat; drink

tomate m.   tomato

tonto   stupid, silly

toro   bull; corrida de –s bullfight

torre f.   tower

torta   cake

tortilla   corn pancake (Mexico); omelet (Spain)

tostada   toast

trabajar   to work

trabajo   work; job

*traer   to bring

traje m.   suit; –de baño bathing suit

tranquilo   calm, peaceful

tranvía m.   trolley

tratar de   to try to

trece   13

treinta   30

tren m.   train

triste   sad

tuyo   yours, of yours

último   last

único   only; unique

unido   united

uña   fingernail; toenail

vacaciones f. pl.   vacation

vacío   empty

*valer   to be worth; cost

valiente   brave, valiant

¡Vamos!   Come on!, Go on!

variado   varied

varios   some, various

vaso   (drinking) glass

vecina, vecino   neighbor

vegetal m.   vegetable

veinte   20

velocidad f.   speed

vender   to sell

*venir   to come

ventana   window

*ver   to see; A–   Let's see

verano summer

verdad *f.* truth; true; ¿–? isn't it, aren't they, don't you?, etc.; **de–** really

vestido dress; *pl.* clothes; *adj.* dressed

vestirse (i) to get dressed

vez *f.* (a) time, instance; **en–** de instead of; **otra–** again; **a veces** at times

viajar to travel

viaje *m.* trip; **hacer un–** to take a trip

vida life

vidrio glass (material)

viejo old

viento wind; **Hace mucho–** It is very windy

viernes Friday

vino wine

visita visit; guest

visitante visitor

vista view; sight

visto (*past part.* of **ver**) seen

¡Viva! Hooray for . . .!

vivir to live

volar (ue) to fly

volver (ue) to return

voz *f.* voice; **en voz alta** aloud

vuelo flight

vuelto (*past part.* of **volver**) returned

y and

ya already; **–no** no longer, not any more

zapatilla slipper

zapato shoe

zorro fox

INGLÉS–ESPAÑOL

about de, sobre (a topic)

above encima de, sobre

according to según

address *n.* dirección *f.*

afraid: to be afraid *tener miedo, temer

afternoon tarde *f.* **Good–** Buenas tardes

again otra vez

against contra

ago hace (+ a period of time); **an hour –** hace una hora

air aire *m.*; **Air Force** Fuerza Aérea

airplane avión *m.*

airport aeropuerto

all *adj.* todo(a, os, as); *n.* todo (everything); **– day** todo el día

almost casi

alone solo

already ya

also también

always siempre

among entre

and y; e (before a word beginning with **i** or **hi**)

annoy molestar; **to be or get annoyed** molestarse

another otro(a)

answer *n.* contestación, respuesta; *v.* contestar, responder

ant hormiga

any algún (alguno); **not –** ningún (ninguno)

anybody: not – nadie

anything: not – nada

appear aparecer (zco); parecer (zco) (to seem)

approach acercarse a

arm brazo

army ejército

arrange arreglar

arrive at or **in** llegar a

artist artista *m.* and *f.*

as como; **–. . .–** tan . . . como; **– much (many) . . . as** tanto(s) . . . como

ask preguntar; **–for** pedir (i)

asleep dormido

at en; (*sometimes*) a; **– noon** a las doce

attend asistir a (a class, etc.)

attract *atraer

audience público, auditorio

aunt tía

autumn otoño

avenue avenida

bacon tocino

bad mal(o)

badly mal

ball game partido

bang *v.* golpear

baseball béisbol *m.*

basket cesta, canasta

bath baño

bathe bañar(se)

bathing suit traje de baño *m.*

bathroom (cuarto de) baño

be *ser (refers to who or what the subject is or what it is really like); *estar (tells how or where the subject is); **Is John in?** ¿Está Juan?

beach playa

beans frijoles *m. pl.*

beautiful hermoso, lindo

because porque

become *hacerse; *ponerse

bed cama; **go to –** acostarse (ue)

bedroom alcoba

before *adv.* antes; *prep.* antes de

beg rogar (ue)

begin comenzar (ie), empezar (ie)

behind *prep.* detrás de

believe *creer

below *adv.* abajo; *prep.* debajo de

besides además

best *adj.* (el, la) mejor; (los, las) mejores; *adv.* mejor

bet *v.* apostar (ue)

better *adj.* mejor(es); *adv.* mejor

between entre

bicycle bicicleta

big gran(de)

bird pájaro

birthday cumpleaños *m. sing.*

black negro

blackboard pizarra

blond rubio

blouse blusa

blue azul

body cuerpo

book libro

boot bota

bored aburrido

boring pesado, aburrido

born: to be – nacer (zco)

boss jefe, patrón, patrona

bother *v.* molestar

bottle botella; frasco (small)

box caja

boy muchacho, chico, niño

boyfriend novio

brain cerebro

brand *n.* marca

bread pan *m.*

break *v.* romper

breakfast desayuno

brick *n.* ladrillo; (made of)– de ladrillos

bring *traer

broken roto

brother hermano; –-in-law cuñado

brown pardo, castaño

brunet(te) moreno, morena

brush cepillo

build *construir (uyo)

building edificio

bulb bombilla (light)

bus autobús *m.*; bus *m.*

bus stop parada del bus

busy ocupado

but pero

butter mantequilla

button botón *m.*

buy comprar

by por; – the way a propósito

cake torta

call *n.* llamada (telefónica); *v.* llamar

calm tranquilo

can (to be able) *poder; *n.* lata; – opener abrelatas *m. sing.*

candy dulces *m. pl.*

capital capital *f.* (city)

car coche *m.*, carro

cardboard cartón *m.*

care: to take care cuidar

careful: Be –! ¡Cuidado!; to be – cuidarse

carpet alfombra

carry llevar

cat gato

catch *v.* coger

cathedral catedral *f.*

ceiling cielo raso

cereal cereal *m.*

chair silla

change *v.* cambiar

charming precioso

cheap barato

cheese queso

chest pecho (body); cómoda (furniture)

chicken pollo

chief jefe, jefa

child niño, niña

choose escoger

church iglesia

city ciudad *f.*

class clase *f.*; –room (sala de) clase

clean *adj.* limpio; *v.* limpiar

clock reloj *m.*

close *adv.* cerca; –to cerca de; *v.* cerrar (ie)

closed cerrado

cloth tela

clothes, clothing ropa

coal carbón *m.*

coat abrigo; saco (of a suit)

coffee café *m.*

coin moneda

cold *adj.* frío(a, os, as); *n.* frío; to be very – (out) *hacer mucho frío; to be or feel very – (a person) *tener mucho frío

comb *n.* peine *m.*; *v.* peinar(se)

come *venir; – back volver (ue)

complain quejarse (de)

compose *componer

concert concierto

conduct *v.* *conducir

confess confesar (ie)

contain *contener

contract *contraer

cook *v.* cocinar

cool fresco; It's – out Hace fresco

cord cuerda; cordón *m.* (electric)

corn maíz *m.*

corner esquina (street)

cost *v.* costar (ue)

cotton algodón *m.*

count *v.* contar (ue)

country campo (opposite of city); país *m.* (nation)

couple pareja (people); a–
of un par de, unos
course curso; **of** – por
supuesto, claro, cómo no
court corte *f.*
cousin primo, prima
cover *v.* cubrir
covered with cubierto de
crazy loco
cream crema
crowded atestado
cup taza
curtain cortina
customer cliente
cut *v.* cortar
cute precioso

dance *n.* baile *m.; v.* bailar
danger peligro
dangerous peligroso
dare (to) atreverse a
dark oscuro; – **haired**
moreno
date cita (appointment);
fecha (of the month)
daughter hija
day día *m.*
dear querido
delicious delicioso, rico
deliver entregar
dentist dentista
department store
almacén *m.*
desk mesa, escritorio
dessert postre *m.*
destroy destruir (uyo)
dial *v.* marcar (un número)
die morir (ue)
dining room comedor *m.*
dinner comida
direct *v.* dirigir
dirty sucio
dish plato
dispose *disponer
distract *distraer
do *hacer

doctor médico; doctor (title)
dog perro
done hecho
door puerta
down abajo
downtown el centro
dream *n.* sueño; *v.* **about**
or of soñar (ue) con
dress *n.* vestido; *v.* vestirse
(i)
dressed vestido
drink *n.* bebida; *v.* beber;
tomar
drive manejar
during durante

each cada
ear oreja (outer); oído
(inner)
early temprano
earn ganar
easy fácil
eat comer
egg huevo
either . . . or o . . .o
elevator elevador *m.*,
ascensor *m.*
empty vacío
end *n.* fin *m.; v.* acabar,
terminar
enemy enemigo
English inglés (inglesa)
enjoy disfrutar; – **oneself**
divertirse (ie)
enough bastante; –!
¡Basta!
enter entrar (en or a)
entire entero
entrance entrada
envelope sobre *m.*
even aun, hasta
evening tarde *f.;* noche *f.;*
Good– Buenas tardes
(noches); **in the** – por la
tarde, por la noche; de
noche

ever alguna vez; **not**–
nunca, jamás
every cada; todos los, todas
las
everybody todo el mundo;
todos
exam examen *m.* (*pl.*
exámenes)
example: for – por ejemplo
exit salida
expensive costoso, caro
explain explicar
eye ojo

face *n.* cara
factory fábrica
fall *n.* otoño; *v.* *caer
family familia
far lejos; – **from** lejos de
fare pasaje *m.* (travel)
fast rápido, rápidamente
fat gordo
father padre; —**in-law**
suegro
favorite favorito
feel sentir (ie); – **sorry**
sentir (ie); – **(sick, tired,**
etc.) sentirse
few pocos
fight pelear
fill llenar
film película
find encontrar (ue)
finger dedo; –**nail** uña
finish acabar, terminar
fire fuego
fireman bombero
first primer(o)
fish *n.* pescado
fix *v.* arreglar
flag bandera
floor piso
flower flor *f.*
fly *n.* mosca; *v.* volar (ue)
foot pie *m.*
football fútbol *m.*

for para (to be used for, headed for); **por** (for the sake of, because of, in place of)

forget olvidar(se de)

forgive perdonar

fork tenedor m.

frankfurter salchicha

French francés, francesa

friend amigo, amiga

from de; desde (since)

front frente m.; **in – of** delante de, en frente de

full lleno

fun: to have – divertirse (ie)

funny gracioso, cómico

furniture muebles m. pl.

game juego; partido (a match)

garbage basura

garden jardín m.

gentleman caballero

get: – dressed vestirse (i); **– lost** perderse (ie); **– married** casarse; **– up** levantarse

girl muchacha, chica; niña

girlfriend novia

give *dar

glad contento; alegre; **to be –** alegrarse (de): **I'm –** Me alegro

glass vaso (for drinking); **vidrio** (material)

glove guante m.

go *ir; *andar; **– down** bajar; **– in** entrar (en or a); **– out** *salir; **– up** subir

gold oro

good buen(o)

good-looking guapo

goodness: My –! ¡Dios mío!

grandchild nieto, nieta

grandfather abuelo

grandmother abuela

grandparents abuelos

grass hierba

gray gris

great gran(de)

green verde

grow crecer (zco)

guide n. guía m. or f.

guitar guitarra

gymnasium gimnasio

hair pelo

half medio; **– past one** la una y media

ham jamón m.

hamburger hamburguesa

hammer martillo

hand n. mano f.; **to – over** entregar

handsome guapo

happen pasar, ocurrir

happy contento; feliz (pl. felices); **to be – about** alegrarse de

hard difícil(es); duro (not soft); **to work –** trabajar mucho

hat sombrero

hate odiar

have *tener; **to – just** (done something) acabar de (+ infin.); **to – to** tener que (+ infin.); **– a good time** divertirse (ie)

head cabeza

health salud f.

hear *oír

heart corazón m.

hello Hola; Buenos días, etc.

help n. ayuda; v. ayudar

here aquí

high alto

home casa; **to go –** *ir a casa; **at –** en casa

homework tarea

hope v. esperar; **How I – . . .!** ¡Ojalá (que) . . .!

hot caliente; **to be – out** *hacer (mucho) calor; **to be or feel –** (a person) *tener (mucho) calor

hour hora

house casa

How? ¿Cómo?; **– are you?** ¿Cómo está? ¿Qué tal?; **– much?** ¿Cuánto(a)?; **– many?** ¿Cuántos(as)?

hug v. abrazar (se)

hungry: to be (very) – *tener (mucha) hambre

hurry: to be in a – *tener (mucha) prisa

husband esposo, marido

ice cream helado(s)

idea idea

important importante

impose *imponer

in en; **– the morning** por la mañana; **at 8 in the morning** a las ocho de la mañana

inside (of) dentro (de)

instead of en vez de

introduce presentar (a person); *introducir (a topic, etc.)

jacket saco (suit); chaqueta

jail cárcel f.

jar jarra

jeans levis m. pl.

job trabajo

judge n. juez

juice jugo; **orange –** jugo de naranja

jump saltar

just justo; **to have –** acabar de + infin.

keep guardar
key llave *f.*
kill matar
kiss *n.* beso; *v.* besar
kitchen cocina
knife cuchillo
know *saber (a fact, how to, know by heart); *conocer (zco) (know or be familiar with someone or something)

lady señora; dama
lamp lámpara
land *n.* tierra
landlord dueño, propietario (de la casa)
language lengua, idioma *m.*
large grande (*not* largo)
last último; pasado; – **night** anoche; – **week** la semana pasada
late tarde
later más tarde, después
laugh *v.* *reír (río); – **at** reírse de
lawyer abogado, abogada
lead *v.* dirigir
leaf hoja
learn aprender
least *adj.* (el, la, los, las) menos; *adv.* menos; **at** – por lo menos
leather cuero
leave *salir; dejar (leave behind); – **(someone) alone** dejar en paz
left izquierdo; **on the**– a la izquierda
lend prestar
letter carta; letra (alphabet)
lettuce lechuga
library biblioteca
lie *v.* mentir (ie)
life vida

lift levantar, subir
like *prep.* como; *v.* *querer a (a person); gustarle (algo a alguien); – **this, – that** así
line línea
lip labio
listen escuchar
little pequeño (in size); poco (in amount); **a** – un poco (de)
live *v.* vivir
living room sala
long largo
longer: no – ya no
look *v.* *estar (seem); – **at** mirar; – **for** buscar
lose perder (ie)
lot: a – mucho, muchísimo
lottery lotería
love *n.* amor *m.*; *v.* amar, *querer; – **in love with** enamorado de; **I love it!** Me encanta!
low bajo
lower *v.* bajar
luck suerte *f.*
lunch *n.* almuerzo; *v.* almorzar (ue)

machine máquina
magazine revista
mail *n.* correo
mail box buzón *m.*
mailman cartero
maintain *mantener
make *v.* *hacer; *n.* marca (brand)
man hombre
manner manera
many muchos
map mapa *m.*
married casado; **to get** – casarse
marry casarse con
matter: It doesn't – No importa

maybe tal vez
mayor alcalde
meanwhile mientras tanto
meet encontrar (ue); conocer (zco); **Pleased to** – **you** Mucho gusto
melon melón *m.*
message mensaje *m.*
microphone micrófono
midnight medianoche *f.*
milk leche *f.*
mirror espejo
money dinero
month mes *m.*
moon luna
more más; **not any** – ya no
morning mañana; **in the** – por la mañana; **at 8 in the morning** a las ocho de la mañana; **Good** – Buenos días.
most *adv.* más
mother madre, mamá; **—in-law** suegra
motorcycle motocicleta
mouth boca
move mover(se) (ue)
movie película
movies el cine
much mucho; **very** – muchísimo
museum museo
music música
my mi(s); **My goodness!** ¡Dios mío!

nail clavo; uña (finger or toe)
name nombre *m.*; **What's your** –? ¿Cómo se llama Ud.?
napkin servilleta
navy marina
near *adv.* cerca (nearby); *prep.* cerca de
need *v.* necesitar

needle aguja

neighbor vecino, vecina

neighborhood barrio

neither ni; – . . . **nor**
ni . . . ni

nephew sobrino

never nunca, jamás

new nuevo

news noticias *f. pl.*, nuevas
f. pl.

next próxima; – **to** junto a

nice simpático

niece sobrina

night noche *f.*; **Good** –
Buenas noches; **last** –
anoche

nobody, no one nadie

noise ruido

Nonsense! ¡Qué va!

noon mediodía *m.*

nose nariz *f.*

notebook cuaderno

nothing nada

notice *v.* fijarse (en)

now ahora; **right** – ahora
mismo

obtain *obtener

of de

offer *v.* ofrecer (zco)

office oficina

oil petróleo; aceite *m.* (for
cooking, etc.)

old viejo; antiguo; **to be** . . .
years – *tener . . . años
(de edad)

older, oldest mayor; más
viejo

once una vez

only sólo, solamente; – **one**
único

open *adj.* abierto; *v.* abrir

or o; u (before a word
beginning with **o** or **ho**)

orange naranja

orchestra orquesta

order *v.* mandar; pedir (i)
(food, etc.)

other otro

ought (to) deber

outside fuera

over *prep.* sobre, encima de

overcoat abrigo

owe deber

own *adj.* propio (belonging
to)

owner dueño, propietario

package paquete

pain pena; dolor *m.*
(physical)

pajamas pijama *f. sing.*

pale pálido

pants pantalones *m. pl.*

paper papel *m.*; **news**–
periódico

parents (los) padres

park *n.* parque *m.*

part *n.* parte *f.*

party fiesta; partido
(politics)

passenger pasajero

pay pagar

peace paz *f.*

pen pluma

pencil lápiz *m.* (*pl.* lápices)

people personas *f. pl.*;
gente *f. sing.*; pueblo

pepper pimienta

performance función *f.*

perfume perfume *f.*

perhaps tal vez

person persona (*always f.*)

phone *n.* teléfono; – **call**
llamada telefónica; *v.*
llamar por teléfono,
telefonear

pink rosado

place lugar *m.*

plate plato

play *n.* comedia, drama *m.*;
v. jugar (ue) (al fútbol, etc.);
tocar (an instrument)

please por favor

pleased contento

pleasure gusto; **It's a** – **to**
meet you Mucho gusto

pocket bolsillo

police policía

policeman, –woman (el, la)
policía

poor pobre

post card postal *f.*

Post Office Casa de Correos
o del Correo

pot olla

potato papa, patata; **French**
fried, –s, or **chips** papas
fritas

pretty bonito

price precio

problem problema *m.*

produce *v.* *producir

program programa *m.*

promise *v.* prometer

punish castigar

pupil almuno, alumna

purse bolsa, bolso

put *poner; – **on** ponerse

question *n.* pregunta; **to**
ask a – preguntar

quiet: to be –, **hush up**
callarse

radio radio *m.* or *f.*

rain *v.* llover (ue)

raincoat impermeable *m.*

raise levantar, subir

razor navaja, afeitadora
eléctrica

read *leer

ready listo

really realmente, de verdad

receive recibir

record disco; – **player**
tocadiscos *m. sing.*

red rojo

reduce *reducir

refrigerator nevera
rehearse ensayar
relative pariente
remain quedar(se)
remember recordar (ue)
repeat repetir (i)
rest v. descansar
return volver (ue) (come back); devolver (ue) (give back)
rice arroz m.
rich rico
right derecho; **on the** − a la derecha; **to be** − *tener razón; − **now** ahora mismo; − **away** en seguida
ring sonar (ue)
river río
road camino
roast beef rosbif m.
rob robar
robbery robo
robe bata
role papel m.
room cuarto, habitación f.
round redondo
row n. fila
rug alfombra
run v. correr; funcionar, *andar (a machine)

sad triste
salad ensalada
salt sal f.
same mismo; igual
sand arena
satisfied contento
sausage salchicha
say *decir
school escuela, colegio
scissors tijeras f. pl.
sea mar m. (in poetry, f.)
season estación f. (of year)
seated sentado
second segundo

see *ver
seem parecer (zco)
sell vender
send mandar
serve servir (i)
set: TV − televisor m.
sew coser
shampoo champú m.
shave v. afeitar(se)
shine brillar
ship n. barco
shirt camisa
shoe zapato
shopping: to go − *ir de compras
short corto (in length); bajo (in height)
should deber
shout n. grito; v. gritar
show n. función (de teatro) f.; v. mostrar (ue)
shower n. ducha; v. ducharse
sick enfermo
side n. lado (place)
sign n. letrero, cartel m.
silly tonto
silver plata
simple sencillo
since prep. desde
sing cantar
singer cantante
sister hermana; −−in-law cuñada
sit down v. sentarse (ie)
skirt falda
sky cielo
sleep dormir (ue)
sleepy: to be − *tener sueño
slim delgado
slipper zapatilla
slow(ly) despacio, lentamente
small pequeño
smell v. oler (huelo)
smile v. sonreír (sonrío)
smoke v. fumar

snow v. nevar (ie)
so tan; así (in this way)
So long Hasta luego, Hasta pronto
so much, many tanto(s)
soap jabón m.
sock n. calcetín m.
sofa sofá m.
some algún, alguno, etc.
somebody, someone alguien
something algo
song canción f.
soon pronto
sorrow pena
sorry: to be − sentir (ie); I'm − Lo siento
sound n. sonido; v. sonar (ue)
soup sopa
spaghetti fideos m. pl.
speak hablar
spend gastar (money); pasar (time)
spoon cuchara
sport deporte m.
spray v. rociar (rocío)
spring n. primavera
stairway, stairs escalera
stamp n. sello (postage)
stand up v. levantarse
standing parado, de pie
star estrella; astro
station estación; **gas** − estación de servicio o gasolinera; **subway** − estación de metro
stay quedarse
steal robar
steel acero
still todavía
stocking media
stolen robado
stomach estómago
stone piedra
stop parar(se)
store tienda, almacén m.

story cuento; piso (house)

stove estufa

strange extraño

street calle f.

strength fuerza

strong fuerte

student estudiante, alumno

study n. estudio; v. estudiar

stupid tonto, estúpido

subway metro

suddenly de repente

sugar azúcar m.

suit traje m.; **bathing –** traje de baño

suffer sufrir

summer verano

sun sol m.

sunny: It is – Hace sol

sure seguro

surprise n. sorpresa; v. sorprender

swear jurar

sweet dulce

T-shirt jersey m.

table mesa

tablecloth mantel m.

take tomar (food or an object); llevar (a person); **– away** quitar; **– care** cuidar(se); **– off (clothes)** quitarse; **– out** sacar

talk v. hablar

tall alto

teach enseñar

teacher maestro(a), profesor(a)

teaspoon cucharita

telephone teléfono; **– call** llamada telefónica

television televisión f.; **– set** televisor m.

tell *decir; contar (ue)

test n. examen m.; prueba

than que; de (before a number)

thanks gracias

that adj. ese, esa; aquel, aquella (far away); pron. eso (in general); ése, aquél, etc.; conj. que

theater teatro

then entonces; después, más tarde

there allí; **– is, are** hay; **– was, were** había

these estos, estas; pron. éstos, éstas

thief ladrón, ladrona

thin delgado; flaco (skinny)

thing cosa; **Poor –!** ¡Pobre!

think creer (believe); pensar (ie); **– about** pensar en; **– of (opinion)** pensar de

third tercer(o)

thirsty: to be (very) thirsty *tener (mucha) sed

this este, esta; esto (in general); **– one** éste, ésta

those adj. esos, esas; aquellos, aquellas (far); pron. ésos(as), aquéllos(as)

thousand mil; pl. miles

thread hilo

throw echar

ticket boleto

tie n. corbata

time tiempo (period of time); **at the same –** al mismo tiempo; **on –** a tiempo; hora (time of day); **At what –?** ¿A qué hora?; vez f. (a time, instance); **two –s** dos veces; **to have a good –** divertirse (ie)

tired cansado

to a

toast n. tostada

today hoy

toe dedo (del pie)

together juntos

tomato tomate m.

tomorrow mañana; **– morning** mañana por la mañana

tonight esta noche

too también (also); **– much, many** demasiado(s)

tooth diente m., muela

toward hacia

towel toalla

town pueblo

traffic tráfico, tránsito

train tren m.

travel v. viajar

tree árbol m.

trip n. viaje m., excursión f.

trolley tranvía m.

true: It's – Es verdad

truth verdad f.

try tratar; **– to** tratar de

turn v. volver (ue); **– on (a light,** etc.) encender (ie), *poner; **– off** apagar; **– out** resultar, *salir (bien, mal)

ugly feo

umbrella paraguas m. sing.

uncle tío

understand comprender, entender (ie)

united unido(s); **– States** Estados Unidos

until prep. hasta

up arriba

use v. usar, emplear

vacuum cleaner aspiradora

vegetable vegetal m.

very muy; **to be – cold out** *hacer mucho frío; **to be or feel – cold** *tener mucho frío **to be – hungry, thirsty** *tener mucha hambre, sed

visit n. visita; v. visitar

voice voz f.

wait *v.* esperar; **to – for**
esperar (a una persona)

wake up despertar(se) (ie)

walk *v.* caminar, *andar

wall pared *f.*

wallet cartera

want *v.* *querer, desear

war guerra

warm caliente; **to be – out**
*hacer calor; **to feel –** (a
person) *tener calor

wash *v.* lavar(se); **washing
machine** máquina de
lavar

watch *n.* reloj *m.*; *v.* mirar
(look at); **– out!** ¡Cuidado!

water agua *f.* (But: el agua)

way manera

weak débil

wear llevar, usar

weather tiempo, clima *m.*;
How's the –? ¿Qué
tiempo hace?

wedding boda

week semana; **last –** la
semana pasada

weekend fin de semana *m.*

weight peso

welcome bienvenido

well bien; pues, . . .

what lo que

What . . .? ¿Qué . . .?
¿Cuál(es)? (Which one or
ones?); **– is your name?**
¿Cómo se llama Ud.?;
What a . . .! ¡Qué . . .!

when cuando; **When?**
¿Cuándo?

where donde; (a) donde
(*with* ir); **Where?**
¿Dónde?, ¿A dónde?

whether si

which que

Which? ¿Cuál(es) . . .?,
¿Qué . . .?; **– one(s)?**
¿Cuál(es)?

while mientras (que)

white blanco

who quien(es), que

Who? ¿Quién(es)?

whole entero; **the – day**
todo el día

Why? ¿Por qué?

win ganar

window ventana

windy: It is – Hace viento

wish *v.* desear

with con;**– me** conmigo;
– you (pal) contigo

within *prep.* dentro de

without sin

witness testiga, testigo

woman mujer

wood madera

wool lana

word palabra

work *n.* trabajo; *v.* trabajar;
(a machine) funcionar,
*andar

world mundo

worry *v.* preocupar(se)

worse, worst peor(es)

worth: to be – *valer

write escribir

writer escritor(a)

written escrito

year año

yellow amarillo

yesterday ayer

yet todavía; **not –** todavía no

young joven (*pl.* jóvenes)

younger, youngest
menor(es), más joven
(jóvenes)

INDEX

Teacher's Manual
EN ESPAÑOL, POR FAVOR

Mano en Mano

Zenia Sacks Da Silva

Macmillan Publishing Co., Inc.
New York

Collier Macmillan Publishers
London

Macmillan Publishing Co., Inc.
866 Third Avenue, New York, New York 10022
Collier Macmillan Canada, Ltd.

ISBN 0-02-27140-0-6

Printed in the United States of America

Contents

1. Introduction

"En español, por favor." How many times have we said it! But how many times have we really meant it? How many of our students could we really ask to use Spanish on their own? Not enough, to be sure. And that is why we have created a new-technique, new-format modified program, one that will enable just about all of our students to comprehend and respond and function "en español, por favor." I promise you, it can be done. Let me tell you how.

En español, por favor is a three-level sequence planned specifically for early and middle teenagers of average or even less than average linguistic ability. Its every aspect is geared to their emotional and psychological needs — personal involvement, the "sweet taste of success," the people and themes and language with which they feel at ease. Its emphasis is on understanding and speaking, though it does introduce reading and writing from the start. But more than that, it avails itself of every device, overt and subtle, to make the process easier — humor and personalization; learning through associations (never by rote!); step-by-step buildup; rhythmic and rhyme patterns; strict vocabulary and structure control; continuous re-entry and review; games and other performance activities; lead-ins from the old to the new; art, photographs, and design in a variety of contexts — topical, subjective, cultural, and even episodic; picture-stories of life among the Spanish peoples, here and abroad; and a casual style that makes even grammar hew to its tone. Above all, it is short. It is simple. And each book can easily be covered in one school year, with no need for haste.

Books I and II, *Hola, Amigos* and *Mano en Mano,* follow the same general format, and their world is an informal, young one — personal, way-in, far-out. Each has a series of mini-lessons in the **Primera Parte** and a 10-lesson full-scope **Segunda Parte.** Book III, *Puentes,* takes us on a new route, adding a para-professional or occupa-tional orientation while it reviews and expands the materials of the first two. And the whole series is accompanied by tapes, workbooks, visual aids, and testing programs, plus the "Help Yourself" guides that let individual students move at their own speed. This is the panorama as a whole. Now let's take *Mano en Mano* by itself.

Mano en Mano

What are we reaching for in Level II? By now you know. A world we can share — with a good deal of learning, and a whole lot of fun!

A. PRIMERA PARTE: 20 one- to two-day mini-lessons, with **Observaciones y Repaso** sections following mini-lessons 10 and 20. The mini-lessons review every major item of grammar and vocabulary from *Hola, Amigos* while introducing a small and easily manageable amount of new grammar and vocabulary to give students a sense of accomplishment. Total new vocabulary is 120 words, 60 each in sections 1-10 and 11-20. Each section begins with an opening conversation activity based on illustrations and on structures already taught. Then follows a **Repaso — y un poco mas,** a review of structures introduced in *Hola Amigos,* with a slight expansion into new material, and with the whole reinforced by exercises. New material is underlined in color in both Student Book and Teacher's Edition. **En breve** summarizes new material and basic structures in clear-cut tabular form. Finally comes **A pronunciar,** featuring fragments of popular song and poetry selected for the development of authentic intonation patterns. Throughout the **Primera Parte,** the progression is easy-flowing, single-paced, aided by art and photographs that blend cultural background with language skills. The **Observaciones y Repasos** review all new active grammar and vocabulary introduced in the **Primera Parte.**

B. SEGUNDA PARTE: 10 two-week lessons (with time allowance for expansion), and three **Repaso** sections interspersed. These two-week lessons follow the same six-part format as *Hola, Amigos.* In brief, here are the parts:

1. **Vocabulario:** a topical vocabulary of 13-15 words organized around a theme and presented in cartoon layout.

a. **Dígame:** A question-and-answer sequence that uses this vocabulary in personalized questions. *No new structure* is taught at the same time!

b. A game, original "dialogue," or other performance activity that keeps the vocabulary theme alive.

2. **Observaciones:** two interrelated points of structure, with practice and a broad range of applications.

a. **¿Recuerda Usted?:** a lead-in to the grammar points through a related structure that has already been taught.

b. The two points, separately presented and practiced, with many question-answer patterns that teach even before we make the generalization.

c. **Repaso Rápido:** a capsule summation of the two points, with self-testing exercises. (The answers are to be found at the back of the book.)

3. **Cuento:** the high point of the lesson—brief, funny, and illustrated with delightful cartoon sequences. The structures used are limited to those already taught and to those being taught in each lesson. Vocabulary is almost entirely limited to the already familiar, plus the remaining active vocabulary of the lesson. Passive vocabulary, which is used to move the story line along, is kept to a minimum, and all new words and structures are glossed in the margins. Although the **Cuento** can be covered in one day, it is divided into two segments, to be used at will.

Vamos a conversar: a question-and-answer activity that recapitulates and personalizes at the same time. Group A questions refer to the first half of the story, Group B to the second.

4. **Juegos de Palabras:** word games through illustrations and associations that both introduce the remaining active vocabulary of the lesson and re-enter the old. Never does the number of new words or expressions exceed 15. In most cases, the total is 13 or 14.

5. **Observaciones:** one final point of structure, with practice and review

a. **¿Recuerda Usted?,** the warm-up lead-in

b. The grammar point, explained and drilled

c. **Repaso Rápido,** with self-test

6. **Panorama:** a photo essay on Hispanic life, with a theme related to the opening vocabulary setting of the lesson. The captions provide short narrative readings within the scope of the structures already learned. Questions for optional use by the teacher are included in this Manual section.

C. THE REPASOS: one after Lesson 3, another after Lesson 6, and the last, after Lesson 10. These recapitulate all active structures, list vocabulary with keys to the lesson in which it first appears, and conclude with word-building games of associations.

In total, Lessons 1-10 contain only thirty grammar points and 280 words of active vocabulary. The **Primera Parte** presents 120 new vocabulary items, 60 each in sections 1-10 and 11-20. The entire second-level course consists of 400 new active words and 36 major structures. Taken together with the 450 words and 36 major structures of Level I, these provide the basis for a surprisingly wide range of free expression, oral and written.

How to Handle the Various Elements

A. THE MINI-LESSONS OF PART I The purpose of these 20 segments is to pick the ball up from where we left off. And how do we do it? With a casual blend of conversation, review, and a small something new. As you know, conversation and game activities keep things moving. So we open every lesson with just that, each day in a different way. We sprinkle familiar vocabulary with a sample of new. And when the game is over, well, on to the review.

Just as in *Hola, Amigos*, the sequence of structures is closely interrelated. Perhaps even more so, because now we have more with which to relate! For example, when we bring back **traer,** we bring in **caer.** When we recall **mi, tu, su,** we call in **mío, tuyo,** and **suyo.** When we speak of **este** and **ese,** we point to the lonely **aquel.** When we repeat **estuve,** we mete out **anduve.** And the ball keeps rolling because we never let it stop.

So please let the sequence flow. Teach for active use only those words and structures so marked. Let your students plunge in and be themselves in every situation we have set up. And see how quickly the new structures and words will become their own.

Once again, before we leave the **Primera Parte,** here is what each unit contains:

1. A conversation "opener" that moves from semi-controlled to free response. And a multitude of fun ways to respond.

2. **Repaso—y un poco más:** review, plus . . .. And exercises to reinforce.

3. **En breve:** a resumé of active material.

4. **A pronunciar:** tiny tracts from popular poetry and song. Sense the rhythm. Make the sounds. Taste the flavor of people and places. (Since these short pieces have been recorded for your pleasure, you may want to add the taped version to your own presentation.)

And one more reminder: Since most of each unit can be done either orally or as written homework, please decide on the balance you would like to create. But do keep in mind that the conversational "opener" of each next day will once again bring back the structures covered the day before. So there is the whole story. ¡Y ya! Let's look now at Part II.

B. THE SIX-PART LESSONS OF PART II

1. The **Vocabulario** cartoon layout is our opening activity. There are 13 to 15 words (never more!), topically grouped. So here the association is that of a functional context, and the personalized questions that follow the heading **Dígame . . .** put the new words into immediate use. I would suggest modelling each word, with choral or individual response: "¿Qué es esto aquí? . . . ¡Dios mío! ¿Quién es esta persona? ¿Qué hace?", and then go right on to the questions. Obviously, you need not feel obliged to ask each question, for there may be some that won't have the same relevance to your particular group. On the other hand, there may be a number of questions that several students, or even the whole class, may want to answer. Only you can decide how much time you want to spend on this activity. But please, don't underestimate its importance.

After the question comes a reasonably freestyle performance activity. This is one that you may consider optional, as time or circumstances indicate. But it can be fun, as it reworks once again the vocabulary items of the opening cartoon and helps set up the forthcoming **Cuento.** Try to include it, if you can.

2. **Observaciones** (1): 2 grammar points, each with separate drills. Since each lesson has only three grammar points in all, this **Observaciones,** with its two interrelated structures, actually represents the greater part of the new material at hand. As you know, every **Observaciones** section is introduced by a brief **¿Recuerda Usted?** lead-in, a reminder of the old as we head for the new. So go over the **¿Recuerda Usted?** lightly, and see how much easier the next presentation becomes. As for the structure, notice, too, the informal language that describes each use, and how we often bring in a patterned question-and-answer sequence before the generalized rule itself. The **Práctica** that follows contains a variety of exercise materials that begin with the more controlled response and graduate to the free. Each of the two points has its separate drills, though re-entry is taken into account. And the section concludes with a **Repaso Rápido** that ties up the package and offers a quick self-test.

3. **Cuento:** This is the motivational high point. The short stories or dialogues are mini-scenes from life. Well, mostly from life, though we're not averse to injecting a note of fantasy or farce. But surely we can promise you this:

a. that they are funny, or at the very least, different;

b. that the humor is directed at the psychological level of your students and that they will react;

c. that they are short enough to be covered in one day, if you choose, or for the normal-to-slower group, in two;

d. that they put into action the two new structures just learned, plus the third that is about to follow;

e. that they bring back most of the active vocabulary of the first half of the lesson, while they introduce the 13-15 new words of the second half (notice that passive vocabulary has been kept to a minimum);

f. that they are easy to read because all new words or potential difficulties are glossed in the margin, and because we have added cartoon sequences that point up the highlights along the way.

Now how do we get the most out of them? First, by reading them for enjoyment—in class, aloud, together or in "parts"; by hearing them on the tapes, with their sound effects and music; by reviewing them at home, quietly, one to one; by talking about them, by acting them out, by relating them to our own lives and the people we know. By doing anything else we can think of, *except memorizing!*—for that indeed would be the sorry end.

And then we go on to the questions. **Vamos a conversar,** they're called, because they both recapitulate the **Cuento** and bring it right home. Once again, you may "mix and match," pick and choose. The option is all yours. If you need extra questions, they are provided in this Manual section.

4. **Juegos de Palabras:** These illustrated word-games in associations simultaneously teach the remaining active vocabulary of the lesson and re-enter much of the old. This is an entirely new approach to vocabulary buildup, because it goes beyond the single item or even topical relationship. Instead, it works each word into visual groupings that project it into other dimensions, revitalizing at the same time what has come before. If its description sounds formidable, it actually is not. Just look at any of these **Juegos,** and you'll see for yourself.

5. **Observaciones** (2): one grammar point, with its various drills. Once again, let the **¿Recuerda Usted?** lead-in set up the new structure. Proceed as before with the practice and generalizations, using as much Spanish as is conceivably possible. And conclude with the **Repaso Rápido** and self-test.

6. **Panorama:** Introduce the photo story by letting the students read aloud the captions that accompany each one. And then add, as you will, your own pictures and memorabilia of the Hispanic world that you know. Urge the class to bring in realia from home, or to create some this very day, be it here or in the shop or in the home economics room. If time permits (and well it might in this short program), show movies or slides. Make your fiestas, sing your songs. For this is the living culture that our **Panorama** would portray. And our photo stories are only the beginning. You will find extra questions on the **Panorama** in this Manual section.

C. THE REPASOS In the **Primera Parte,** we have two **Observaciones y Repaso** units, after sections 10 and 20. Each of these **Observaciones** isolates, reviews, and practices the new material introduced in the previous ten mini-lessons. It concludes with a list of new active vocabulary, with an identification of the section in which each item is first used.

In the **Segunda Parte,** where each grammar point has a great number and variety of practice materials, the three **Repasos** (after Lesson 3, 6, and 10) review all points of structure, but without exercises. Instead, the complete three- or four-lesson vocabulary list is followed by its own series of word games, puzzles, and objective/subjective associations. Needless to say, these are enrichment materials which you may use or discard as you will.

D. A WORD ABOUT TIMETABLES, OVERALL

We have said that **Primera Parte** has 20 mini-sections, none of which should take more than two class days. Many can actually be covered successfully in one. Even with the addition of time for testing, for "lab" work, for "cultural asides," it should be wholly feasible to teach the entire **Primera Parte** within nine to ten weeks (5 forty-minute sessions per week).

We have said that the **Segunda Parte** contains only ten full-scope two-week lessons. Roughly, here is how I would break them down:

a. The opening vocabulary, with its **Dígame** questions (and optional performance activity) — one day, or at most, one and a half.

b. **Observaciones** (1): 2 grammar points and exercise materials — three days, including quick-testing.

c. **Cuento,** with **Vamos a conversar** (Groups A and B) — maximum, two days

d. **Juegos de Palabras** — one half to one full day

e. **Observaciones** (2): one grammar point — maximum, two days

f. **Panorama** (plus optional cultural enrichments) — one half to one day.

According to this timetable, the ten lessons will occupy some twenty weeks, thereby leaving approximately six weeks of the normal school year for expansion, slowdown, enrichment, testing, sick days, free days, snow days, holidays, review days, "off-days," fiestas, and fire drills. So you see, it all fits! And there's no pressure along the way.

2. Teaching Techniques — Five "Do's" and a "Don't"

Please

1. Give your students Spanish names on the very first day, and use only those names from then on.

First, find out what names students were assigned last year. If any students do not yet have names, refer to the rather long list of names on the first pages of *Hola, Amigos.* For those students whose names defy translation into Spanish, either give other Spanish names that begin with the same letters as theirs, or make up Spanish versions: Kenneth—Quino; Russell—Rosendo, Rogelio; Gary—Gabriel; Bruce—Brucio, Bruto (!); Sheldon—Chalo; Michelle—Micaela; Shelly—Charita; Gail—Gabriela; Dale—Dalia, Delia, and so forth. In cases of total desperation, give a good Spanish pronunciation to the English name, and let it go at that.

2. Begin each class with a "warm-up."

Just as we would never think of beginning a conversation with friends without a proper greeting and "small talk," we should never begin a class without a two- or three-minute warm-up. "Ah, muy buenos días. ¿Cómo están hoy? Juanita, ¿cómo estás, eh? . . . ¿Y tú, Rafael? . . ." "Hola. ¡Qué día más bonito! ¡no? Maravilloso. Me gusta el frío (el calor, etc.) ¿No le gusta a Ud., don Antonio? . . . ¿No? ¿Por qué . . . ? Just get them started hearing and thinking a bit in Spanish. Two or three minutes are usually enough, but if you find a particularly easy day coming up, you may allow the "warm-up" to be extended to five minutes or so.

3. Spread the radius of class activity so that everyone is included.

Of course, with the large enrollments that we find now in our classes, it is difficult to truly individualize teaching. However, within certain limits we can still make a good stab at it. Please make sure that every student is called upon to answer orally at least once or twice during every class session, and that each one is sent to the board at regular intervals (that is, to the extent that board work is encouraged). Of course, we do not want to crush the interest of the good student who likes to participate more than the others. But neither should we allow the class to be dominated by one or two strong personalities.

4. Inject a bit of dramatics.

A well-placed tone, a gesture of pleasure or surprise, a hint of exaggeration, a moment of "acting-out" to explain a word or a meaning, all these are the tools of the master teacher as well as of the master performer. Keep up a patter of encouraging comments: *"Muy bien. Pero excelente . . . ¿Sabe?, es Ud. muy inteligente . . . Maravilloso . . . Eso es. Exactamente . . ."* and a few notes of despair: *"¡Ay, no! ¡Qué desastre!" "¡Qué calamidad!" "Ah, Paco, tú lo sabes realmente, ¿no?" "Raúl, me tomas el pelo, eh?"* and you may hold your heart or your head—but keep smiling so that they know you're really not so terribly stricken and there's hope.

5. Use the testing program as a means of review and to get to know your students individually.

A test is a test is really more than a test. For testing is a way of knowing exactly how far we have progressed, and where we should be heading. Oral testing can be done almost daily in the class itself by focusing on a few students for a minute or so each, and having them answer two or three questions. In addition, the tape program offers ample opportunity for monitoring pronunciation, and each tape includes as well a free-response exercise that tests aural comprehension and for which answers are *not* supplied.

And now, a "Don't"

Please don't give up any part of yourself, of your own creativity, as you teach the materials of our program. For *En español, por favor* asks for your collaboration, not your acquiescence. An inhibited teacher will make an inhibited class, and only an ardent one can set it afire. The suggestions that you find within this Teacher's Edition—both here and in the annotations—are guidelines that you may follow or discard. Very often, even the suggested answers to questions are susceptible of variation in the position of words, in the use of vocabulary, and in the interpretation of meaning. So please feel free to adapt the text to your own personality and to the needs of your students, not you and them to its! The path of *En español, por favor* is wide enough for us all to walk it together. Perhaps with each journey we can make it one step wider.

3. Additional Questions for the Cuentos

In this section we supply additional questions on the text of the **Cuentos**. The questions are given in the order of the **Cuento**. For each, we supply an answer and the line number on which this answer is found. None of the questions is difficult, but the ones with a "Yes-No" answer are, of course, the easiest. You should ask appropriate questions of students of different abilities. Please be selective in your use of these questions. They are a resource for you to use, not an activity to be carried through by every student.

Lesson 1

1. ¿Cómo se llama este cuento?		Los vecinos
2. ¿Qué familia vive en el apartamento 3B?	2	la familia Alas
3. ¿Cómo se llama el Sr. Alas?	2	Pablo
4. ¿Vive la familia Romero arriba?	4	sí
5. ¿Quién está limpiando sus alfombras?	4	la Sra. Romero
6. ¿Está realmente usando un tractor?	10	no
7. ¿Qué está usando?	9	una aspiradora
8. ¿Trabaja la Sra. Romero todos los días?	12	sí
9. ¿Según el Sr. Alas, ¿hay remedio?	13	no
10. ¿Quién toca una trompeta?	15-16	Riqui (Alas)
11. ¿Viven Esteban y Julia en el apartamento 2C?	26	no
12. ¿Oyen Esteban y Julia la trompeta de Riqui?	27-28	sí
13. Según Esteban, ¿es una trompeta normal?	30	no
14. ¿Con quién estaba bailando Julia el jueves pasado?	32-33	con Esteban
15. ¿Quiénes comenzaron a golpear en las paredes?	37-38	los vecinos
16. ¿Cierran sus ventanas los vecinos?	44	no
17. ¿Comienzan a gritar los vecinos?	44-45	sí
18. ¿Qué familia vive en el apartamento 1B?	47-48	la familia Losada
19. Según Chito, ¿está cayendo el cielo raso?	50	sí
20. ¿Quiénes siguen bailando?	51	Esteban y Julia

Lesson 2

1. ¿Cómo se llama este cuento?		Confesión
2. ¿Quién está sentado en una silla baja de metal?	1-2	José Salinas
3. ¿Sobre qué noche pregunta el hombre delgado?	5	(la noche d)el 10 de enero
4. ¿Dijo ayer Jose que comió hamburguesas en la noche del 10 de enero?	12	no
5. Según el primer testigo, ¿comió José cuatro huevos?	14	no
6. Según el segundo testigo, ¿cuántas salchichas comió?	16	dos
7. ¿Cuántos testigos lo vieron todo?	20	cuatro
8. ¿Confiesa José que comió rosbif?	23	sí
9. Según José, ¿están mintiendo los testigos?	28	sí
10. ¿Qué traen los tres hombres?	35	un espejo (enorme)
11. ¿Se mira José en el espejo?	36	sí
12. ¿Qué grita José?	37	¡Ayyyyy!
13. ¿Se lanza José hacia la ventana?	37	no

14. ¿Cómo entra la Sra. Salinas?
15. ¿Quién pregunta "José, ¿qué soñaste?"?
16. ¿Quién dice "No fue nada . . ."?
17. ¿Qué hora es ya?
18. ¿Tiene José ahora mucha hambre?
19. ¿Quiere José comer rosbif ahora?
20. ¿Qué salsa quiere José con su hamburguesa?

41	corriendo
42	la Sra. Salinas
44	José
45	las nueve
47	no
48	no
49	salsa de chocolate

Lesson 3

1. ¿Qué familia vive en el apartamento 1D?
2. ¿Qué están mirando los niños?
3. ¿Qué programa presentan Teleproducciones Fabulosas?
4. ¿Entra el Sr. Montes?
5. ¿Quiere ver el Sr. Montes "Gane un Millón"?
6. ¿Sabe el Sr. Montes qué es la Mosca Biónica?
7. Según Nico, ¿sabe todo el mundo qué es la Mosca Biónica?
8. Según Alicia, ¿es la Mosca Biónica una mosca normal?
9. Y, ¿qué dice Nico?
10. ¿Es ahora una computadora su cerebro?
11. ¿Vuela a la velocidad de un coche?
12. ¿Puede transformarse en un tren?
13. ¿Qué dice el Jefe para llamar a la Mosca Biónica?
14. ¿Dónde está la prisión subterránea?
15. ¿Quién es el mayor de los hijos Montes?
16. ¿Qué programa quiere ver la Sra. Montes?
17. ¿Quiénes dicen "Por favor, mamá"?
18. ¿Quién dice "que no, que no, que no"?
19. ¿Qué ven entonces los niños?
20. ¿Está cerrada la ventana?

1	la familia Montes
2	la televisión
3-7	"La Mosca Biónica"
9	sí
10	sí
12	no
13	sí
16	sí
17	"*Fue* una mosca normal."
23	sí
24	no
29	sí
37	"Jefe a M.B."
42	en Silvania del Sur
47	Nico
49	"Gane un Millón"
50	Pepito y Alicia
51	la Sra. Montes
53	una mosca
53	no

Lesson 4

1. ¿A qué hora comienza el público a llegar?
2. ¿Hay orquesta en el Colegio Colón?
3. ¿Se preparan los actores delante del telón?
4. ¿Cómo se llama Chito en la comedia?
5. ¿Se olvida Mimí de su papel?

1	a las 7:40
1	sí
6	no
11	Héctor
14	sí

6. ¿Empiezan los chicos otra vez? — 19 — sí

7. ¿Quién es escritor, astro y director? — 22 — Diego Carrión

8. ¿Está desesperada Hilda? — 25 — sí

9. ¿Quién llama a Diego entonces? — 27 — Miguel

10. ¿Funciona el micrófono? — 30 — no

11. ¿Cuándo funcionaba el micrófono? — 34 — esta tarde

12. ¿A quién no hay tiempo de llamar? — 35-37 — un mecánico

13. ¿Qué pide Diego que le traiga Nando? — 38 — un martillo

14. ¿Cómo se llama Mimí en la comedia? — 41 — Pámela

15. ¿Sigue creciendo el número de "mecánicos"? — 50 — sí

16. ¿Qué recomienda Miguel que le pongan al micrófono? — 51 — otro cordón

17. ¿Hay cinta adhesiva? — 52 — no

18. ¿Qué se rompió? — 52-53 — el enchufe

19. ¿Qué hace el micrófono? — 55 — un ruido tremendo

20. ¿Qué dice por fin Diego? — 59 — ¡Bueno! ¡Luces! ¡Acción!

Lesson 5

1. ¿Cómo se llama este cuento? — — Pepe Pulido y Compañía

2. ¿Es la mañana o la tarde? — 1 — la mañana

3. ¿Quién está golpeando en la puerta del baño? — 3 — Adela

4. ¿Qué está haciendo Pepe? — 6 — está duchándose

5. ¿Cómo está cantando Pepe? — 8 — como un loco

6. Según la Sra. Prado, ¿le gusta a Pepe estar limpio? — 10 — sí

7. ¿A qué hora se despertó Pepe? — 13 — a las siete (en punto)

8. Según la Sra. Prado, ¿qué debe tomar Adela? — 17 — un poco de café

9. ¿Quiere Adela estar bonita? — 19-20 — sí

10. ¿Desea Adela un apartamento con un solo baño? — 23 — no

11. ¿Por qué dice que está nerviosa Adela? — 39 — por el trabajo nuevo

12. ¿Va a ser la Sra. Prado guía de turismo? — 41 — no

13. ¿Sale por fin Pepe del baño? — 46-47 — sí

14. Según Pepe, ¿qué se acabó? — 50 — la crema dental

15. ¿De qué color es el pelo de Pepe? — 53 — de un color natural

16. Según Adela, ¿quiere Pepe que ella pierda su trabajo? — 56 — sí

17. ¿Qué da Pepe a su hermana? — 58-59 — un frasco (hermoso) de perfume

18. ¿Qué dice Adela a su hermano? — 61 — Gracias. (Muchas gracias)

19. Según la Sra. Prado, ¿va a salir bien todo? — 62 — sí

20. Según el Sr. Prado, ¿por qué no va Adela a olvidarse de nada? — 64 — es hija suya

Lesson 6

1. ¿Cómo se llama la familia del cuento?	1	Sender
2. ¿Brilla el sol?	2	sí
3. ¿Qué hacen los pájaros? ¿Y las flores?	2	cantan; sonríen
4. ¿Quiénes corren felices sobre el mantel?	3	las hormigas
5. ¿Quién pide el matamoscas?	5	Víctor
6. ¿Quién dice "Vive y deja vivir"?	6	Jorge
7. ¿Come Manuelita las salchichas?	10-11	no
8. ¿Para qué las usa?	11	para saltar a la comba
9. Según Jorge, ¿viene Elvira al picnic?	17	no
10. ¿Cuánto apuesta Silvia que viene?	20	(no más que) su opinión
11. Según Jorge, ¿cuánto vale la opinión de Silvia?	21	nada
12. ¿Tiene Rafaelito un gato al cuello?	29	no (una culebra)
13. ¿Qué pensó Olga que era la hormiga?	32	una hoja de perejil
15. ¿Qué roció ayer Víctor?	41	una abeja
16. ¿Qué va a rociar mañana Jorge?	43	todo su dinero
17. Según Silvia, ¿hace todavía un día magnífico?	47	sí
18. ¿Comió el perro las hamburguesas?	50-51	sí
19. ¿Qué le gusta más a Amanda, la arena o las hormigas?	53-54	la arena
20. Según Silvia, ¿por qué viene Jorge a estas reuniones?	58	porque los extraña

Lesson 7

1. ¿Cómo se llama el cuento?		El Terror Rosado
2. ¿Quiénes están sentados en la Fila D?	1	Miguel (Soler) y Donado (Vega)
3. ¿Creían que no venía Charita?	4	sí
4. ¿Cuántas veces ha visto Charita la película "Dientes"?	6	tres veces
5. ¿Se levanta Charita?	10	no
6. ¿Quién le cuenta a Charita lo que ha pasado?	11-14	Miguel y Donado
7. En la película, ¿quién ha inventado una fórmula?	11	un genio científico
8. ¿Se multiplican las cosas cinco veces al minuto?	12-13	no (diez)
9. ¿Qué ha invadido la casa entera?	20	el gazpacho
10. ¿Entiende ya Charita lo que ha pasado?	24	sí
11. En la película, ¿quién está hablando por teléfono al alcalde?	26	el jefe (de policía)
12. Según el jefe, ¿dónde están los ríos rosados?	29-30	en las calles
13. ¿Está en peligro el pueblo?	35-36	sí
14. ¿Quiénes están en huelga?	40-41	los bomberos

15. ¿Quién tiene la solución?	46-47	Ramos
16. Según Ramos, ¿qué va a hacer todo el mundo?	48	va a comer
17. Según el genio, ¿hay cosas más importantes que la ciencia?	55-56	sí
18. ¿Qué está haciendo el mar de gazpacho?	57	está bajando
19. ¿Qué está creciendo ahora?	61	la hamburguesa
20. ¿Qué le pareció a Charita la película?	63	así, así

Lesson 8

1. ¿Son las dos de la tarde?	1	no
2. ¿Quién está al micrófono?	1-2	Adela
3. ¿Qué excursión han escogido los turistas?	4	"La Ciudad Antigua"
4. ¿Qué excursión pensaba que era un hombre en el fondo?	6-7	"Teatros y Cabarets"
5. ¿Cómo se llama el nuevo esposo?	13	Toni
6. ¿Cómo se llama la nueva esposa?	14	Evita
7. Según Toni, ¿es más bonita Adela que Evita?	14	no
8. ¿Está a la derecha el Jardín Zoológico?	19	sí
9. ¿Qué quiere ver la niña?	20	una jirafa
10. ¿Quién quiere verla también?	21	su hermano
11. ¿Es vieja la catedral?	24	sí
12. ¿Cuántas personas hablan al frente del bus?	25	dos
13. ¿Quién se sorprende?	26	la persona 1
14. ¿Hay edificios antíguos en la Plaza Mayor?	31	sí
15. ¿Quién está furioso?	33	la persona 2
16. ¿Está a la derecha el Metro Municipal?	37-38	no
17. ¿Quiénes van a saltar por la ventana?	39-40	la niña y su hermano
18. ¿Sabe Adela exactamente cómo se llama la Avenida?	46-47	no
19. ¿Quién pregunta como se escribe "Gemojamijo"?	54	la vieja
20. ¿Es ésta realmente la Excursión Número 3?	55-56	no

Lesson 9

1. ¿Cómo se llama este cuento?		Madama Lola
2. ¿Dónde estamos?	1	en un cuarto oscuro
3. ¿Quién está parado en la puerta?	1-2	un hombre nervioso
4. ¿Habla misteriosamente Madama Lola?	4	sí
5. ¿Cómo se llama el hombre?	5	Edgar Gomez

6. ¿Cuánto cuesta la fortuna más barata?   11-12   20 pesos

7. Según Madama Lola, ¿qué dirá el Espejo Mágico?   15-16   lo que el futuro traerá

8. Según la fortuna de 20 pesos, ¿Cómo será la casa de Edgar?   19   una casa vieja rota

9. ¿Está contento Edgar?   20-21   no

10. ¿Cómo estará haciendo el fuego la esposa de Edgar?   25-26   con un poco de carbón

11. ¿Compra Edgar la fortuna de 50 pesos?   31   sí

12. ¿Oímos una música más alegre?   33   sí

13. Según la fortuna de 50 pesos, ¿cómo será la casa de Edgar?   34   preciosa

14. ¿Pero andarán sus hijos con zapatos de cartón?   39-40   sí

15. Si escoge la fortuna de 100 pesos, ¿tendrán botas de cuero?   44   sí

16. ¿Cuándo sale Edgar del cuarto oscuro?   45   10 minutos más tarde

17. ¿Se acerca a él una muchacha?   46   no

18. ¿Cómo se llama el joven?   51   Cuco López

19. ¿Qué fortuna tomará?   52-53   la fortuna de 100 pesos

20. ¿Cuántos otros jóvenes entran?   56   unos 20

Lesson 10

1. ¿Vive la familia Romero en el apartamento 3B?   1   no

2. ¿Quiénes están solos en el apartamento?   3-4   Toño y Chita

3. ¿Sabe Toño a qué hora dijeron que volverían su mamá y su papá?   5-6   no

4. ¿Con quién habla Toño otra vez por teléfono?   12   con Nico

5. ¿Recuerda la Sra. Romero el restaurante?   16   sí

6. ¿Quiénes no son pequeños ya?   17-18   Toño y Chita

7. Según el Sr. Romero, ¿disfrutarán los niños?   23   sí

8. ¿Qué pregunta Nico a Cuco?   24-25   ¿te gustaría ir a una fiesta?

9. Media hora más tarde, ¿hay todavía dos personas en el apartamento?   27   no

10. ¿Quién trata de tocar el cielo raso?   32-33   chico 1 (Chalo)

11. ¿Qué echó alguien a la limonada?   34   sal

12. ¿Quién piensa que podría levantar la mesa?   38   chico 5

13. ¿Están los platos encima de la mesa?   38-39   sí

14. Cuando suena el teléfono, ¿qué dice Toño a los chicos?   43   "Chiss. ¡El teléfono¡ ¡Silencio!

15. ¿Volverán sus padres al apartamento en cinco minutos?   47   no (15)

16. ¿Qué se acabó?   51-52   la fiesta

17. ¿Qué tiene Chita?

18. ¿Quién se despierta en el apartamento 3B?

19. ¿Está Riqui medio dormido?

20. ¿Qué quiere la Sra. Alas que saque su hijo?

56 la aspiradora

58 Sofía Alas

64 sí

65 su trompeta

4. Questions for the Panoramas

Here are some extra questions you may want to use with the **Panoramas.** Add, subtract, develop —make them your own.

Lesson 1

Photo 1

1. ¿Cómo se llama esta fiesta?

2. ¿Dónde ocurre?

3. ¿En qué estación del año la celebran?

4. ¿Qué van a hacer estos jóvenes?

5. ¿Sabe Ud. un baile folklórico?

Photo 2

1. ¿En qué parte de España estamos ahora?

2. ¿Qué instrumento tocan estos chicos?

3. ¿De dónde vino este instrumento?

4. En su opinión, ¿cuántos años de edad tienen estos chicos?

Photo 3

1. ¿Qué fiesta es ésta?

2. ¿Dónde se celebra?

3. ¿Qué representan las dos figuras principales?

4. ¿Hay celebraciones de este tipo aquí?

Photo 4

1. ¿En qué país ocurre este festival?

2. ¿Cuál es el nombre de esta famosa iglesia?

3. ¿Quiénes son estos bailarines?

4. ¿Tienen bailes de este tipo los indios norteamericanos?

Photo 5

1. ¿Dónde ocurre esta fiesta?

2. ¿De qué nacionalidad son estas bailarinas?

3. Use la imaginación y díganos: ¿De qué colores son los vestidos de estas señoras?

Photo 6

1. ¿Cómo se llaman estas figuras grandes?

2. ¿Cuántas hay en esta foto? (¿Puede Ud. describirlas?)

3. ¿Cuántos "cabezudos" hay?

4. Finalmente, díganos: De todos estos festivales, ¿cuál tiene Ud. más deseos de ver? ¿En cuál tiene Ud. más deseos de participar?

Lesson 2

Photo 1

1. ¿Cómo se llama este plato?

2. ¿En qué parte de España tuvo su origen?

3. ¿Cuáles son sus ingredientes principales?

4. ¿Tenemos nosotros un plato como éste?

Photo 2

1. ¿Qué platos ve Ud. aquí?

2. ¿Cuál le gusta más?

3. ¿Come Ud. mucho queso? ¿mucho pescado? ¿muchos vegetales?

4. ¿Sirven vino con la comida en la casa de Ud.?

Photo 3

1. ¿Qué clase de tienda es ésta?

2. ¿Qué frutas ve Ud. aquí?

3. ¿En qué estación del año comemos más melón?

4. ¿Cuáles son sus frutas favoritas?

Photo 4

1. ¿Qué país hispano es famoso por sus uvas?

2. ¿De qué colores son las diferentes clases de uvas?

3. ¿Cuáles le gustan más a Ud.?

4. ¿Qué licor se hace con las uvas?

Photo 5

1. ¿Dónde estamos en esta escena?

2. ¿Qué vende la señora?

3. ¿Qué usa el hombre para servirse las nueces?

4. ¿Está contenta o descontenta la vendedora?

Photo 6

1. ¿Qué cosa venden aquí?

2. En su opinión, ¿es ésta una tienda vieja o moderna?

3. ¿En qué partes de España comen más pescado?

4. A propósito, ¿está alto o bajo ahora el precio del pescado?

Photo 7

1. Use la imaginación y díganos: ¿Quién es este señor? ¿Cómo se llama? ¿Vive en una ciudad o en un pueblo pequeño? ¿Cuántos años de edad tiene? ¿Tiene familia? ¿Qué clase de trabajo hace?

2. ¿Qué está haciendo en este momento?

3. ¿En qué país comen más maíz?

4. ¿Sabe Ud. qué platos preparan con el maíz los mexicanos?

Photo 8

1. ¿Dónde está este restaurante?

2. ¿Qué está preparando este hombre?

3. ¿Qué otros platos sirven en el restaurante?

4. De todos esos platos, ¿cuál le gusta más a Ud.?

Lesson 3

Photo 1

1. ¿En qué ciudad hicimos esta foto?

2. ¿Era Madrid así hace veinte años?

3. ¿Qué problemas nuevos tiene ahora Madrid?

4. A propósito, ¿le gustan más a Ud. los coches europeos o los americanos?

Photo 2

1. ¿Qué vehículo (¿qué medio de transporte) es éste?

2. ¿Le parece muy confortable?

3. ¿Cuántas personas puede Ud. contar en esta foto?

4. ¿Prefiere Ud. viajar en tren, en coche o en autobús?

Photo 3

1. ¿De dónde es esta muchacha?

2. ¿En qué animal anda?

3. ¿Adónde va la chica?

4. ¿Qué lleva?

5. ¿Qué más sabe Ud. de ella y de su familia?

Photo 4

1. ¿Qué vehículo es éste?

2. ¿En qué ciudad se encuentra?

3. ¿Por dónde pasa el tranvía en esta foto?

4. ¿Hay tranvías todavía donde vive Ud.?

Photo 5

1. ¿Dónde esperan estas personas?

2. ¿Es bueno siempre el servicio de trenes allí?

3. ¿En qué partes encontramos mejor servicio?

4. En general, ¿hay muy buen servicio de trenes en los Estados Unidos?

Photo 6

1. ¿Qué dicen aquí—que viajemos en tren, en barco o en avión?

2. ¿Cómo se llama esta aerolínea?

3. ¿Hay mucho servicio aéreo en el mundo hispánico?

4. ¿Le gusta a Ud. viajar en avión?

5. A propósito, ¿es rubia o morena la chica de esta foto?

Lesson 4

Photo 1

1. ¿De qué país son estos bailarines?

2. ¿En qué parte de Argentina viven?

3. ¿Qué es este hombre?

4. ¿Es éste un baile moderno o tradicional?

Photo 2

1. En su opinión, ¿quiénes son estas dos personas? ¿Son hermanos? ¿novios? ¿esposos? ¿Cuántos años tienen? ¿De qué clase social o económica son? ¿Cómo están vestidos?

2. ¿Están haciendo un baile moderno o folklórico?

3. ¿Qué música cree Ud. que está tocando la orquesta? ¿O cree Ud. que están bailando a la música de un tocadiscos?

4. ¿Sabe Ud. bailar así?

Photo 3

1. ¿Es éste un baile moderno o folklórico?

2. ¿De qué país es?

3. ¿Cree Ud. que son bailarines profesionales?

4. A propósito, ¿cuántos bailarines hay en esta foto?

Photo 4

1. ¿De qué región es este baile?

2. ¿Es un baile fácil o difícil?

3. ¿Qué usan los bailarines?

4. En su opinión, ¿deben participar las mujeres en este baile?

Photo 5

1. ¿Qué fiesta están celebrando estos jóvenes?

2. ¿Qué baile cree Ud. que están bailando?

3. ¿Puede Ud. decirnos algo de la chica a la derecha?

4. A propósito, ¿dónde cree Ud. que están bailando—en un teatro, en una casa privada o al aire libre?

Photo 6

1. ¿Dónde estamos ahora?

2. ¿Quiénes son estas personas?

3. ¿Qué tipo de baile están haciendo?

4. ¿Qué instrumentos tocan los dos músicos?

Photo 7

1. ¿Es ésta una función de teatro o una fiesta privada?

2. ¿Cómo se llama esta clase de baile?

3. ¿Quiénes lo bailan?

4. ¿De qué parte de España es típico este baile?

Lesson 5

Photo 1

1. ¿Qué está haciendo esta niña?

2. ¿En qué mano tiene el cepillo dental?

3. ¿Cuántos años cree Ud. que tiene la niña?

4. ¿De qué país es?

Photo 2

1. ¿Qué artículos vemos en este baño?

2. ¿Qué usamos primero—el jabón o la toalla? ¿la crema dental o el cepillo dental?

3. Estudie bien esta foto y díganos: ¿Quién va a usar ahora este baño—una mujer o un hombre? ¿Por qué piensa Ud. así?

Photo 3

1. ¿Dónde está este almacén?

2. ¿Qué venden en este departamento?

3. ¿Quién es esta señora—una dependiente o una cliente? ¿Y las otras?

Photo 4

1. ¿Qué artículo anuncian aquí? (¿Lo usa Ud.?)

2. Según el anuncio, ¿quién debe elegir su champú—Ud. o su pelo?

3. ¿Qué champú le gusta más a Ud.?

Photo 5

1. ¿Conoce Ud. este producto?

2. ¿Lo venden donde Ud. vive?

3. ¿Para qué parte del cuerpo sirve este producto?

Photo 6

1. ¿Cómo se llama este producto?

2. ¿Lo usan mayormente hombres o mujeres?

3. ¿Para qué parte del cuerpo es?

Lesson 6

Photo 1

1. ¿Dónde encontramos estos molinos de viento?

2. ¿En qué libro famoso piensa Ud. cuando los ve?

3. ¿Cómo es la región central de España?

4. ¿Qué hay al norte y al sur?

5. ¿Está lejos o relativamente cerca el Mar Mediterráneo?

6. ¿Tiene muchos o pocos contrastes la geografía de España?

Photo 2

1. ¿Dónde está Acapulco?

2. ¿Por qué van allí muchos turistas?

3. ¿Qué cosas ve Ud. en esta foto? ¿Qué más ve?

4. A propósito, ¿fue alguna vez a México su familia? ¿un amigo o una amiga? ¿Quiere Ud. ir algún día?

Photo 3

1. ¿Quién es esta persona?

2. ¿De dónde es?

3. ¿Es rica o pobre la tierra de la pampa?

4. ¿Hay una región como ésta en nuestro país?

Photo 4

1. ¿Cómo se llaman estas montañas?

2. ¿Qué continente cruzan?

3. ¿Cómo lo cruzan—de este a oeste o de norte a sur?

4. ¿Qué problemas causan estas altas montañas?

Photo 5

1. ¿Cómo se llama esta flor?

2. ¿Son plantas de la jungla o del desierto éstas?

3. ¿Es así todo el Perú?

4. ¿Cómo cambia la geografía a poca distancia de la costa?

Photo 6

1. ¿Qué tipo de pájaro es éste?

2. ¿Qué talento especial tiene?

3. ¿Es un pájaro de clima tropical o frío?

4. ¿Qué encontramos en las selvas tropicales de Latinoamérica?

Photo 7

1. ¿Cómo se llaman estos animales?

2. ¿Son animales muy activos?

3. ¿Cómo pasan casi todo su tiempo?

Photo 8

1. ¿Qué están haciendo estos guanacos?

2. ¿Dónde viven?

3. ¿Qué otros animales son sus parientes cercanos?

4. ¿Para qué sirven estos animales?

Photo 9

1. ¿Qué animal es éste? (¿Le gusta?)
2. ¿Dónde vive?
3. ¿Le parece bonita o fea la iguana?
4. ¿Hay algún animal como éste aquí?
5. ¿Quiere Ud. tenerlo en su casa?

Lesson 7

Photo 1

1. ¿Quién es esta persona?
2. ¿Es un monarca liberal o muy conservador?
3. ¿Cuándo subió al trono?
4. ¿Con qué grupos es muy popular?

Photo 2

1. ¿Quién es este señor?
2. ¿Qué está anunciando?
3. ¿Era España un país más democrático o menos democrático antes?
4. ¿Qué problemas tiene todavía?

Photo 3

1. ¿Qué piden estas mujeres?
2. ¿Llegó tarde o temprano a España el movimiento feminista?
3. ¿Por dónde se está extendiendo ahora?
4. En su opinión, ¿tiene suficiente "libertad" la mujer norteamericana?

Photo 4

1. ¿Qué ciudad es ésta?
2. ¿Fueron años de violencia o de paz los últimos diez años en Argentina?
3. ¿Está tranquila ahora aquella gran nación?

Photo 5

1. ¿Dónde ocurrió esta marcha?
2. ¿Quiénes son estos hombres?
3. ¿Qué tuvo Chile por un breve tiempo?
4. ¿Sabe Ud. algo de la situación en Chile ahora?

Photo 6

1. ¿Qué venden en estos puestos?
2. ¿En qué ciudad se encuentran?
3. ¿Qué tiene a su disposición ahora el pueblo español?
4. Antes, ¿había más libertad o menos?

Photo 7

1. ¿Dónde encontramos este mural?
2. ¿Son un grupo pequeño o grande los hispanos en los Estados Unidos?
3. ¿Qué importancia tienen?
4. ¿Hay muchos hispanos donde vive Ud.?
5. ¿Qué sabe Ud. de su contribución a nuestro país?

Lesson 8

Photo 1

1. ¿Dónde se encuentra este pueblo?
2. ¿Puede Ud. describírnoslo?
3. En su opinión, ¿es agradable o desagradable la vida allí? ¿Por qué?

Photo 2

1. ¿Qué ciudad es ésta?
2. ¿Con qué ciudad de Europa la comparan?
3. ¿Cómo son las avenidas de Buenos Aires?
4. ¿Qué más tiene la gran ciudad?

Photo 3

1. ¿Dónde estamos ahora?
2. ¿Qué venden estas personas?
3. ¿Por qué decimos que Lima es tres ciudades en una?
4. ¿Es así nuestra ciudad?

Photo 4

1. ¿Qué avenida es ésta?
2. ¿Dónde está?
3. ¿De qué región es Barcelona el "corazón"?

4. ¿Qué clase de ciudad es Barcelona?

5. ¿Podemos decir que es una ciudad típica española?

6. ¿Cómo consideran los barceloneses a su "patria chica"?

Photo 5

1. ¿Qué ciudad vemos aquí?

2. ¿Cómo están las calles de este barrio?

3. ¿Quiénes caminaron aquí en tiempos antiguos?

Photo 6

1. ¿En qué país estamos ahora?

2. ¿Es un país pequeño o grande?

3. ¿Sabe Ud. dónde está situado?

4. ¿Qué culturas vemos unidas aquí?

Lesson 9

Photo 1

1. ¿Qué está haciendo esta señora?

2. ¿De qué país es?

3. ¿Ha llegado la industria moderna al mundo hispánico?

4. ¿Qué prefiere el hispano—la producción en masa, o una obra de arte hecha a mano?

Photo 2

1. ¿En qué están trabajando estas personas?

2. ¿Es reciente o viejo el arte del cuero estampado?

3. ¿Qué país ha sido famoso siempre por esta clase de trabajo?

Photo 3

1. ¿Qué son estas cosas?

2. ¿Quiénes las han hecho?

3. Según los científicos, ¿cuántos años tiene este arte?

4. ¿Para qué usaban estas calabazas en tiempos prehistóricos?

Photo 4

1. ¿De dónde es esta joven?

2. ¿Qué está haciendo?

3. ¿Con qué tela está trabajando?

4. ¿Sabe Ud. hacer bordados? ¿Lo sabe otro miembro de su familia?

Photo 5

1. ¿Con qué metal está trabajando este artesano?

2. ¿Dónde tiene su fábrica?

3. ¿Aprendieron recientemente a trabajar metales los mexicanos y peruanos?

Photo 6

1. ¿En qué parte de España vive esta señorita?

2. ¿Qué trabajo está haciendo?

3. ¿Por qué otro producto artístico es famosa también España?

Photo 7

1. ¿Puede Ud. describirnos este plato?

2. ¿Cómo se llama este arte?

3. ¿Dónde lo hacen?

4. A propósito, ¿de dónde viene la palabra "damasquinado"?

Lesson 10

Photo 1

1. ¿Dónde tiene lugar este carnaval?

2. ¿Son nuevos o antiguos estos instrumentos?

3. ¿De qué son hechos generalmente?

4. ¿Qué otras materias usan a veces?

Photo 2

1. ¿En qué fiesta participan estos músicos?

2. ¿Qué instrumentos tocan?

3. ¿Qué influencias hay en la música de Andalucía?

4. ¿La ha oído Ud. alguna vez? ¿Le gustaría oírla?

Photo 3

1. ¿Qué nombre tiene este grupo musical?
2. ¿Dónde está cantando (en esta foto)?
3. ¿Qué canciones canta?
4. ¿Originalmente, ¿qué eran las "tunas"?
5. ¿Ha venido alguna vez una "tuna" a su escuela?

Photo 4

1. ¿Qué tipo de banda es ésta?
2. ¿Dónde está tocando?
3. ¿Qué clase de música toca?
4. ¿Le gusta a Ud. la música afro-cubana? ¿Sabe Ud. bailar algunos de esos bailes?

Photo 5

1. ¿Dónde encontramos esta fábrica de guitarras?
2. ¿Fue originalmente un instrumento español la guitarra?
3. ¿Cómo ha cambiado la guitarra desde tiempos antiguos?
4. ¿Qué tiene cada guitarra moderna?

Photo 6

1. ¿En qué tienda está esta muchacha?
2. ¿Qué tipo de disco cree Ud. que comprará?
3. ¿Qué puede Ud. decirnos de ella?
4. ¿Hay mucha diferencia entre la música que escucha el joven latinoamericano y la música que escucha Ud.?

5. Support Materials

The Tape Program

The tapes, like the rest of the program, are carefully designed to develop a real sense of communication with the student. The **Cuentos** are recorded in a lively style, with full sound effects. Stimulating exercises are built around the vocabulary materials. Even the structure drills—always different from those in the textbook—are made interesting by personalization.

The Workbook and Tape Guide

This soft-cover book with detachable pages offers written reinforcement for the material heard on the tapes. It also contains additional written exercises.

The Testing Program

The tests are presented on Spirit Duplicating Masters. Tests are provided for each major text section and for the reviews. Oral comprehension exercises are included.

The "Help Yourself" Materials

These—on Spirit Duplicating Masters—provide the teacher with numerous reinforcing activities designed to meet the needs of individual students.

Visuals

Overhead transparencies reproduce vocabulary pictures and **Cuento** illustrations without any words, either in Spanish or in English.

The Teacher's Annotated Edition

Annotations give all necessary answers and provide background information for the teacher. The Manual gives a general overview of *Mano en Mano* and the complete three-year program. It also contains additional questions for the **Cuentos** and questions for the **Panoramas.**

Notes

Notes

Notes